LO QUE DICEN LOS TERAPEUTAS Y POR QUÉ

Técnicas y respuestas terapéuticas eficaces

BILL McHENRY
JIM McHENRY

LO QUE DICEN LOS TERAPEUTAS Y POR QUÉ

Técnicas y respuestas terapéuticas eficaces

BIBLIOTECA DE PSICOLOGÍA
Desclée De Brouwer

Título de la edición original:
WHAT THERAPISTS SAY AND WHY THEY SAY IT
Effective Therapeutic Responses and Techniques

Routledge, New York, USA

Traducción: Fernando Mora

Henao, 6 – 48009 Bilbao
www.edesclee.com
info@edesclee.com
Facebook: EditorialDesclee
Twitter: @EdDesclee

Printed in Spain
ISBN: 978-84-330-3180-8
Depósito Legal: BI-0571-2022
Impresión: Grafo, S.A. - Basauri

Lo que dicen los terapeutas y por qué

Lo que dicen los terapeutas y por qué (3ª edición en inglés) es un libro de texto, práctico y flexible, destinado a los estudiantes de counseling. Esta nueva edición incluye más de cien técnicas y más de mil respuestas terapéuticas específicas que no solo dilucidan el porqué, sino también cómo llevar a la práctica una sesión óptima de terapia.

Las transcripciones muestran a los estudiantes el modo de integrar y desarrollar diferentes contenidos durante las sesiones, así como ejercicios prácticos que les ayudarán a desplegar, discutir, combinar y adaptar diferentes enfoques en su trabajo con los clientes. Además, hemos añadido adiciones específicas para abordar el uso de la tecnología en terapia, así como las competencias básicas centrales que se esperan de los terapeutas.

También hemos agregado a los diferentes capítulos las secciones tituladas "Detenerse a reflexionar", así como orientaciones referentes al grado de habilidad asociado con cada técnica individual.

Diseñado de manera específica para ser utilizado como libro de texto, *Lo que dicen los terapeutas y por qué* también está concebido para ayudar a los estudiantes a establecer conexiones claras entre las competencias que aprenden durante el periodo de prácticas, tanto en la universidad como en el entorno laboral, y otras materias de su currículum, en especial las ocho áreas centrales del Council for Accreditation of Counseling and Related Educational Programs (CACREP).

Bill McHenry, PhD, NCC, LPC-S, es catedrático y profesor adjunto de terapia en la St. Edward's University. Ha trabajado como formador de terapia durante 18 años.

Jim McHenry, EdD, ha sido profesor en la Edinboro University de Pennsylvania durante 32 años. En la actualidad, es profesor emérito semirretirado.

Índice

Prefacio 17

Reconocimientos 19

1. Bienvenidos 21
   - Propósito del libro 23
   - Lo que no contienen estas páginas 23
   - Qué hay en este libro 26
   - Diseño del libro 26
   - Competencias básicas del terapeuta 30
   - Mejorar el desarrollo de la habilidad: llevar la teoría a la práctica 33
   - Terapia asistida por tecnología 40

2. Terapia pragmática 43
   - Organización de los capítulos y las habilidades 43
   - Historia de Pat 44
   - Conclusión 53

3. El reflejo en el estanque 55
   - Mínimo estímulo 57
   - Paráfrasis 58
   - Reflejo de los sentimientos 59
   - Reflejo del significado 60
   - Flecha descendente 61

Resumen 63
Contenido del juego del niño 64
Sentimientos del niño 65
Énfasis 66
Empatía 67
Estímulo 68
Reflejo del estado de ánimo 69
Permanecer con los sentimientos 70
Transcripción parcial de las habilidades del reflejo en el estanque 71
Nivel de habilidad 73
Detenerse a reflexionar 74
Conclusión 75
Ejercicios prácticos 76

4. El árbol de las preguntas 77

Pregunta cerrada 79
Pregunta abierta 81
Comprobación 82
Formular la pregunta 83
Disputa cognitiva 84
Interrogatorio circular 85
Externalizar el problema 86
Pregunta milagrosa 87
Sondear 88
Pregunta de elección forzada 89
Pregunta terrible 90
Cuestionamiento triádico 91
Preguntas de escala 92
Colaboración empírica 94
Aclaración de lo dicho 95
Transcripción parcial de las habilidades y técnicas del árbol de las preguntas 96
Nivel de habilidad 99

Detenerse a reflexionar . . . 100
Conclusión . . . 101
Ejercicios prácticos . . . 102

5. El contexto . . . 103
Estructuración . . . 104
Aquí y ahora . . . 105
Aclarar el proceso . . . 106
Experiencia técnica . . . 107
Participar en el establecimiento de modelos . . . 109
Bloqueo . . . 111
Cambiar preguntas por declaraciones . . . 112
Cerrar . . . 114
Aclarar el propósito . . . 115
Definir el problema/tema . . . 116
Definir metas/objetivos/resultados . . . 117
Nivel de habilidad . . . 118
Detenerse a reflexionar . . . 119
Ejercicios prácticos . . . 120

6. Buscar cielos despejados . . . 121
Recontextualizar . . . 122
Explorar alternativas . . . 124
Identificar/construir fortalezas . . . 125
Vincular . . . 126
Elogiar . . . 128
Explorar . . . 129
Centrarse en las excepciones . . . 130
Interpretar . . . 131
Metáfora . . . 132
Redefinir . . . 134
Nivel de habilidad . . . 135
Detenerse a reflexionar . . . 136
Ejercicios prácticos . . . 137

7. Perseguir espejismos ... 139
Confrontar ... 140
Observar ... 141
Confirmar ... 142
Interrumpir ... 143
Escupir en la sopa del cliente ... 144
Nivel de habilidad ... 145
Detenerse a reflexionar ... 146
Conclusión ... 147
Ejercicios prácticos ... 148

8. La línea de suministro ... 149
Afirmar ... 150
Proporcionar feedback ... 151
Inmediatez ... 152
Proporcionar información ... 153
Autodivulgación ... 155
Sentimientos del terapeuta ... 156
Contenido del juego del terapeuta ... 157
Nivel de habilidad ... 158
Detenerse a reflexionar ... 159
Conclusión ... 160
Ejercicios prácticos ... 161

9. Acciones del terapeuta ... 163
Mantener el enfoque ... 164
Sonsacar ... 165
Unirse ... 166
Proteger ... 167
Desequilibrar ... 168
Cambiar el foco ... 169
Nivel de habilidad ... 170
Detenerse a reflexionar ... 171
Conclusión ... 172
Ejercicios prácticos ... 173

10. Pura imaginación 175
Comprobar la cámara 176
Imaginación creativa 177
Recuerdos tempranos 178
Imaginación enfocada 179
Consecuencias lógicas 180
Relajación progresiva 182
Tratamiento imaginario 183
Nivel de habilidad 184
Detenerse a reflexionar 185
Ejercicios prácticos 186

11. Movimiento de las olas 187
Durante la sesión 188
Desafíos 188
Dibujar a la familia completa 189
Técnica de la silla vacía 190
Romper el hielo 192
Grupo observa al grupo (procedimiento de la pecera) 193
Felicitarse 194
Técnica de simulación 196
Role-play 197
Cambio de rol 198
Esculpir 199
Terapia artística en serie 200
Rueda de influencia 201
Experimentar 202
Psicodrama 203

En casa 204
Hacer "como si" 204
Directriz 205
Técnica de la puerta en la cara 207
Técnica del pie en la puerta 208

Paradoja . . . 209
Autovigilancia . . . 210
Ataque de vergüenza . . . 211
Parar y observar . . . 212
Experiencias difíciles . . . 213
Biblioterapia . . . 214
Sociograma . . . 215
Tarea para casa . . . 216
Nivel de habilidad . . . 217
Detenerse a reflexionar . . . 218

12. La mina abandonada . . . 219

Aconsejar . . . 220
Poner una venda . . . 221
Preguntas condenatorias . . . 222
Desidentificación . . . 223
Minimizar . . . 224
Sobreidentificación . . . 225
Preguntas dobles . . . 226

13. Transcripción completa . . . 227

14. Intervenciones entrelazadas . . . 245

Paráfrasis y pregunta cerrada . . . 246
Paráfrasis, reflejo de los sentimientos y reflejo del significado . . . 246
Proporcionar feedback y paráfrasis . . . 246
Recontextualizar y consecuencias lógicas . . . 246
Reflejo de los sentimientos y recontextualizar . . . 246
Reflejo del significado y centrarse en las excepciones . . . 247
Aclarar el proceso y pregunta de elección forzada . . . 247
Pregunta cerrada y paráfrasis . . . 247
Autodivulgación, estructuración y estímulo . . . 248
Reflejo de los sentimientos, reflejo del significado, recontextualizar y metáfora . . . 248

15. Ejercicios prácticos 249
Ejercicio práctico 1 250
Ejercicio práctico 2 252
Ejercicio práctico 3 254
Ejercicio práctico 4 256
Ejercicio práctico 5 258
Ejercicio práctico 6 260
Ejercicio práctico 7 262
Ejercicio práctico 8 264
Ejercicio práctico 9 266

Bibliografía comentada 269

Índice temático 277

Prefacio

Hemos administrado terapia en gran cantidad de entornos (escuelas, colegios, universidades, centros de rehabilitación; programas para estudiantes desfavorecidos, etcétera), a personas que así lo han requerido y también hemos enseñado, de forma colectiva, a los aspirantes a terapeutas en la universidad durante más de cincuenta años. A lo largo de todo este tiempo, hemos consultado a muchos profesionales de la ayuda y asistido a numerosos talleres de mejora de habilidades. Todas esas experiencias, así como la pregunta fundamental que, en ocasiones, plantean los alumnos –"¿puede darme un ejemplo de eso?"–, han sido las que nos han llevado a escribir este libro.

Aunque hemos visto numerosos libros a lo largo de los años que tratan de las habilidades clínicas, pensamos que existía una brecha importante en este campo, puesto que no había ningún texto que catalogara, describiera y proporcionase ejemplos de la mayoría de las técnicas, tanto básicas como avanzadas, utilizadas en terapia. Este libro es nuestro intento de colmar ese vacío.

Por supuesto, las habilidades y técnicas por sí solas no consiguen que un terapeuta o una sesión terapéutica tenga éxito. Como uno de nuestros mentores (en concreto, de Bill), el doctor Frank Main, profesor de counseling en la Universidad de Dakota del Sur, suele decir, "Cuando se va el técnico, es el terapeuta el que entra en la sala". Y no podemos estar más de acuerdo con las palabras de Frank.

Esperamos que este libro sea utilizado por terapeutas en formación para ampliar y mejorar el desarrollo de sus habilidades, por formadores en counseling para aumentar y complementar el aprendizaje de sus estudiantes, y por practicantes para seguir ampliando su repertorio terapéutico.

En esta tercera edición hemos añadido material que sentíamos que faltaba en las dos primeras ediciones y también hemos suprimido material innecesario. Como siempre, hemos utilizado los comentarios de nuestros estudiantes como orientación para el producto final.

Agradecimientos

Queremos agradecer a los profesionales de la editorial Routledge por su experiencia y por su entusiasmo en esta nueva edición. En especial, nos gustaría agradecer a Anna Moore su apoyo, orientación y profesionalidad. Hemos disfrutado mucho trabajando con vosotros en todos los libros publicados en esta editorial y es nuestro deseo que, en los próximos años, vean la luz varios más.

También le damos las gracias a Lisa Walker por sus ilustraciones profesionales que han insuflado vida a las imágenes que teníamos en nuestra cabeza.

Este libro no podría haber existido sin la mirada incisiva del doctor Bradley Will, de la Universidad Estatal de Fort Hays, y de Linda McHenry (MA). Su meticulosa diligencia a la hora de ayudarnos a corregir y criticar nuestro trabajo nos ha permitido mejorar de manera significativa el texto.

A lo largo del camino, hemos requerido asistencia técnica para preparar y corregir el manuscrito. Nuestro agradecimiento a Nick y Jake Walker por ayudarnos a navegar por ese laberinto tecnológico. Su experiencia y paciencia son muy apreciadas.

También estamos eternamente agradecidos a nuestros estudiantes, que fueron quienes nos regalaron la semilla original gracias a la cual fructificó este libro. Sin su deseo de crecer de manera permanente en este campo profesional y de desarrollar sus habilidades clínicas, no hubiéramos escuchado la pregunta catalizadora: "¿puede darme un ejemplo de lo que dice?".

Asimismo, hemos recibido comentarios y críticas constructivas imprescindibles relacionadas con este proyecto de parte de muchos estudiantes. Les agradecemos que se hayan tomado el tiempo para proporcionarnos esa valiosa ayuda.

Les damos las gracias a todos nuestros colegas, tanto del pasado como del presente: sus voces se reflejan en nuestro trabajo.

A lo largo del proceso, varios revisores independientes proporcionaron información útil y crítica relacionada con la estructura, el estilo de escritura y el lenguaje del manuscrito. Sus esfuerzos han contribuido a mejorar el libro de varias maneras muy importantes.

Queremos agradecer sinceramente a Meghan, Billy, Katie y Shane McHenry por su disposición a ayudar a su padre y su abuelo a completar con éxito este proyecto.

Por último, queremos agradecer a Paula McHenry y Melissa McHenry por todo su amor y apoyo a lo largo del camino.

1 Bienvenidos

Así pues, quiere ser terapeuta. ¡Bienvenido! Felicidades por unirse a un grupo de profesionales que trabajan cada día ayudando a la gente a tratar de manera más eficaz buena parte de los problemas que afrontan en su vida cotidiana. Los terapeutas desempeñan un papel cada vez más importante en nuestra sociedad, un papel consistente en ayudar a los clientes a trabajar con una amplia variedad de preocupaciones; algunas de ellas son positivas, como ayudar a alguien a elegir entre varias alternativas atractivas, pero otras no lo son tanto, como trabajar con el abuso de sustancias o con la muerte de un ser querido.

Lo más probable es que hayamos elegido esta profesión porque nos han dicho que "sabemos escuchar". Es muy posible que fuésemos una de esas personas en el instituto o en el dormitorio a la que los demás le contaban sus problemas. Experiencias como esas ya nos habrán enseñado, casi con toda seguridad, una de las mayores lecciones de la terapia. Tener la opción de liberarse de la propia carga en un oído que nos presta atención puede ser una ayuda inestimable para la persona que experimenta algún tipo de problema en su vida. Y aunque las técnicas articuladas en este libro contribuyen a este proceso, las técnicas por sí solas nunca superarán o reemplazarán el trabajo de escuchar realmente al cliente. Los técnicos pueden fingir que están oyendo al cliente; los verdaderos terapeutas no necesitan fingir, sino que simplemente escuchan con calidez, precisión y presencia.

Sin embargo, mientras estamos escuchando en este papel de amigo, tal vez procesemos simultáneamente varias de nuestras propias reacciones. Si bien nos sentimos muy honrados de que otro ser humano nos demuestre una confianza tan profunda como para compartir emociones muy personales e importantes, también es posible sentir una creciente ansiedad en nuestro interior, posiblemente rayando con el pánico, porque simplemente no tenemos una idea clara de lo que debemos decir o de cómo tenemos que reaccionar. Quizá hayamos sentido alguna vez que la situación nos "sobrepasa". Y puede que una de las razones por las que parecemos ser tan buenos oyentes en ese momento es que, sencillamente, no tenemos ni idea de cómo responder al sufrimiento de la otra persona. Ese sentimiento nos enseña otro hecho fundamental sobre la terapia: una sesión de terapia, ya sea llevada a cabo en una consulta formal o al aire libre, sentados en los extremos opuestos de un tronco, no es una mera conversación.

Si bien el hecho de ser un buen oyente es una precuela importante e imprescindible para muchas modalidades de terapia: escuchar, por sí solo no suele bastar para ayudar a que la persona cambie de conducta. En muchos planteamientos teóricos, y en la mayoría de los casos de counseling, empatizar con el cliente, prestarle atención y escucharlo profundamente constituye tan solo el primer paso del proceso.

Entonces, ¿qué más se requiere? Esa es una gran pregunta, y muy importante. Sin embargo, como sucede con muchas de las grandes e importantes preguntas que plantean los científicos –incluyendo los científicos del comportamiento–, no resulta sencillo encontrar la respuesta. De hecho, la respuesta dependerá de nuestro interlocutor. Consideremos a modo de ejemplo las múltiples teorías existentes sobre el modo de golpear una pelota de béisbol, marcar un gol, ganar unas elecciones o tratar a un paciente. Asimismo, debemos reconocer que, en realidad, muchas de estas teorías "aceptadas" se contradicen entre sí. La medicina nos ofrece ejemplos evidentes de este tipo de contradicciones. Un caso extremo sería la rama de la práctica médica que, para curar a los pacientes, no se basa en la terapia convencional, sino en venenos y toxinas. Otro ejemplo es la dependencia casi exclusiva de la oración por parte de los seguidores de la Ciencia Cristiana para sanar a los pacientes (aunque no sea la corriente principal). Del mismo modo, la literatura sobre terapia está plagada de numerosas sugerencias acerca de cómo debería producirse el proceso terapéutico. Algunas de ellas resultan contradictorias. Por ejemplo, a los terapeutas adlerianos se les enseña a solicitar a los clientes que evoquen sus primeros recuerdos (anteriores a los ocho años). Los terapeutas breves centrados en soluciones (TBCS), por otro lado, centran su atención casi exclusivamente en el presente y el futuro, evitando en la medida de lo posible cualquier esfuerzo por parte del cliente para hablar de su infancia. Sin embargo, es de enorme interés que muchos terapeutas activos estén de acuerdo en que tanto los consejeros adlerianos como los terapeutas breves centrados en soluciones trabajen, en realidad, desde un marco de referencia muy similar en lo que respecta a cuestiones clave y fundamentales como los estímulos y la reestructuración positiva.

Por lo tanto, en nuestro análisis final, no existe realmente un análisis final. En su lugar, tenemos una serie de hipótesis, teorías, suposiciones y similares, que sugieren que hay más de una manera de brindar servicios terapéuticos profesionales de manera eficaz y oportuna, lo cual nos lleva de pleno al asunto que nos ocupa.

Propósito del libro

El objetivo de este libro es ayudar a los terapeutas consolidados y a los terapeutas en formación a desarrollar, ampliar y refinar tanto sus habilidades como su comprensión de la práctica terapéutica. En este sentido, hemos escrito el texto como respuesta directa a los estudiantes que plantean una cuestión fundamental: "¿podría darme un ejemplo de a qué se parece eso?". Si bien esos estudiantes entienden las palabras utilizadas en la literatura, continuamente presionan a sus profesores para que les proporcionen ejemplos concretos, puesto que sus preguntas también son muy concretas:

"¿Cómo conseguir que el cliente se centre en el aquí y ahora?"
"¿Cómo definir un problema?"
"¿De qué manera funciona exactamente la confrontación?"

Este libro ha sido diseñado para ser muy directo e ir al grano. Presenta más de cien habilidades, técnicas y formas distintas de llevar a cabo la entrevista terapéutica. Sin embargo, la cobertura, por supuesto, no es exhaustiva, puesto que la terapia es un campo dinámico que se halla en constante desarrollo.

Lo que no contienen estas páginas

La dinámica de la terapia personal implica que dos o más seres humanos únicos interactúan en un momento concreto. En este paisaje cambiante y dinámico, no es posible un "plan de estudio" exacto e inalterable. Por consiguiente, son imprescindibles unas palabras de cautela con respecto a varios componentes importantes de la terapia no abordados en estas páginas. Y, de hecho, creemos firmemente que no los hallaremos en ningún libro.

Tal vez lo más importante es que no encontraremos nuestro propio sentido de la autenticidad. Aunque podamos leer y revisar cada habilidad y cada técnica, incorporarlas a NUESTRO estilo único y personal de counseling es bastante difícil. Ese tipo de asimilación estará determinado en parte por nuestro propio nivel de comodidad y en parte por nuestro propio planteamiento teórico acerca de cómo funciona la terapia. Ser auténtico en cada momento requiere un cierto grado de confianza en las técnicas y habilidades que aplicamos. Si carecemos de esa confianza, tanto el cliente como el proceso terapéutico saldrán perjudicados.

Lo que hagamos con el material aquí contenido también se verá modelado por nuestros propios valores y creencias, así como por nuestra visión del mundo. Si, por ejemplo, nos aferramos a la noción de que el terapeuta no debe proporcionar ninguna directriz al cliente –que este debe encontrar su propio camino en la vida– puede que no conectemos demasiado bien con las habilidades utilizadas en las técnicas directivas.

A medida que nos esforcemos por alcanzar una mayor habilidad en la terapia, es de suponer que cometeremos errores. El perfeccionismo es tan inalcanzable en este campo como en cualquier otro. Los médicos asisten a los funerales de sus pacientes. Los chefs de clase mundial queman la sopa. Los mejores bateadores de béisbol fallan más de dos tercios de las veces. Tenemos que entender esto. Nadie ha llevado a cabo una sesión de terapia perfecta. Aunque la práctica y el feedback nos convertirán en mejores terapeutas, nunca seremos perfectos. Es cierto que nos beneficiaremos de experiencias como las sesiones de audio y video, los juegos de rol y la supervisión en vivo y a posteriori. Pero, por muy redundante que parezca, la perfección no es posible. Hemos decidido subrayar este punto porque muchos consejeros principiantes tratan de perfeccionar el proceso y obtener una puntuación excepcionalmente alta en sus "sesiones grabadas". Yo (Bill) una vez tuve una estudiante que recibió un 99 en una sesión grabada y comentó a varios de sus compañeros de clase: "He estado casi perfecta durante la sesión, mirad mi puntuación". Me vi obligado a hacer estallar su burbuja informándola de que la escala de 100 se basaba en el uso de la técnica durante el periodo de PRÁCTICA, pero no en la perfección de la sesión. Esta fue una muy buena experiencia de aprendizaje. Ella fue capaz de asimilar la lección y sospechamos que el lector también lo hará. Freud nunca tuvo una sesión perfecta, ni tampoco Jung, Rogers o Kim Berg. No debemos preocuparnos si a nosotros nos ocurre lo mismo.

Por supuesto, los clientes –y esto tal vez sea lo más importante– son muy diferentes sí. Algunos acuden a terapia comprometidos y determinados se manera sincera a cambiar (en torno a la mitad de los clientes que encontramos en la terapia matrimonial, por ejemplo); otros se resisten de manera firme (pensemos en la terapia llevada a cabo con clientes que están en prisión, o la mitad –y en ocasiones la totalidad– de los clientes que tratamos en la terapia matrimonial, por ejemplo). Cada cliente acude con una personalidad, comportamiento, visión del mundo y actitud distinta, que se suman y fusionan con una docena o más de otras características personales.

Obviamente, trabajar con individuos únicos (que son distintos a cualquier otra persona en este mundo) requiere la completa atención del terapeuta que los trata. Y es muy significativo que, cuando este ser humano único se halla inmerso en el proceso terapéutico –un proceso que tiene lugar momento a momento–, el paisaje dinámico, variable y cambiante de la relación se transforma tanto desde el punto de vista del terapeuta como del cliente, mientras se producen ajustes entre terapeuta y cliente y se adentran en la espesura en pos de una mayor comprensión por parte del cliente. En suma, la terapia no es rígida, como tampoco es una prueba o un producto, sino un proceso co-desarrollado y co-construido. En consecuencia, el progreso se basa en la calidad de la interacción –y, en este caso concreto, de la relación establecida entre terapeuta y cliente(s)– y esa interacción está moldeada, para bien o para mal, por las decisiones terapéuticas (dirección o falta de la misma, tono, etcétera) efectuadas por el terapeuta hábil. La misma talla no se adapta a todas las personas.

La implementación de algunas de las habilidades contenidas en este libro requiere de gran cuidado por parte del terapeuta. "Lo principal es no dañar" debe ser más que un mero eslogan para él. Por ejemplo, el daño puede sobrevenir si el terapeuta trata de externalizar el problema, haciendo que el cliente centre la culpa y la responsabilidad de manera inapropiada (y contraproducente) en otra persona u otras personas. Otro ejemplo es el uso de la técnica llamada «escupir en la sopa del cliente» antes de que el terapeuta haya desarrollado una relación adecuada con él. En esta última situación, el terapeuta no solo perjudica la relación terapéutica, sino que también puede hacer que el cliente se pregunte si todos los terapeutas son tan crueles y mezquinos.

Qué hay en este libro

- 106 habilidades/técnicas de terapia
- 1.395 respuestas de terapeutas
- 2 transcripciones ficticias parciales, utilizando las habilidades presentadas en los dos capítulos que se centran en muchas de las habilidades básicas de escucha
- 1 transcripción completa aplicando las técnicas descritas en el libro
- 9 series de ejercicios prácticos
- 9 conjuntos de indicaciones para detenerse a reflexionar
- 10 ejemplos de intervenciones entrelazadas
- 31 referencias comentadas para el desarrollo ulterior de la técnica y la teoría

Así pues, echemos un vistazo. El material incluye técnicas básicas de terapia como la Pregunta Abierta, la Pregunta Cerrada, el Estímulo Mínimo, la Reflexión del Significado, la Reflexión del Sentimiento, la Paráfrasis, la Empatía y la Inmediatez. Más allá de estas habilidades básicas, hay muchas otras que también podemos considerar añadir a nuestra práctica terapéutica personal. No importa qué técnicas parezcan funcionar mejor para nosotros, proporcionarnos mayor nivel de comodidad o ajustarse de manera más adecuada a nuestra filosofía del comportamiento humano, porque lo que tenemos que hacer es esforzarnos en seguir incrementando nuestras habilidades clínicas. De ese modo, si somos un bateador con un éxito del 30% este año, ¿por qué no tratar de subirlo al 31 o el 32% el año que viene? El material contenido en este libro debe ser practicado, perfeccionado y mejorado a lo largo de nuestra carrera como terapeutas. Podemos visitar y revisar las habilidades mientras trabajamos con nuevos clientes, y encontrar que seguimos desarrollando nuevas y más claras formas de ver y escuchar a las personas.

Diseño del libro

En cada técnica presentada, proporcionamos el enfoque terapéutico con el que la habilidad está más estrechamente relacionada (individual, familiar, grupal, cognitivo-conductual, etcétera). Incluimos una breve definición de la técnica junto con una declaración que nos brinda una idea de cómo incorporarla a nuestra práctica. Además, también proporcionamos ejemplos de cada técnica. Estos ejemplos han sido creados por nosotros a partir de nuestro trabajo como consejeros y educadores de consejeros y de nuestras observaciones, supervisión y consulta con otros terapeutas.

Sin duda, hay muchas maneras de utilizar las técnicas que presentamos. Aunque hemos intentado utilizar diferentes tipos de "voces de terapeutas" en los ejemplos, los casos que ofrecemos en el texto han sido escritos desde la perspectiva de los autores. Cabe subrayar que cada terapeuta encontrará su propia manera de integrar la filosofía y la técnica asociadas a cada habilidad. Por ejemplo, un terapeuta puede ser muy directo e ir al grano al solicitar información al cliente, mientras que otro "aviva" una parte de la historia del cliente para sonsacar la misma información. Organizamos las habilidades en capítulos que reflejan agrupaciones naturales recogidas de textos de terapia tanto históricos como actuales. Revisamos la terapia individual, de grupo, de juego, de pareja y familiar e incluimos tantas técnicas distintas como nos ha sido posible. También hemos consultado varios modelos teóricos.

Los capítulos no están separados por límites claros. De hecho, varias habilidades podrían ser, y fueron, consideradas para figurar en capítulos diferentes. Además, al leer la definición de una determinada habilidad, advertiremos que las palabras o frases de la definición también parecen encajar con otras definiciones. Por ejemplo, se podría decir que el siguiente comentario por parte del terapeuta podría incluirse tanto en la Paráfrasis como en el Reflejo del Sentimiento:

Cliente: Esta situación me hace sentir muy mal.
Terapeuta: Te sientes de manera terrible por la situación.

Obviamente, el terapeuta refleja un sentimiento similar al descrito por el cliente, mientras que también refleja, con diferentes palabras, el contenido de lo que el cliente termina de decir. Por consiguiente, la definición de ambas habilidades se cumple adecuadamente. Nadie ha dicho nunca que la terapia sea una ciencia exacta en la que la ambigüedad no asome de vez en cuando su inquietante cabeza.

Por supuesto, tal vez una manera de discernir si esta respuesta es un Reflejo del Sentimiento o una Paráfrasis podría ser escuchar la inflexión en la voz del terapeuta. Si el terapeuta pone el énfasis en la palabra *terrible,* se podría argumentar que está subrayando que el sentimiento del cliente ha sido entendido y enfocado. Si, por el contrario, el terapeuta no enfatiza ninguna de las palabras, tal vez se trate simplemente de una paráfrasis.

Pero, para estar seguros, la cuestión no es conocer el nombre exacto e inapelable de la técnica en cuestión, sino entender, mediante la reflexión precisa y sensible, la importancia que tiene respetar los mensajes del cliente.

Nos tomamos la molestia de señalar esto en este momento porque factores como el poder y la presencia del tono de voz, la modulación, el ritmo del habla, el uso del silencio y las pausas, así como otros comportamientos no verbales por parte del terapeuta, tienen gran impacto en el mensaje que se transmite al cliente. Consideremos ahora un segundo caso. Esta vez utilizaremos la respuesta consistente en una palabra por parte del terapeuta, que encaja con el criterio de varias de las habilidades contenidas en este libro.

Cliente: De hecho, ahora mismo me siento como si estuviera solo en la vida.
Terapeuta: Solo (.) o (?) o (.)

La palabra "solo" puede significar varias cosas para el cliente, cada una de las cuales dependerá tanto de la respuesta del terapeuta (tono de voz, inflexión y afecto asociado) como de la interpretación del cliente. Si el terapeuta añade una inflexión al final de la palabra, puede sonar como una Pregunta Abierta Indirecta. Si el terapeuta no utiliza afecto o inflexión alguna, puede ser una paráfrasis. Si el terapeuta muestra afecto, eso puede llevar al cliente a creer que el terapeuta entiende de qué se trata sentirse solo, pudiendo evidenciar Empatía o Reflejo del Sentimiento. Por último, si el terapeuta utiliza una respuesta no verbal que es provocadora, esto podría considerarse una forma indirecta de Confrontación.

Así pues, al leer las páginas que siguen, debemos reconocer claramente que cada habilidad no se limita a ser simplemente una serie de palabras. Factores como el momento de la sesión, el efecto generado por el terapeuta, la cualidad vocal del terapeuta al transmitir el mensaje y, por supuesto, la forma en que el cliente lo percibe son muy importantes. De hecho, las claves no verbales son decisivas. La forma en que nos sentamos, el modo en que gesticulamos, nuestra expresión facial y el timbre, el tono y el volumen de la voz son, todos ellos, componentes importantes que afectan a la calidad del intercambio que se produce entre nuestro cliente o clientes y nosotros.

A modo de ejemplo consideremos cómo nos sentimos la última vez que nos dimos cuenta de que la persona con la que hablábamos estaba pensando en otra cosa. Es posible que no dejásemos de hablar del partido de fútbol de la semana anterior, mientras nuestro cónyuge se preguntaba si había pedido cita con el médico. ¿Cómo nos dimos cuenta de que no teníamos toda su atención o quizá nada de su atención? ¿Fue su falta de emoción "esto... bien... entiendo...", o sus ojos y su lenguaje corporal comunicaban con más claridad que las palabras que ella estaba concentrada en otra cosa y no en lo que nosotros le contábamos?

Con todas estas variables en juego, por supuesto, se producirán errores. Son inevitables. Cometeremos errores (¿para qué sirve el entrenamiento?). Aunque no podemos ofrecer ninguna sugerencia general de cómo eliminarlos completamente, hemos incluido diferentes "técnicas" no terapéuticas para tratar de evitarlos. Por ejemplo, pensemos en una época en la que teníamos un problema importante en nuestra vida y necesitábamos que alguien nos escuchase y nos ofreciera consejo (de hecho, esto es algo que le ocurre a todo el mundo). Mientras experimentábamos ese dolor, esa crisis, tal vez alguien nos dijo "No te preocupes por eso. Las cosas saldrán bien. No pienses más en ello", o alguna variación sobre el mismo tema. Aunque inspirado por buenas intenciones, este sentimiento, aparentemente amable, tan solo es un paño caliente ofrecido para calmar a la persona hasta que, de alguna forma (tal vez mágicamente), se produzca la curación. Esto no es más que un consejo. Y brindar consejos (como, por ejemplo, olvidar, desterrar, suprimir, reprimir) suele ser ineficaz y, a menudo, contraproducente. Eso no es terapia. Consideremos nuestra propia experiencia. ¿De repente las cosas están bien? Nos decimos "Está bien, no me preocuparé más", ¿o recurrimos a otra persona para que nos ayude a lidiar con el dolor? Casi todo el mundo es capaz de brindar consejos, pero los terapeutas intentan ofrecer su ayuda. Hay una gran diferencia.

Lo que queremos subrayar es el hecho de que equivocarse como terapeuta es normal y natural; todos cometeremos errores. Pero tenemos un problema –que es muy importante para nuestros clientes– en el caso de que incurramos repetidas veces en el mismo error. Si minimizamos de continuo el dolor del cliente, eso dice muchas cosas sobre nosotros y sobre el modo de afrontar el proceso de counseling. Si somos incapaces de empatizar con las preocupaciones del cliente, debemos considerar que esa reacción es algo que tiene que ver con nosotros mismos y no con la historia del cliente. Los errores son inevitables, pero incurrir de manera persistente en el mismo error no hace sino señalar un área importante de nuestra persona que debemos abordar.

Competencias básicas del terapeuta

Existen varias cualidades profesionales asociadas con la práctica efectiva y profesional de la terapia. Estas características se evidencian y desarrollan a través de nuestros estudios de especialización, así como en nuestro desempeño profesional subsiguiente.

Capacidad de respuesta al feedback

Sin duda, un rasgo primordial muy deseable, asociado con el desarrollo continuo del terapeuta, es la voluntad de incorporar el feedback. Para aquellos que leen este libro y que participan en la actualidad en algún programa de estudios de counseling, se requiere un reconocimiento sincero de las fortalezas y debilidades personales no solo a la hora de solventar con éxito sus estudios sino, lo que es más importante, de aprender el arte y la ciencia de la terapia.

El feedback llegará a través de diferentes medios y fuentes. Los profesores ofrecen feedback por escrito a las tareas y exámenes, mientras que los compañeros brindan feedback tanto en los debates formales en el aula como en los debates informales fuera de ella. Durante la clase en la que entrenamos las habilidades y técnicas, el profesor y los compañeros ofrecen un feedback crítico sobre el uso (o mal uso) de las técnicas asociadas con la terapia efectiva. Además, durante las experiencias y programas de práctica, los estudiantes de counseling reciben feedback de sus clientes, de los supervisores y de los instructores/compañeros de clase. Si están dispuestos a escucharlas y a utilizar de manera eficaz todas estas fuentes, los terapeutas principiantes mejorarán sus habilidades de counseling. La situación ideal es que, con independencia de los conocimientos básicos que se tengan acerca de las habilidades y técnicas, la disposición del terapeuta en formación a escuchar (recibir sin oposición) y luego dar sentido (incorporar eficazmente) los datos recibidos desde la variedad de fuentes antes mencionadas, lo sitúa en una posición privilegiada para comprometerse en la mejora continua (a nivel particular) con los clientes individuales y (a nivel general) con el incremento de las habilidades, las técnicas y la conciencia del proceso terapéutico.

Respeto por la autonomía y la responsabilidad

Los terapeutas trabajan en una profesión que les exige que propicien cambios positivos en la vida de sus clientes utilizando (básicamente) tan solo palabras. Por simple que parezca, esta profesión delimita y requiere el respeto continuo de los derechos del cliente a elegir sus opciones de vida y su camino en el mundo. Los terapeutas eficaces comprenden los límites de su poder y presencia en la vida de sus clientes y, en consecuencia, se esfuerzan por fomentar una mayor autonomía y responsabilidad personal en las elecciones vitales de estos. Por ejemplo, los terapeutas cognitivo-conductuales (TCC) intentan que los clientes comprendan mejor su esquema personal relacionado con los eventos percibidos. Al hacerlo de ese modo, el terapeuta TCC comprende, respeta y amplifica la responsabilidad del cliente a la hora de reconocer y luego decidir poner en tela de juicio (o no) los pensamientos irracionales, ineficaces, etcétera.

Algunos terapeutas principiantes tienen problemas para entender el límite entre su papel en la relación terapéutica y los derechos del cliente en la determinación de sus elecciones, pensamientos, comportamientos y, por lo tanto, también de las consecuencias. Los terapeutas que asumen demasiada responsabilidad por esos acontecimientos tienden a sobrevalorar su influencia y pueden, de hecho, generar una dependencia del cliente hacia sus servicios. Además, los esfuerzos de algunos terapeutas principiantes por asumir la responsabilidad de las elecciones del cliente pueden pesar mucho sobre el terapeuta y, en algunos casos, conducir al agotamiento.

Respetar las diferencias

Muchos terapeutas principiantes son conscientes del hecho de que respetan las diferentes opiniones en tanto que afirmaciones saludables y ciertamente valoradas. Sin embargo, en el transcurso de cualquier programa de counseling, mediante la diversidad de cursos y la variedad de conversaciones que ocurren en el aula, algunos estudiantes experimentan disonancias relacionadas con sus creencias y con las de los demás. Es sumamente importante que los terapeutas no solo utilicen el lenguaje correcto, sino que demuestren respeto por los diferentes puntos de vista, creencias y valores como parte de su práctica.

En el proceso terapéutico, los valores del terapeuta, su visión del mundo y sus prejuicios palidecen en comparación con la importancia de esas mismas cualidades en el cliente. Son las necesidades y la presentación del cliente lo que debe ser primordial en el proceso terapéutico. No hay nada más que añadir.

Compromiso con los compañeros de estudios

Mientras llevan a cabo sus estudios, a muchos alumnos les resultan enriquecedores y satisfactorios los debates y las relaciones con sus compañeros de clase. Ya sea durante las discusiones en clase o trabajando juntos en proyectos de grupo, se espera que los estudiantes de terapia demuestren un compromiso colectivo, de colaboración y apoyo con sus compañeros.

Durante esos intercambios, cabe señalar que los futuros colegas del mundo de la terapia (los compañeros de estudios) están observando y tomando notas mentales. También lo hacen los profesores a los que más tarde se les puede pedir que recomienden al terapeuta en ciernes para determinados trabajos en este campo. Por lo tanto, es primordial que, en todo momento, los estudiantes se involucren en el debate profesional. Cuando se produzcan malentendidos y surjan problemas que desemboquen en discusiones acaloradas, ya sea en el momento o a posteriori, se deben solucionar. En un campo como este, basado en gran medida en la relación, no se reconoce como un rasgo deseable el hecho de no asegurar y/o mantener relaciones positivas con los compañeros.

Disposición a ser imperfecto

La mayoría de los estudiantes que tratan de obtener un título que les permita trabajar en entornos terapéuticos ya han tenido éxito en su proceso de educación. Pero, si bien obtener notas excelentes es importante en un programa de especialización, no lo es menos que los estudiantes que aspiran a convertirse en terapeutas aprovechen la oportunidad de ser defectuosos, o menos que perfectos, y siempre en proceso de mejora. Sencillamente, la terapia no es un oficio perfecto. Así pues, aunque se utilicen pruebas, tareas, trabajos y similares para evaluar el conocimiento mensurable, la conceptualización del caso, etcétera, los sobresalientes en exámenes y trabajos en realidad no miden ni atestiguan la perspicacia del terapeuta en ejercicio.

Dicho esto, corresponde a los terapeutas principiantes reconocer que nunca ha habido una sesión de terapia impecable. Nunca. El reconocimiento de este hecho libera al terapeuta en formación permanente de las tendencias al perfeccionismo, permitiéndole la oportunidad de explorar un mundo terapéutico en el que no tiene que saberlo todo.

La habilidad de conectar con los demás de manera significativa

El requisito de interactuar de manera efectiva con los clientes es inherente al trabajo de los terapeutas profesionales. Aunque esto pueda parecernos simple, de hecho, algunos estudiantes que empiezan programas de counseling simplemente tienen problemas para implicar a la otra persona. Algunas de las características clave que son necesarias para ello incluyen la capacidad de que el terapeuta muestre afecto hacia el cliente y evidenciar de forma no verbal que presta atención (por ejemplo, mostrando tristeza, sorpresa, etcétera) a lo que este manifiesta.

Además, los terapeutas eficaces se ven ayudados en su trabajo por la capacidad de cambiar el tono de voz y la velocidad de las palabras (por ejemplo, reducir la velocidad en algunos momentos o bien hablar rápidamente en otros). En esencia, los terapeutas monótonos no suelen ser buscados por los clientes y pueden no ser demasiado eficaces para transmitir comprensión.

Mejorar el desarrollo de la habilidad: llevar la teoría a la práctica

Identificar las habilidades individuales, incluso en aras del debate, y sugerir que encajan aquí y no allá, es una tarea difícil (prácticamente imposible), porque son muchas las teorías que se superponen en términos de objetivos, intenciones y, por supuesto, habilidades. Por ejemplo, los clínicos adlerianos tratan de despertar una nueva conciencia cognitiva en el cliente haciendo que se tornen evidentes las creencias y los mensajes antes ocultos. Y los terapeutas racionales emotivo-conductuales hacen algo similar.

Lo que complica aún más el intento de sacar a relucir las habilidades individuales es el hecho de que diferentes terapeutas, que usan la misma técnica, pueden obtener respuestas muy diferentes del cliente dependiendo de los objetivos de su base teórica. La interpretación de un psicoanalista puede estar anclada en el fortalecimiento del ego, mientras que la interpretación del mismo material del cliente puede ser reformulada por un terapeuta breve sobre la base de las intenciones positivas del cliente.

Sin embargo, lo que sí parece claro es que, para ser más eficaz en el uso de las técnicas terapéuticas, el clínico debe tener un fuerte sentido de su propia teoría personal exclusiva. Puede o no tenerlo todavía, lo cual no supone ningún problema. Pero le animamos a que lea, estudie y discuta con quienes le rodean los pros y contras de los principales planteamientos teóricos de la terapia. Cuanto más clara sea nuestra visión personal del proceso terapéutico, más eficazmente incorporaremos las habilidades y técnicas requeridas. Es muy difícil llegar a un nuevo destino si no contamos con un mapa o algún conocimiento de la dirección que debemos emprender. Por consiguiente, tenemos que reconocer –y hacerlo muy claramente– que los clientes son mucho más complejos que las simples direcciones de conducción. El eclecticismo técnico combina las enseñanzas de muy variadas teorías para conformar una teoría personal única y consistente de la terapia que luego resulte efectiva para cada clínico individual. En la siguiente sección, examinamos algunas de las teorías clínicas más difundidas y ampliamente aceptadas.

Psicoanálisis

Desarrollado por Sigmund Freud, este enfoque se basa en buena medida en la capacidad del clínico para interpretar y analizar el flujo de material generado por el cliente. Al tiempo que el cliente habla de sus primeras experiencias en la vida, las situaciones actuales, o cualquier otra cosa que acuda a su mente, cada una de sus palabras es revisada y sopesada tanto por su significado abierto como por el encubierto. El papel inicial del clínico es generar un ambiente seguro en el que el cliente exprese pensamientos internos que no sabía que existían o que nunca había compartido con nadie. A partir de este nuevo material, es posible alcanzar uno de los principales objetivos del psicoanálisis. El clínico puede interpretar con éxito y analizar con precisión el material para ayudar al cliente a adquirir un nuevo sentido informado de su personalidad.

No cabe duda de que los psicoanalistas utilizan muchas de las habilidades contenidas en este libro, como, por ejemplo, interpretación, mínimo estímulo, paráfrasis, experiencia técnica y feedback.

Psicología individual

Creado por Alfred Adler, este planteamiento teórico considera que el propósito del terapeuta es ayudar al desarrollo del estilo de vida positivo del cliente (el equivalente aproximado de su personalidad). Para ello, el terapeuta utiliza técnicas que contribuyen a que el cliente adquiera un mayor sentido de conexión social, al tiempo que pone menos énfasis en la superación de los defectos que percibe en sí mismo.

Mediante la creación de un entorno terapéutico cálido y seguro, el psicólogo individual obtiene la cooperación del cliente para interpretar y analizar partes de su estilo de vida. Al hacer esto, el terapeuta adleriano puede utilizar los recursos de la familia y la comunidad.

Entre las habilidades recogidas en este libro, que están directamente alineadas con la psicología individual adleriana, se incluyen estímulo mínimo, paráfrasis, reflejo de los sentimientos, reflejo del significado, interpretación, acento, empatía, pregunta cerrada, pregunta abierta, formular la pregunta, pregunta milagrosa, recontextualizar, metáfora, escupir en la sopa del cliente, proporcionar feedback, recuerdos tempranos, hacer "como si" y directrices.

Humanismo/existencialismo

Atribuido a Carl Rogers, Rollo May y Viktor Frankl, este enfoque clínico promueve las respuestas a las preguntas del cliente desde el interior del propio cliente. Esto se logra creando un lugar seguro y carente de juicios para que el cliente exprese e interprete su propio material. El terapeuta le ayuda a asumir más responsabilidad hacia sus pensamientos, sentimientos y conductas mientras asigna su propio significado a los eventos de su vida.

Para ello, el terapeuta utiliza técnicas que se centran en crear el espacio adecuado para que el cliente decida efectuar cambios por sí mismo, prestando poca atención a que sea el terapeuta quien dirija este tipo de movimiento. Entre estas habilidades se incluyen empatía, mínimo estímulo, paráfrasis, reflejo de los sentimientos, reflejo del significado, resumen, estímulo, énfasis, comprobación, aquí y ahora, definir el problema/estado, definir metas/objetivos/resultados y autodivulgación.

Terapia Gestalt

Atribuida a Laura y Fritz Perls, este planteamiento teórico anima al clínico a ayudar al cliente a ser más consciente de sí mismo mientras se centra en la experiencia del momento. Al actuar de ese modo, el cliente aprende a ser más consciente de su comportamiento, lenguaje corporal y conciencia del entorno.

Esta base teórica está fuertemente arraigada en el presente. Así, las habilidades y los componentes técnicos hacen hincapié en la situación actual, tanto en la que se encuentra el cliente como en la que se produce entre el terapeuta y cliente o clientes.

Las habilidades, en este libro, que se alinean estrechamente con la terapia Gestalt son pregunta cerrada, pregunta abierta, sondear, pregunta de elección forzada, aquí y ahora, cambiar preguntas por declaraciones, aclarar el propósito, confrontar, observar, afirmar, inmediatez, imaginación creativa, técnica de la silla vacía y juegos de rol.

Terapia cognitiva/terapia cognitivo-conductual

Creado por Albert Ellis, William Glasser y Aaron Beck, este enfoque sugiere de manera poderosa que es el cliente quien es el responsable tanto de sus pensamientos como de sus comportamientos. Al aprender a asumir dicha responsabilidad, el cliente se percata de que es él quien crea y/o alimenta el problema. Los terapeutas que utilizan este fundamento teórico analizan de manera activa y enérgica los comentarios y la historia del cliente, buscando pensamientos y conductas que no sean coherentes entre sí, que sean irracionales y que culpen de su sufrimiento o malestar a otras personas.

Muchas de las técnicas contenidas en este libro pueden ser utilizadas fácilmente por estos clínicos. Entre algunas de las más destacadas en este planteamiento teórico tenemos: flecha descendente, pregunta cerrada, pregunta abierta, disputa cognitiva, interrogatorio triádico, colaboración empírica, cerrar, confrontar, proporcionar información, relajación progresiva, tratamiento imaginario, autovigilancia, ataque de vergüenza, parar y observar, biblioterapia y tarea para casa.

Teoría familiar sistémica

Este amplio fundamento teórico se atribuye a numerosos autores. Entre sus principios básicos, se halla la creencia de que los problemas no tienen una causa lineal directa, sino que son creados y alimentados por la totalidad del sistema para crear un equilibrio dentro del sistema, mantener relaciones complementarias y, a veces, ayudar a otros sistemas a funcionar de modo más eficaz.

Aunque son de naturaleza diversa y tienen distintas maneras de intervenir a la hora de utilizar técnicas terapéuticas, las técnicas generales de este libro que se alinean más estrechamente con la teoría familiar sistémica incluyen cuestionamiento circular, aclarar el propósito, bloqueo, recontextualizar, cumplido, interpretación, metáfora, redefinir/recontextualizar, observar, confirmar, inmediatez, autodivulgación, sostener el enfoque, dibujar, unión, comprobar la cámara, dibujar a la familia completa, directriz, técnica de la puerta en la cara, técnica del pie en la puerta, paradoja, autovigilancia, experiencias difíciles y tarea para casa.

Terapia breve

Este enfoque, atribuido a muchos teóricos del pasado y del presente, se centra sustancialmente en la solución de los problemas, más que en la causa o la raíz de los mismos. El terapeuta activo y comprometido busca oportunidades en la historia del cliente para añadir las piezas que faltan y que lleven al cliente a pensar o actuar de manera distinta en relación con el problema. El terapeuta ayuda a encontrar las piezas faltantes haciendo aflorar las excepciones a las reglas del cliente y ayudándole a dejar de considerar que uno mismo es el problema y a ver el problema como un problema. Entre las habilidades presentadas en este volumen, que se hallan en consonancia con los modelos de la terapia breve se incluyen la metáfora, formular preguntas, pregunta milagrosa, externalizar el problema, pregunta de elección forzoso, pregunta terrible, pregunta de escala, recontextualizar, elogiar, proporcionar información, directriz, paradoja, experiencias difíciles y tarea para casa.

A medida que avancemos en el desarrollo de nuestras habilidades personales, comenzaremos a definir de manera natural nuestro propio estilo de terapia. No desear ser como Rogers, Ellis o Adler es totalmente apropiado, porque en lo que nos convertiremos es en auténticos terapeutas, en terapeutas profesionales que utilizan fragmentos y partes de las numerosas teorías y enfoques que hemos recogido de los grandes autores que nos han precedido en este campo. No seguiremos servilmente un plan y no seremos un mero compuesto, sino que nos convertiremos en terapeutas con una teoría integrada y ecléctica y una práctica propia.

En ese proceso de crecimiento, las habilidades individuales contenidas en este libro nos resultarán cada vez más accesibles y nos será más fácil vincular dichas habilidades con nuestro enfoque terapéutico. Por ejemplo, en lugar de simplemente parafrasear lo que el cliente dice, constataremos que la vinculación de sus comentarios con una pregunta abierta es más productiva para la interacción terapéutica.

Como ayuda para la adquisición de estas aptitudes, los capítulos concernientes a las aptitudes terapéuticas van seguidos de un breve capítulo titulado "Intervenciones entrelazadas", en el que se brindan ejemplos acerca de cómo son y de qué manera se agrupan diversas capacidades y conjuntos de aptitudes para facilitar el crecimiento del cliente, la comprensión del terapeuta y una relación más terapéutica entre ambos. En la conclusión del libro, ofrecemos ejercicios prácticos y una lista anotada de referencias que reflejan muchos de los textos de terapia, tanto de la actualidad como del pasado, referentes a las habilidades terapéuticas.

Pero, al margen de los clientes y al margen de nuestro papel como terapeutas, existe otra variable importante en el proceso terapéutico. Diferentes clientes requieren diversas modalidades de counseling. Por esa razón, una creciente presencia en el campo abarca modalidades *alternativas* más allá del proceso en el que terapeuta y cliente están sentados frente a frente durante la sesión. Estos enfoques utilizan abordajes alternativos para ajustar mejor el proceso terapéutico a las necesidades exclusivas de cada cliente. Es decir, estos enfoques se agrupan bajo el paraguas de las *terapias de artes expresivas*. Debemos precisar que muchas, si no todas, las técnicas contenidas en este libro pueden ser utilizadas conjuntamente con las modalidades descritas a continuación. La modalidad en sí misma se añade al proceso terapéutico y proporciona un enfoque más eficaz, en oposición a la simple "terapia conversacional". Nuestro estilo personal de counseling y provisión de terapia incluirá o debería incluir probablemente algunos de los enfoques descritos a continuación.

Biblioterapia

En este abordaje, el proceso de counseling se ve auxiliado por el uso de literatura, películas, poesía y otros escritos. En algunos casos, se pide a los clientes que vean o lean películas/escritos específicos para añadirlos a la orientación terapéutica, mientras que, en otros, se les pide que desarrollen materiales bibliográficos para su revisión y análisis durante el proceso de counseling. Es posible utilizar la creatividad, dado que cliente y terapeuta pueden elaborar temas significativos y direcciones futuras gracias a su interés compartido en el material.

Ejemplos

1. Libros y relatos cortos que proporcionan historias paralelas a los temas del cliente.

   En el libro *El niño sin nombre*, el protagonista narra su experiencia con el abuso y la negligencia grave.

2. Películas que subrayan soluciones o remedios a preocupaciones similares a las del cliente.

   En la película *Frozen,* el argumento gira en torno al hecho de que un acto de amor verdadero es la solución. Y ese acto proviene de un individuo que se sacrifica por otro.
3. Poemas que subrayan las emociones y sentimientos del cliente.
4. Historias u otros escritos elaborados por el cliente que expresan sus pensamientos y sentimientos.

Terapia artística

Desde los tiempos de Carl Jung, el uso y la utilidad de hacer que los clientes se expresen artísticamente ha ido cobrando importancia en el proceso de counseling. Los clientes de todas las edades pueden participar en la terapia artística. Aunque hay entrenamientos y certificaciones que se obtienen con este propósito (como, por ejemplo, máster en terapia artística), cualquier terapeuta puede utilizar el arte en el proceso terapéutico. Los clientes expresan sus sentimientos, pensamientos, recuerdos y sueños/esperanzas para el futuro gracias al uso del arte. Los terapeutas piden al cliente que cree un cuadro específico (por ejemplo, de su hogar durante su infancia, de su familia, etcétera) o simplemente que dibuje lo que piensa en ese momento. Con independencia de la imagen creada por el cliente, es posible perfeccionar el procesamiento de la(s) imagen(es) con el uso de las técnicas contenidas en este libro.

1. Pedir al cliente que dibuje a su familia y hable de los individuos elegidos para formar parte de la imagen "familiar".
2. Solicitarle que dibuje un buen día y luego un mal día, explicando la diferencia.
3. Requerirle que exprese lo que piensa/siente mediante la expresión artística y procese la creación.
4. La terapia artística utiliza materiales como rotuladores, lápices, ceras, arcilla, etcétera (básicamente cualquier medio que permita que el cliente exprese o recree su mundo de manera artística).

Terapia de juego

Aunque las modalidades de terapia de juego existen desde hace casi cien años, el incremento de la conciencia y la utilidad de las técnicas, enfoques y estilos específicos asociados con la terapia de juego eficaz han cobrado importancia recientemente gracias al esfuerzo de autores, profesionales y teóricos como Virginia Axeline y Gary Landreth (por nombrar solo a un par de ellos). El fundamento teórico de este enfoque es que los niños y, por ende, cualquier cliente de edad avanzada que se encuentre en las circunstancias terapéuticas adecuadas (confianza, respeto, seguridad, etcétera), pueden mostrar, representar y contar la historia de las experiencias vividas mediante el uso de los juguetes y artículos utilizados en este tipo de terapia. En el caso del cliente, la mayor parte, si no toda, de esta interacción tiene lugar a nivel metafórico o inconsciente. Pero el terapeuta atento advertirá temas e historias que son paralelas a la vida real del cliente y expresadas a través del juego.

Terapia musical

En algunos casos, el significado y la expresión se ven incrementados mediante el uso de la música. Algunos clientes tratan de expresar sus pensamientos y sentimientos y encuentran muy útil compartir con el terapeuta una o varias canciones que transmitan lo que atesoran en su interior. Hemos constatado, por ejemplo, que muchos adolescentes se benefician del uso de la música en la terapia. El análisis de la letra, el estado de ánimo que induce la canción y/o la historia que cuenta son sumamente útiles tanto para el cliente como para el terapeuta en vistas a comprender mejor el tema central de la terapia y trabajar con él.

En general, los enfoques terapéuticos basados en la expresión artística son de gran beneficio para el cliente en el proceso de counseling. Es importante saber que cada una de estas modalidades requiere habilidades y entrenamientos específicos asociados directamente con su implementación. Por consiguiente, alentamos a los consejeros y asesores en formación a utilizar las mejores prácticas en estas áreas. Lo habitual es que el entrenamiento avanzado, la supervisión, la consulta y la revisión de la literatura existente sean formas eficaces de incorporar nuevos enfoques, tanto de manera profesional como efectiva.

Terapia asistida por tecnología

En el entorno terapéutico actual, existe la posibilidad de implicar a los clientes gracias a una variedad de medios distintos a la presencia personal. Los intercambios terapéuticos pueden ocurrir sincrónicamente mediante un software compatible con la Ley de Portabilidad y Responsabilidad de los Seguros de Salud (HIPAA) que permite que cliente y terapeuta se vean y escuchen mutuamente a través de la tecnología (como, por ejemplo, VSee). Otras modalidades de terapia asistida por tecnología tienen lugar mediante intercambios de correo electrónico (típicamente asincrónicos). Como autores, reconocemos las posibles limitaciones de la terapia asistida por tecnología; sin embargo, también nos damos cuenta de que hay una nueva generación que se comunica de manera muy importante a través de la tecnología y que puede sentirse bastante cómoda eligiendo este tipo de enfoque. El siguiente debate, por lo tanto, se basa en el uso de la tecnología en la terapia siguiendo las pautas legales (está prohibido, por ejemplo, ofrecer terapia a los clientes en un lugar en el cual el terapeuta no tiene licencia) y éticas (hay que cerciorase de que, en todas y cada una de las sesiones, el terapeuta verifica que realmente está aconsejando al cliente deseado), proporcionadas por los consejos estatales y las organizaciones profesionales.

Conseguir que las técnicas funcionen en un entorno basado en la tecnología

Se debe tener sumo cuidado en cualquier entorno terapéutico. Sin embargo, en un entorno en el que se produce una comunicación limitada, especialmente no verbal, la claridad es primordial. Las técnicas utilizadas mediante programas informáticos sincrónicos que permiten a cliente y terapeuta verse y escucharse mutuamente requieren aún más finura y agudeza que cuando se trabaja en vivo con un determinado cliente. Por ejemplo, cuando se trabaja con un cliente en persona, en la misma sala, sus señales no verbales se captan más fácilmente que las que se perciben en la pantalla de un ordenador. Por consiguiente, comunicar declaraciones empáticas, reflejar los sentimientos y otras respuestas similares orientadas a los afectos puede requerir una mayor inversión de energía por parte del terapeuta.

Además, el uso de la técnica del silencio también es más problemático en ese entorno. Con los posibles fallos y la lenta velocidad de algunas tecnologías, el silencio asume un papel diferente en el formato sincrónico online. En algunos casos, la congelación de la pantalla da lugar a perturbaciones no deseadas en el proceso terapéutico. Por supuesto, se puede informar a los clientes de esas posibilidades antes de iniciar el proceso;

sin embargo, eso no cambiará la experiencia del cliente en medio de un momento profundo de la terapia cuando se produzca un silencio prolongado e involuntario. Los terapeutas que emplean la terapia asistida por tecnología deben estar preparados para auxiliar al cliente por la frustración que siente originada en la propia tecnología.

La terapia asincrónica puede ser empleada eficazmente por terapeutas con adecuada formación. Debido a que, a menudo, estos medios son simplemente textos de email, entre los retos que se plantean al utilizar esta terapia se incluyen malentendidos en cuanto al tono, la elección de palabras y los tiempos de respuesta. Por consiguiente, las pistas contextuales deben formar parte del uso de las técnicas para proporcionar terapia asincrónica a través de texto solamente. La calidad del tono, las inflexiones, la velocidad, etcétera, son difíciles de transmitir en un entorno asincrónico. Las pistas contextuales ayudan, también los emojis y, por supuesto, al igual que en la terapia estándar, es primordial la construcción cuidadosa de frases y oraciones.

Esperamos sinceramente que los lectores disfruten del libro y encuentren este material útil a medida que vayan desenvolviéndose como terapeutas profesionales competentes. Nuestro objetivo es tanto definir como suministrar ejemplos concretos y específicos de una amplia gama de habilidades actualmente en uso en el campo de la terapia.

Una vez más, ¡felicidades y bienvenidos!

2 Terapia pragmática

Organización de los capítulos y las habilidades

Los principales supuestos que constituyen la base de este libro y que proporcionan los fundamentos de una terapia pragmática son los siguientes:

1. La terapia funciona.
2. Los terapeutas necesitan estar equipados con tantas habilidades como sea posible para satisfacer eficazmente las necesidades exclusivas de cada uno de sus clientes.
3. Para algunos clientes, el simple hecho de ser escuchado es necesario y suficiente; para otros, hace falta modificar los patrones de pensamiento fundamentales; y en otros casos, se requiere un cambio de comportamiento real.

Con este punto de partida en mente, ofrecemos las siguientes páginas como una guía –un amplio marco conceptual– sobre el modo de encajar entre sí las diferentes habilidades y capítulos.

En un sentido pragmático, la terapia consta de tres niveles. En el primer nivel, el terapeuta escucha cómo el cliente se ve a sí mismo en ese momento. Esto se puede conseguir utilizando las habilidades que se encuentran principalmente en los apartados de El reflejo en el estanque y El árbol de las preguntas (capítulos 3 y 4). Para algunos clientes, la aparentemente simple acción de tener un terapeuta capacitado que realmente los escuche es muy terapéutico en sí mismo. De hecho, en algunos casos, esto es todo lo que se necesita para que el cliente lleve a cabo un cambio y recupere su equilibrio psicológico, cognitivo, emocional y/o espiritual. Por supuesto, en la mayoría de los otros casos, escuchar simplemente no es suficiente.

A medida que se desarrolla la compenetración y aumenta la comprensión entre terapeuta y cliente, el proceso suele pasar a un segundo nivel. Las habilidades que pueden resultar útiles en este contexto se encuentran en los siguientes capítulos: El contexto, Buscar cielos despejados, Perseguir espejismos, La línea de suministro, Acciones del terapeuta y Pura imaginación (capítulos 5-10). Mediante estas habilidades, el terapeuta ayuda al cliente a llegar a un espacio cognitivo más útil. A través de los cambios visualizados, el feedback de los demás y la confrontación de pensamientos y comportamientos, entre otros, es posible sanar el poder de la mente y cambiar el tipo de pensamientos. En el caso de algunos clientes, esto será todo lo que requieran para seguir avanzando en una dirección más positiva. Otros clientes, sin embargo, necesitarán más ayuda. El tercer nivel es el lugar donde terapeuta y cliente se centran en las acciones y no solo en las palabras, los pensamientos o los sentimientos. El ejercicio del movimiento de las olas (capítulo 11) nos brinda las habilidades utilizadas para posibilitar este tipo de soluciones. El uso de estas habilidades orientadas a la acción ayuda al cliente a cambiar realmente la(s) conducta(s) en vez de simplemente hablar de ella(s) o imaginarla(s).

Nótese que cada uno de estos niveles tiene tanto un conjunto de principios como un propósito distinto en el proceso de la terapia. Aunque la terapia efectiva es aparentemente de naturaleza lineal, en realidad suele requerir que el terapeuta revise las técnicas e incluso los niveles anteriores en varios momentos de la relación terapéutica. Por ejemplo, los terapeutas pueden seguir utilizando la reflexión, aun cuando prescriban algún tipo de acción.

Consideremos el siguiente relato ficticio como una posible forma de anclar los principios básicos de la terapia pragmática.

Historia de Pat

Sola y aislada en una isla desierta, Pat anhelaba ser rescatada. El tiempo transcurría muy despacio; habían pasado varios años desde que llegara. Aunque Pat no recordaba cómo había terminado en esa situación, un rayo de esperanza la hacía sobrevivir día tras día. Había afrontado pruebas y tribulaciones naturales que ponían a prueba su capacidad para permanecer incólume, poniendo a prueba los dominios de la fortaleza psicológica, emocional, espiritual, física y cognitiva. Gracias a ello, Pat se mantuvo en movimiento, con la esperanza de que la vida cambiara a mejor.

Entonces, un buen día, llegó otra alma a la isla. Pat dejó al visitante un espacio razonable durante varios días. Después, por curiosidad, dolor, necesidad u otra cosa, Pat finalmente decidió saludar al visitante.

Verlos a los dos juntos era bastante revelador: el desconocido con ropa nueva, sin quemaduras de sol, oliendo fresco y limpio, Pat oliendo al aroma de la isla, con parches de piel mostrando los signos evidentes de quemaduras, tanto viejas como nuevas, el pelo despeinado y la ropa desgastada. Al darse cuenta de ello, Pat le pidió un espejo. Al no tener uno, el desconocido sugirió que los dos se acercaran al lago cercano para contemplar sus reflejos. Nerviosa y un poco aprensiva al principio, Pat echó un vistazo. Sorprendentemente, aunque con un aspecto bastante diferente en cuanto a la estética, la pareja parecía compartir un parecido común que ambos advirtieron. "No está tan mal", dijo Pat. El desconocido se mostró de acuerdo.

Deseando protegerse del sol, el desconocido sugirió entonces que los dos se desplazaran unos metros para sentarse a la sombra de un árbol. Mientras estaban sentados, hablaron. Pat compartió partes de la historia de su isla; el desconocido formuló preguntas para tratar de obtener una imagen cada vez más completa. Mientras tanto, se miraban alternativamente el uno al otro y también a sus respectivos reflejos en el lago.

Por el rabillo del ojo, el desconocido captó algo que no había advertido todavía: un campamento rudimentario. Entonces percibió palos, ramitas y ramas esparcidas al azar como si se tratara de una rudimentaria cama, advirtiendo también las palmas y hojas reunidas en una estructura muy simple. Sabiendo que a veces las acciones son más poderosas que las palabras, y percibiendo que Pat necesitaba algo de ayuda para conseguir un marco más acogedor, el desconocido se acercó para inspeccionar el lugar. Entonces, con el permiso de Pat, el recién llegado comenzó a montar una estructura mucho más sólida tanto para el dormitorio como para el refugio.

Juntos, el desconocido y Pat se trasladaron desde el árbol al lago y a la nueva estructura, hablando y compartiendo mientras caminaban. Aunque buena parte de la conversación giraba en torno a la experiencia de Pat en la isla y la experiencia actual que ambos estaban teniendo, el extraño se volvió cada vez menos extraño y más conocido al proporcionar información a Pat según esta le preguntaba. A medida que se profundizaba esta relación, Pat experimentaba una creciente confianza que la llevó a compartir su historia.

El día se convirtió en noche, y la pareja disfrutó de la comodidad y la seguridad bajo la estructura recién erigida. Entonces, casi simultáneamente, comenzaron a advertir la abrumadora cantidad de estrellas en el cielo nocturno. Junto con la luna llena, el cielo nocturno iluminaba la isla, a sus dos habitantes, al árbol, la choza y el lago. Pat comentó que, desde su llegada a la isla, ese mismo cielo nunca le había parecido tan claro y hermoso.

Era ya tarde por la noche, mientras seguían hablando, envueltos por el lago, el árbol, la sólida choza y el cielo despejado, Pat de repente saltó y gritó:

—¿Has visto eso?

El desconocido no había visto nada.

—¿Pero lo has visto? –Pat gritó otra vez.

De nuevo, no había nada que ver.

—¿Qué es lo que has visto? –le preguntó a Pat el desconocido.

Al principio, de manera titubeante, Pat le contó al desconocido una historia tras otra sobre "cosas" que surgían y le parecían reales pero que no tenían explicación. Ambos rieron cuando Pat dijo:

—A finales de la semana pasada vi a un pez saltar del agua y decirle a un pájaro que dejara de pescar en su territorio. Entonces el pájaro le respondió advirtiéndole de que era demasiado entrometido, y que tendrían que buscar el consejo del secretario de estado, que era un gran pulpo.

—Por supuesto –añadió el desconocido–, el pulpo falló a favor del pez, con lo que el pájaro se quejó de nepotismo (pero los primos lejanos no cuentan).

Aunque ambos se rieron, el desconocido sabía que esto había ocurrido realmente en la mente de Pat. Se tomaron el tiempo necesario para procesar un espejismo tan extraño.

A la mañana siguiente, los dos retomaron la charla del día anterior. Aún sentados junto a la charca, bajo un cielo despejado, ahuyentando los espejismos de Pat mientras afloraban, comenzaron a discutir lo que podían vislumbrar como la mejor situación de la isla. Hablaron del modo en que las cosas podrían mejorar, incluso en una situación tan difícil. Mediante la pura imaginación, Pat y el desconocido jugaron juegos mentales que permitieron una interacción creativa de lo que era real y lo que les gustaría que fuese real. A la hora del almuerzo, Pat imaginó un sándwich de bistec con patatas fritas y el desconocido comió pizza y una ensalada. Pat se sentía llena de energía.

El desconocido advirtió entonces que todo lo que hacían era hablar. Aunque la conversación era buena, no estaban más cerca de salir de la isla o de mejorar su situación en ella. Tras una suave persuasión, Pat aceptó aventurarse a recorrer la isla. Así pues, se pusieron en marcha. En el lado más alejado de la isla, el desconocido se detuvo y se asomó al mar diciendo:

—¿Ves eso?

—¿El qué? –pregunto Pat.

—Hay una costa inmensa con edificios, luces, coches. Incluso puedo ver a gente moviéndose –respondió el desconocido, señalando el horizonte.

—¿Tú también puedes verlo? Entonces no era un espejismo –se apresuró a comentar Pat.

Rápidamente los dos se pusieron a trabajar para construir una nave segura para surcar las aguas desconocidas. Al abandonar la isla, percibieron que el movimiento de las olas los impulsaba. Aparentemente más rápido de lo que podía ir un barco a motor, los dos llegaron a su destino sin dilación.

Al separarse, ambos reflexionaron sobre el modo en que su viaje los había cambiado. El desconocido señaló que, mientras estaba sola en la isla, Pat había mostrado la resistencia, la fuerza interior y el coraje para seguir adelante, incluso frente a fuerzas negativas tan poderosas. Pat reflexionó sobre el aprendizaje de cómo, si alguna vez volviera a quedar atrapada en una isla desierta, buscaría el modo –a veces más sencillo de lo que uno podría pensar– de salir de ella.

Las categorías que ofrecemos como piedras angulares de la terapia pragmática, que se encuentran tanto en la historia anterior como en los capítulos subsiguientes, permiten al terapeuta visualizar habilidades y enfoques alternativos cuando trabaja con los clientes. En algunos casos, puede llevar más tiempo ayudar a un cliente a "verse" a sí mismo en los reflejos del estanque, mientras que otro cliente puede necesitar muy poco tiempo para tenga lugar el proceso de reflexión inicial. Sin embargo, este último cliente puede requerir más ayuda con la estructura de su habitáculo, los espejismos o los cielos despejados. Así como cada cliente aporta diferentes fortalezas, también cada terapeuta tendrá determinadas fortalezas en ciertas áreas (por ejemplo, preguntas, suministros, movimiento de las olas).

Como hemos señalado, este libro contiene más de cien habilidades, técnicas o formas diferentes de llevar a cabo una sesión de terapia. Esos métodos están distribuidos en diez capítulos, aunque la división pueda ser considerada, en ocasiones, un tanto arbitraria. Por supuesto, las divisiones y estructuras resultantes están diseñadas como guías que esperamos sean útiles para ayudar al terapeuta a seguir desarrollando y perfeccionando su propia teoría y práctica personal de counseling.

El principio y el final de la sesión

Muchos consejeros principiantes experimentan una enorme ansiedad y frustración al principio y al final de la sesión. A veces, el mismo proceso de empezar de la manera correcta (o la más útil) causa gran ansiedad a los estudiantes. De igual modo, disponer de formas efectivas y sistemáticas de concluir la sesión ayuda a los principiantes durante el proceso de la sesión (de principio a fin). Por lo tanto, hemos añadido a nuestro libro un capítulo sobre el inicio y el final de las sesiones. Creemos que, con independencia de su enfoque del counseling y de su perspectiva teórica de la terapia, el inicio y el final de las sesiones debe efectuarse de manera útil y con un propósito.

Teniendo en cuenta lo anterior, añadiremos que hemos trabajado con educadores en counseling que se aferraban a diferentes estilos de inicio y finalización de sesiones. Por ejemplo, Bill trabajó con el doctor Frank Main, quien le sugirió firmemente que empezara la sesión preguntando al cliente: "¿Qué le trae hoy por aquí?" El doctor Main consideraba que esta simple pregunta, por sí sola, servía para señalar al cliente o clientes que lo más importante era por dónde debían empezar. Por su parte, el doctor. George Sesser pedía a sus estudiantes de counseling que comenzaran cada sesión observando y luego informando al cliente de un "reflejo del estado de ánimo". Sospechamos que nuestro profesor probablemente nos ayudará (o nos indicará directamente) cómo quiere que empecemos cada sesión. En muchos sentidos, esto es positivo. Saber cómo comenzaremos una sesión minimiza, al menos hasta cierto punto, el estrés y la ansiedad inherentes a llevar a cabo toda la sesión. En realidad, hay más cosas en el inicio de la sesión de lo que se percibe a simple vista, o de lo que cualquier frase de apertura capta realmente. La forma en que se inicia una sesión dicta, o al menos establece, el tono de la manera en que se desarrollará la sesión subsiguiente, lo cual hace que el principio de la sesión sea muy importante desde nuestro punto de vista.

Antes de que proporcionemos algunos ejemplos de distintas maneras de iniciar la sesión y cómo estos enfoques afectan al trabajo que viene después, queremos subrayar que iniciar una sesión de una manera u otra NO necesariamente hace que la sesión termine resultando de un cierto modo. Siempre hay tiempo para recuperarse de principios erróneos. Tengamos la seguridad de que, aunque comencemos algunas sesiones con el pie izquierdo, descubriremos que, aunque lleve su tiempo, al final de la sesión, la terapia habrá tenido lugar.

Así es cómo llevamos a cabo el counseling

Ya sea desde el comienzo de la sesión o desde el primer momento en que contactamos con el cliente (por ejemplo, durante la llamada telefónica inicial o la primera sesión), NUESTRO enfoque comienza a hacerse evidente para el cliente. Por ejemplo, si utilizamos el reflejo del estado de ánimo, estamos sugiriendo al cliente nuestro interés en cómo se siente y el hecho de que vamos a observar y comentar sus comportamientos no verbales. Por lo tanto, mediante los métodos que utilizamos para emprender el contacto y/o iniciar la sesión, comunicamos, tanto directa como indirectamente, las formas en que el cliente y nosotros trabajaremos juntos.

Por ejemplo, consideremos que una manera de iniciar la sesión es pedirle al cliente que hable de cosas positivas, O BIEN negativas, que hayan ocurrido durante esa semana. También debemos tener en cuenta la tendencia que se establece para la sesión subsiguiente si decidimos, como terapeutas, comenzar con una de las direcciones indicadas a continuación. Decir, por ejemplo, "Empezaremos esta semana hablando del momento en que su depresión no estaba presente", establece un tono muy diferente a abrir una sesión utilizando las palabras "Veo que está deprimido esta semana, comencemos hablando de lo que le deprime tanto". Las diferencias en la forma en que el cliente experimenta de qué hablar en el momento no son difíciles de percibir, es decir, cosas positivas y buenas versus cosas problemáticas de la semana. Hay que tener cuidado de no excluir ninguna manera de empezar la sesión. Nuestro estilo personal puede consistir en buscar el problema a resolver (la última de las dos preguntas), o podemos sentir que la mayoría, si no todos, de nuestros clientes se benefician enormemente de una charla positiva (el primer ejemplo). Ciertamente, nuestro punto de vista es importante, pero el estilo del cliente es aún más importante. Reconocer los enfoques iniciales más eficaces que funcionan con cada uno de nuestros clientes individuales maximiza, en buena medida, nuestro esfuerzo terapéutico.

Hay muchas, muchas técnicas que se encuentran en los siguientes capítulos que pueden utilizarse para iniciar la sesión. Proporcionamos ahora una lista de esas técnicas para ayudarnos en nuestras consideraciones y en nuestra habilidad para empezar la sesión de manera efectiva y con un propósito.

Las técnicas que nos han resultado más útiles para comenzar las sesiones con los clientes son: *reflejo del estado de ánimo, pregunta abierta, pregunta milagrosa, resumen (de la última sesión), seguimiento de las tareas para casa* e *inmediatez*.

Obviamente, la forma en que se inicia la sesión es muy importante, así como el modo en que la concluimos. Cuando arriban a la conclusión de la sesión, son muchos los consejeros principiantes que se esfuerzan por encontrar las palabras correctas que utilizar y la estructura adecuada a emplear para capturar algún significado, o para despedirse del cliente. Encontrar formas y métodos para terminar las sesiones hace que el proceso terapéutico sea mucho más productivo y claro tanto para el terapeuta como para el cliente. La estructura suele ser algo positivo, y saber cómo terminar una sesión nos ofrece a nosotros y a nuestros clientes un cierre productivo del trabajo que acabamos de hacer con la otra persona.

Los modelos teóricos difieren en cuanto a la mejor manera de concluir las sesiones. En general, existe un acuerdo en que el cierre de la sesión probablemente debería incluir algún tipo de resumen o declaración que capte la esencia de la sesión y disponga al cliente a seguir trabajando. Por ejemplo, algunos terapeutas utilizan mensajes para concluir la sesión que incluyen mensajes directos e indirectos con el objetivo de cambiar la conducta o los pensamientos. Estos mensajes están destinados a hacer que el cliente se centre más claramente y reflexione sobre su significado. Obviamente, se requiere un entrenamiento y supervisión avanzados en el uso de este tipo de finales.

Otros consejeros utilizan enfoques aparentemente más básicos para terminar la sesión que incluyen algunas de las técnicas que se encuentran en este libro, como el *resumen*, el *reflejo del significado*, las *preguntas abiertas*, la *asignación de tareas* y la *paráfrasis* (*seguidas de una declaración como "podemos retomarlo en este punto la próxima semana"*). Con independencia de la técnica o la manera de cerrar la sesión que utilicemos, conocer diversas formas de concluir la sesión minimiza o elimina el temor y la aprehensión que aparecen en el caso de los terapeutas principiantes cuando llegan a los últimos momentos de la sesión y se sienten abrumados con la manera en que terminarán.

No es magia

El comienzo y el final de las sesiones no tiene por qué ser complicado. Además, y muy importante, es posible emplear estrategias que disminuyan el estrés de tratar de hacerlo bien en este tipo de coyuntura. El propósito y la práctica hacen que los terapeutas se sientan bastante cómodos en la terapia que tiene lugar desde el principio de la sesión y la que ocurre a consecuencia de un buen final de sesión. Sin embargo, es imprescindible efectuar una advertencia con respecto a los comienzos y finales de las sesiones planificadas.

No hay dos sesiones que sean idénticas. Además, el asesoramiento terapéutico nunca se desarrolla exactamente de la manera que uno esperaría. De hecho, en el momento en que SABEMOS lo que el cliente dirá y hará, es el momento en que ya no estamos haciendo terapia, sino algo que es mucho menos útil. Por consiguiente, con independencia de la forma en que queremos que empiece la sesión, debemos estar preparados para movernos a cualquier otro escenario acompañando al cliente. Esa ambigüedad es la naturaleza de la terapia. De manera similar, aunque tengamos una idea clara de cómo queremos terminar una sesión, nuestros mejores planes pueden necesitar verse reajustados para satisfacer las necesidades inmediatas del cliente, debido a que algo le ha ocurrido al final o cerca del final de la sesión. La flexibilidad se ve favorecida en estos casos por disponer de diferentes herramientas para utilizar tanto al comienzo como al final de la sesión. Las técnicas a aplicar durante estos dos momentos están contenidas en las páginas siguientes.

Invertir la curva normal

Un recurso visual que utilizamos para instruir a nuestros estudiantes sobre el proceso general de la terapia es invertir la curva normal (campana). Esta imagen nos permite visualizar gráficamente cómo la sesión pasa de externa o superficial a un trabajo más profundo para luego volver a un lugar donde el cliente pueda abandonar nuestra consulta en un buen estado. Esta imagen permite a los consejeros principiantes percatarse de que el inicio de la sesión NO es el lugar donde tenemos que conseguir que el cliente se centre de inmediato en sus preocupaciones "más profundas", sino que, más bien, es el punto de partida que abre el proceso de hacer que al cliente profundice cada vez más durante el periodo que dura la sesión. Además, la imagen nos permite entender que el final de la sesión, aunque debe contener determinados mensajes terapéuticos, es también el punto en el que trabajamos para que el cliente se vaya de una manera que le resulte útil. Aquí hay algunos ejemplos de frases y declaraciones que hemos usado u observado utilizar a otros terapeutas que creemos que serán de ayuda tanto al inicio como al final de las sesiones con los clientes.

Ejemplos de cómo iniciar una sesión

1. ¿Qué le trae hoy por aquí?
2. ¿Por dónde le gustaría empezar hoy?
3. La semana pasada hablamos de su familia. Me pregunto cómo fue su visita a casa el fin de semana pasado.
4. Percibo que se siente deprimido esta semana.
5. Le pedí que anotara sus pensamientos irracionales al trabajar con su supervisor. Empezaremos por ahí esta semana. ¿Qué ha descubierto?

Ejemplos de cómo terminar una sesión

1. Para terminar esta semana, recapitulemos. Hemos hablado de su interés en asistir a la universidad, de sus limitadas posibilidades económicas y del hecho de que sería el primero de su familia en obtener un título universitario.
2. Al final de esta sesión, quiero agradecerle que haya compartido cada vez más su historia conmigo. Espero que, al reflexionar sobre nuestro trabajo conjunto durante esta semana y la anterior, descubra algunas cosas que le gustaría tratar la próxima semana.
3. Claramente esta ha sido una sesión muy emotiva. Quiero asegurarme de que está bien cuando se vaya. Tomémonos un tiempo y simplemente sentémonos aquí y recomponer nuestros pensamientos. Cuando esté preparado, podemos despedirnos hasta la semana que viene.
4. Esta ha sido nuestra primera sesión juntos. Por lo general, terminamos hablando de las cosas que más nos han llamado la atención a ambos. En mi caso, ha sido su observación de cuánto se esfuerza en las relaciones. ¿Qué ha sido lo que más le ha llamado la atención a usted?

5. Bien, entre esta y la próxima semana, quiero que piense en lo que haría para indicarle a alguien que aprecia su esfuerzo. Pero NO se lo diga en modo alguno. La próxima semana hablaremos de quién es esa persona y qué haría para hacérselo saber.

Conclusión

Consideramos que, en el núcleo de toda buena terapia, radican la curiosidad y el no saber. Por ese motivo, siempre tratamos de iniciar cada sesión con asombro e interés hacia dónde se moverá el cliente. Parte del proceso de acceder a un espacio donde el cliente aproveche nuestros servicios estriba en la aplicación de técnicas y enfoques eficaces que nos permitan iniciar bien la sesión. Esperamos que el lector utilice este libro como una herramienta para prepararse mejor para este importante momento.

De manera similar, también constatamos que las formas efectivas y reflexivas de terminar las sesiones son terapéuticas por sí mismas. Habiendo afrontado la experiencia de experimentar cierta incomodidad con la manera de concluir la sesión, las ideas que proporcionamos son una forma de ayudar a los principiantes en su viaje hacia la competencia no solo en el inicio de la sesión, sino también en el momento de terminarla. Y, por supuesto, en las páginas que siguen, esperamos que aprendan nuevas y más competentes maneras de ser más eficaces entre esos dos momentos.

3 El reflejo en el estanque

En cada una de las habilidades presentadas en este capítulo, el terapeuta utiliza una variación del reflejo de las palabras, los sentimientos, los significados y/o los pensamientos del cliente. Este conjunto de habilidades contribuye a que terapeuta y cliente consoliden su relación. Al reflejar con precisión lo que se dice, el terapeuta demuestra con claridad que entiende lo que el cliente expresa realmente. Es obvio que la reflexión productiva tiene que ver con un principio clave y fundamental de la terapia: la escucha activa. Por otro lado, la repetición rutinaria de las palabras del cliente y el uso excesivo de esta técnica son, obviamente, contraproducentes.

Hemos constatado que, a muchos terapeutas principiantes, esta lista de técnicas les resulta tan útil como desafiante. Muchos de nosotros, como parte natural del proceso de convertirse en un buen oyente, tendemos a escuchar profundamente por nuestra propia naturaleza. Sin embargo, algunos principiantes en el arte de la terapia se vuelven muy mecánicos y pierden (provisionalmente) su capacidad de escuchar de manera atenta al cliente. Dicho esto, queremos animar a todos los terapeutas, ya sea que estén en sus inicios o se hallen firmemente establecidos en este campo, a utilizar estas técnicas como un medio para escuchar MEJOR al cliente y transmitirle mayor comprensión.

El uso excesivo de las técnicas contenidas en este capítulo puede resultar molesto y fastidioso para los clientes. Debemos poner sumo cuidado en las diferentes formas que tenemos de responder a la narrativa del cliente. A medida que los principiantes ponen en práctica estas técnicas, tal vez descubran que desarrollan malos hábitos al emplear de manera repetida frases como "así pues, lo que me está diciendo es...". Por supuesto, esta frase no es negativa en sí misma, pero si un cliente oye al terapeuta utilizarla quince veces en una sesión de veinte minutos, puede mermar su confianza en el terapeuta, y tal vez incluso llegará a perder toda su confianza.

Profundidad y claridad son dos componentes esenciales en el proceso de counseling. Con independencia del enfoque, la teoría o el estilo personal, en toda buena terapia el cliente cuenta su historia, presenta su(s) problema(s) y discute los posibles remedios en un nivel profundo. Muchas de las técnicas contenidas en este capítulo pueden añadirse al proceso de counseling o ser utilizadas simplemente para mantener el diálogo en un nivel superficial. Animamos a los terapeutas principiantes a que apliquen estas técnicas como una forma de conectar con el cliente y una manera de profundizar en el proceso.

Mínimo estímulo

Abordaje en consonancia con: Habilidad universal

Propósito: Fomentar el debate continuo por parte del cliente sin interrumpirle o cambiar el foco.

Lo que hace el terapeuta: El terapeuta utiliza palabras generales de ánimo (por ejemplo, "ajá") o palabras y frases específicas a lo que el cliente está diciendo (por ejemplo, "doloroso", "feliz", "inolvidable").

1. bueno
2. ajá
3. cosas
4. tareas
5. el final de la noche
6. le escucho
7. le entiendo
8. ya veo
9. lo siento
10. derecha
11. feliz
12. doloroso
13. por favor, continúe
14. de acuerdo
15. eh
16. le capto
17. siga
18. de acuerdo, ya veo
19. bien, bien, sí
20. enfadado
21. desanimado
22. arrogante
23. prosiga

Cliente: Espero que ella haga el primer movimiento, pero no sé, me siento mal por la situación.
Terapeuta: (silencio acompañado de un asentimiento con la cabeza). (*o bien*)
Terapeuta: Le escucho. (*o bien*)
Terapeuta: Ajá, de acuerdo.

Paráfrasis

Abordaje en consonancia con: Habilidad universal

Propósito: Mostrar al cliente que el terapeuta escucha, refleja o devuelve con palabras algo diferentes el mensaje que el cliente expresa. El significado, el tono, el sentimiento y el contenido del mensaje del cliente se mantienen. El terapeuta actúa simplemente como respaldo para que el cliente escuche sus propios pensamientos desde una nueva perspectiva.

Lo que hace el terapeuta: El terapeuta selecciona algunas de las palabras del cliente que destacan entre las cosas que ha dicho y se las repite de manera diferente.

24. Tiene demasiado en su plato.
25. Hace varias cosas cada día.
26. Hay muchas cosas que debe hacer cada noche.
27. Es responsable de muchas cosas en el trabajo.
28. Sus compañeros de trabajo le tratan como si fuera menos importante que ellos.
29. Si le he escuchado bien, está diciendo que sus compañeros de trabajo le piden que haga muchas cosas por ellos.
30. A veces es responsable de cosas que no son, de hecho, responsabilidad suya.
31. Trabaja para otros, no recibe ninguna recompensa por algunos de sus trabajos y, en ocasiones, es tratado como un miembro poco importante de la empresa.
32. No está muy seguro de cuál es, en realidad, su responsabilidad.
33. Pete comenzó una pelea que te hizo meterte en problemas.
34. No empezó la pelea que te causó los problemas.
35. Te metiste en problemas por pelear.
36. Meterse en problemas no es nuevo para ti.
37. Parece que te metes en problemas con frecuencia.
38. Mike empezó la pelea y tú te metiste en problemas, lo cual ocurre con frecuencia.
39. Parece que no empezaste la pelea.

Cliente: Ayer mi madre me dijo que, a partir de ahora, haremos las cosas de manera diferente en casa.

Terapeuta: Ayer te enteraste de que las cosas van a cambiar en tu familia.

Terapeuta: Tu familia está cambiando (*o bien*)

Terapeuta: De repente, las cosas van a ser distintas en tu casa.

Reflejo de los sentimientos

Abordaje en consonancia con: Habilidad universal

Propósito: Mostrar al cliente que el terapeuta es consciente de los sentimientos involucrados en la historia, así como de las palabras y el lenguaje del cliente. El terapeuta también utiliza esta habilidad para conectar con el cliente en un nivel empático.

Lo que hace el terapeuta: El terapeuta subraya para el cliente lo que este ha dicho (por ejemplo, "¡estoy enfadado!" "te sientes enfadado") y, sin cambiar el significado, se lo presenta al cliente utilizando la misma palabra o palabras que expresan un sentimiento equivalente (por ejemplo, "enfadado" = "cabreado" = "disgustado" = "enojado").

40. Siente que están tirando de usted en varias direcciones.
41. Está bajo mucha presión.
42. En este momento, su vida es muy estresante.
43. Se siente agotado al concluir la jornada.
44. Cuando llega la noche, está exhausto.
45. Se siente un tanto abrumado por todas sus obligaciones.
46. Debe de estar cansado.
47. Parece como si estuviera un poco sobrecargado por el trabajo.
48. Todos esos deberes pueden ser abrumadores.
49. Usted está bajo mucho estrés y presión.
50. Siente mucha presión para hacer demasiadas cosas en el trabajo.
51. Se siente menospreciado.
52. Tiene la sensación de que las cosas se dan por sentadas.
53. Sus compañeros de trabajo no entienden su necesidad de que sean claros.
54. Ahora mismo, en su trabajo, hay mucho estrés y presión.
55. Acudir al trabajo le resulta difícil.
56. Siente que es atacado.
57. Eso tuvo que ser bastante confuso.
58. Siente que meterse en problemas no es para tanto.
59. Parece como si se sintiera agotado al final del día.

Cliente:	Es muy doloroso hablar de ello, pero, sí, estaba muy enfadado por tener que cambiar de trabajo.
Terapeuta:	Se siente enfadado por esto (*o bien*)
Terapeuta:	De hecho, es doloroso hablar de ese momento de su vida (*o bien*)
Terapeuta:	Está molesto por lo que sucedió.

Reflejo del significado

Abordaje en consonancia con: Habilidad universal

Propósito: Mostrar al cliente que el terapeuta escucha y entiende el significado más profundo de la historia. Este significado más profundo suele ser una creencia central que guía las acciones o principios del cliente. En la mayoría de los casos, «reflejar el significado» consiste en añadir nueva información para el cliente.

Lo que hace el terapeuta: El terapeuta escucha la historia del cliente y luego le devuelve, en una declaración directa, lo que ha escuchado como las creencias, actitudes o suposiciones centrales que el cliente expresa de manera indirecta.

60. Una de sus creencias fundamentales es que, si no lo hace usted, no se hará.
61. Parece como si realmente valorase hacer cosas por los demás.
62. Si no hiciera todas esas cosas, nunca se harían.
63. Sus necesidades son menos importantes que las de otras personas.
64. Nadie se toma tiempo para ayudarle realmente.
65. Los demás no se preocupan mucho por sus necesidades.
66. Una de sus creencias principales es que algunas personas necesitan ser cuidadas.
67. Quiere decir que las cosas son injustas.
68. Las reglas de la vida son difíciles de entender.
69. La gente no le presta suficiente atención.
70. Otras personas se aprovechan de usted.
71. Si se lo permite, otras personas se aprovecharán de usted.
72. Sus compañeros de trabajo lo pisotean.
73. Las cosas están en el aire ahora mismo.
74. Su trabajo tiene que ver con proyectos generales y le gustaría que fuese más personalizado.

Cliente: De hecho, me enfada haberlo hecho. Podía ver a Wendy y David actuando de esa manera, pero no yo. Quiero decir que no debería haberme comportado de un modo tan estúpido. Sé hacer mejor las cosas.

Terapeuta: Si lo entiendo bien, cree que debe ser perfecto incluso cuando fallan quienes le rodean. (*o bien*)

Terapeuta: Cree que debería ver las cosas con más claridad que las personas que le rodean.

Flecha descendente

Abordaje en consonancia con: Terapia cognitivo-conductual

Propósito: Identificar y sacar a la luz las creencias fundamentales de la persona.

Lo que hace el terapeuta: El terapeuta utiliza reflexiones y preguntas para pasar de una creencia superficial a una creencia básica. El terapeuta se enfoca en la creencia subyacente de cada declaración efectuada por el cliente.

75. Mientras hablaba, le he escuchado decir varias veces que siente que tanto los demás como usted lo consideran una persona fuerte. Me pregunto, ¿qué dice eso acerca de usted, "¡ser una persona fuerte!"? (el cliente responde) Si eso es cierto, que los demás nunca le hacen daño y que siempre es capaz de cuidar de sí mismo, entonces ¿qué significa eso para usted? Cree, en el fondo, que mostrar debilidad es un signo de que es imperfecto y de que siempre debe ser perfecto.
76. Estás diciendo que te sientes estúpido si suspendes otro examen. Tengo curiosidad por saber lo que significa para ti ser estúpido (el cliente responde) Entonces, si eso es cierto, que ser estúpido significa que los demás te ven como alguien incapaz, entonces ¿qué dice eso de ti? Bien, de acuerdo, entonces eso dice que te preocupa más lo que los demás piensan que lo que crees tú de ti mismo. ¿Entonces qué dice eso de ti? Eso significa que solo eres valioso si los demás consideran que haces las cosas bien.
77. Así pues, entiendo que digas que tus padres y el doctor piensan que tienes un trastorno de déficit de atención e hiperactividad (TDAH). Tengo curiosidad por saber qué significa eso para ti en el caso de que sea verdad (el cliente responde). Bien, entonces si es verdad que no es normal, ¿qué significa eso en tu caso? Bien, entonces lo que me dices es que eso quiere decir que no eres una buena persona.
78. Terapeuta: Entiendo lo que me dice y que considera que debería hacer más cosas por su hijo de tres años. Me pregunto, ¿qué significa para usted que debe ser una mejor madre para su hijo?

Cliente: Tengo que cuidarlo.
Terapeuta: Bien, ¿entonces qué indica eso sobre usted? ¿Que siempre debe estar ahí para protegerlo y cuidarlo?
Cliente: Las madres son juzgadas por lo bien que protegen a sus hijos.

Terapeuta: Muy bien, entonces finalmente, ¿qué piensa de usted cuando dice que no debe ser vista por los demás como una madre deficiente?

Cliente: Si no cuido de él, los demás me verán como una fracasada.

Terapeuta: Así pues, usted no vale nada si no es una madre perfecta.

Resumen

Abordaje en consonancia con: Habilidad universal

Propósito: Captar el sentido general de lo que se ha dicho durante un periodo prolongado. Los terapeutas pueden utilizar el resumen para iniciar la sesión, cubrir el material de las sesiones anteriores, durante la sesión y, al final de la misma, para ayudar al cliente a ver el terreno cubierto y los temas discutidos.

Lo que hace el terapeuta: El terapeuta efectúa una declaración que capta la esencia de lo que se ha hablado durante un periodo largo (ya sea durante esta sesión o durante varias sesiones).

79. Así pues, en resumen, lo que le escuchado hablar en esta sesión es de su fuerza y su resistencia a las exigencias de la vida, la pérdida de su abuela, el modo de gestionar el dolor y qué le gustaría hacer cosas distintas en el futuro.
80. Al comenzar esta sesión, he querido volver a examinar lo que hablamos la semana pasada: hablamos de cómo las drogas y el alcohol han afectado a su familia y, en particular, a usted; hablamos del ciclo de abuso y también tocamos, justo al final, algunas de las formas en que usted ha podido afrontar a un momento tan difícil de su vida.
81. Usted me ha contado muchas cosas en esta sesión. Permítame que dedique unos minutos a recapitular lo que ha dicho. Ha dicho que tiene dificultades para disfrutar del sexo y que a su novio le gustaría que se fuese a vivir con él. También ha comentado que recuerda haber sufrido abusos sexuales cuando era niña. ¿Omito algo?
82. Este parece ser un momento natural en la sesión para resumir lo que ha dicho hasta este momento. Ha cubierto varios aspectos de su vida, incluyendo la dificultad para mantener el empleo, problemas de peso, sentirse deprimido y no tener una dirección clara en la vida.
83. Antes de que se agote el tiempo de la sesión, me gustaría recapitular lo que has compartido esta semana, es decir, que estás preocupado por tu madre y su nuevo novio, que no te importa si pasas al siguiente curso, y que no estás seguro de lo que quieres ser de mayor.
84. Solo para recapitular, hemos hablado de las opciones de su carrera, de los trabajos que ha tenido en el pasado y de lo que busca profesionalmente.

Contenido del juego del niño

Abordaje en consonancia con: Terapia de juego

Propósito: Señalar verbalmente al niño las acciones que lleva a cabo. También se utiliza para mantener el contacto con el niño de forma no invasiva.

Lo que hace el terapeuta: El terapeuta describe lo que el niño hace mientras está en un juego terapéutico/metafórico. Es una descripción detallada de la acción, destacando las acciones, comportamientos y, en ocasiones, las intenciones del niño. El terapeuta debe tener cuidado de permitir que el niño nombre los objetos o muestre exactamente lo que son a través del juego.

85. Estás trabajando duro en ese rompecabezas.
86. Parece que estás haciendo un dibujo de tu familia.
87. Te ríes mucho.
88. Has dejado de colorear y ahora limpias los rotuladores.
89. Ahora que has encontrado la marioneta que te gusta, estás jugando con ella.
90. Estás haciendo a alguien con esa arcilla.
91. Has decidido ordenar los juguetes por orden de altura.
92. Tú y tu hermana jugáis con el arenero.
93. Haces un dibujo de tu familia.
94. Miras los juguetes y objetos de la habitación.
95. Golpeas la pelota.
96. Juegas con el astronauta.
97. Ahora tocas el tambor.
98. Ordenas las cosas.
99. Ves algo en la esquina.
100. Te estás riendo.
101. Estás disparando con el arma.
102. Haces pan.
103. Miras alrededor de la habitación.
104. Has encontrado algo que te gusta.
105. Te tomas tu tiempo.
106. Ahora vas más rápido.
107. Me ves trabajar.
108. Construyes un castillo de arena.
109. Ahora vas a la estantería a buscar otra cosa.

Sentimientos del niño

Abordaje en consonancia con: Terapia de juego

Propósito: Hacer evidentes y destacar los sentimientos del niño mientras juega.

Lo que hace el terapeuta: Mientras el niño juega, el terapeuta formula declaraciones directas que capturan los sentimientos expresados por el niño. Estas declaraciones no se hacen para que el niño responda o deje de jugar, sino para ofrecer una descripción detallada del estado emocional aparente del niño.

110. Estás enfadado porque el lápiz se ha roto.
111. Parece que te sientes feliz cuando hablas de tu familia.
112. Estás muy contento de ver ese juguete de nuevo.
113. Te sientes triste cuando dejamos de jugar en la arena.
114. Te preocupa cómo se llevarán entre sí todos los animales en un lugar tan pequeño.
115. No estás contento con la forma en que el león trata a la jirafa.
116. Parece como si estuvieras feliz de reunirte conmigo de nuevo.
117. Pareces confundido por la nueva disposición de los juguetes en el estante.
118. Te sientes mal cuando otros niños tocan tus juguetes.
119. Estás enfadado porque no tenemos un lápiz rojo.
120. Te sientes confundido porque eso no encaja.
121. Es divertido jugar.
122. Dibujar cosas es difícil.
123. Colorear te gusta mucho.
124. Estás cansado.
125. Estás contento por haber descubierto dónde encaja esa pieza.
126. Estás triste por no poder jugar con eso.
127. Es emocionante encontrar nuevos juguetes.
128. Mirar la calle en un día lluvioso te hace sentir triste.
129. Te asustas cuando tu madre sale de la habitación.
130. Es divertido estar rodeado de tantos juguetes y cosas que hacer.
131. Hacer un dibujo de tu familia te pone contento.
132. Armar un rompecabezas es difícil.
133. Es un trabajo muy duro.
134. Te sientes muy bien con lo que has hecho.
135. Parece que estás emocionado y feliz de ver lo que has conseguido.

Énfasis

Abordaje en consonancia con: Habilidad universal

Propósito: Mantener la discusión a lo largo de un derrotero o línea de pensamiento similar.

Lo que hace el terapeuta: El terapeuta enfatiza las últimas palabras pronunciadas por el cliente para mantener el mismo curso de pensamientos. El terapeuta devuelve al cliente las palabras exactas que termina de decir, de manera que le anima a seguir explorando en la misma línea.

136. Le hace enfadar.
137. Está muy molesto.
138. Eso le lleva a pensar que ha llegado momento de cambiar.
139. Le resulta difícil.
140. Mucha gente lo hace.
141. No puedo imaginarlo de manera distinta.
142. Está frustrado.
143. Siente una fuerte conexión.
144. Se mueve en la dirección correcta.
145. Tiene mucho que hacer.
146. Le interesa saber más.
147. No está seguro de qué hacer.
148. Le encanta estar cerca de ellos.
149. Se siente abrumado.
150. Está cansado.
151. Se siente feliz por el resultado.
152. Tiene miedo de estar solo.
153. Le apetece mucho.
154. Está tanteando el terreno.
155. Eso le hace sentir enfadado.
156. Se siente feliz por ellos.
157. Está entusiasmado con el cambio.
158. No está muy seguro de qué hacer.
159. Sabe lo que quiere.
160. Tiene confianza.
161. No puede imaginárselo.
162. Fue un momento muy bueno.

Cliente: Estoy muy emocionada por este fin de semana.
Terapeuta: ... emocionada por este fin de semana.

Empatía

Abordaje en consonancia con: Habilidad universal

Propósito: El terapeuta muestra al cliente, mediante palabras o acciones, que entiende lo que este experimenta.

Lo que hace el terapeuta: El terapeuta comunica al cliente que escucha, siente y entiende los elementos centrales de la historia, reflejando que ha entendido el significado más profundo del mensaje del cliente.

163. Debe haber sido terrible ver morir a su madre.
164. Debe ser muy gratificante y fortalecedor hacer eso.
165. La sensación de que está sola es muy intensa.
166. Parecía que su historia hablaba de culpa, miedo y ansiedad.
167. Tengo la sensación de que se siente destrozado por esas acciones.
168. Debe haberse sentido horrorizado al escucharlo.
169. Debe haber sido preocupante recibir tanta información en ese momento.
170. Ahora mismo se siente muy solo.
171. Mientras compartía su historia, me ha conmovido la idea de que sienta que muy pocas personas se preocupan por usted.
172. Ya ha tenido suficiente dolor y tormento en su vida.
173. Eso debe haber sido aterrador.
174. Me imagino que ha sido una experiencia increíble.
175. Debió sentir que su mundo se desmoronaba.
176. Su corazón se ha visto afectado por ese comentario.
177. Nadie percibe lo duro que usted trabaja en este asunto.
178. La vida le exige mucho trabajo y esfuerzo.
179. Se necesita valor para decirle eso a su madre.
180. Debe hacerle sentir bien contar con tanta gente que se preocupa por usted.
181. Su familia no se da cuenta de lo duro que trabaja.

Cliente:	Cuando lo pienso, supongo que nunca le he hablado así a mi mujer, ya sabe, nunca me he reafirmado de esa manera.
Terapeuta:	Debe haberse sentido nervioso y preocupado por hacerlo. (*o bien*)
Terapeuta:	Le sorprende la fuerza que mostró en ese momento.

Estímulo

Abordaje en consonancia con: Habilidad universal

Propósito: Ayudar al cliente a agregar cosas a su historia o continuar hablando de lo mismo con más detalle.

Lo que hace el terapeuta: El terapeuta alienta la discusión constante, ya sea pidiendo al cliente que hable más sobre alguna cuestión o resaltando las últimas palabras dichas por el cliente.

182. ¿Podría hablarme más sobre este particular?
183. Estoy interesado en escuchar algo más en esa misma línea.
184. Parece que hay más cosas en la historia.
185. Por favor, continúe.
186. Bien, ¿qué más puede añadir para ayudarme a entender la historia?
187. ¿Podría darme más información al respecto?
188. No estoy seguro de entenderlo del todo. Usted ha dicho que se sentía dolido y enfadado.
189. ¿Puede decirme más cosas sobre lo ocurrido?
190. Le escucho.
191. Entiendo lo que dice.
192. De acuerdo, le comprendo; por favor, siga.
193. Por favor, continúe.
194. Puedo sentirlo.
195. Le entiendo.
196. ¿Qué otras cosas se relacionan con lo que me está contando?
197. ¿Podría seguir hablando de eso?
198. Me gustaría escuchar más al respecto.
199. No parece que haya terminado de hablar sobre el asunto. ¿Podría continuar, por favor?
200. Le entiendo, pero me gustaría oír más.
201. Dígame más cosas sobre los momentos en que se siente feliz.
202. Ayúdeme a entender mejor cómo lo consiguió.
203. Ha dicho que se sentía mal por ello. Cuénteme más cosas sobre el hecho de sentirse mal.

Cliente: Es como si estuviera rodeado de oscuridad. Aunque todos los demás están en la luz, de alguna manera debo permanecer en la oscuridad.

Terapeuta: Escucho lo que me dice. Sígame hablando de esa oscuridad. (*O bien*)

Terapeuta: Por favor, continúe.

Reflejo del estado de ánimo

Abordaje en consonancia con: Habilidad universal

Propósito: Preparar el escenario para la terapia; hacer evidente el estado de ánimo general y/o responder de inmediato al estado de ánimo del cliente en un momento determinado de la sesión (normalmente se utiliza en un momento muy temprano o bien para iniciar la sesión).

Lo que hace el terapeuta: Al empezar la sesión, o bien en el curso de esta, el terapeuta comenta el estado de ánimo general que experimenta procedente del cliente.

204. En el momento de comenzar la sesión, observo que está de buen humor.
205. Me parece que hoy está de mal humor.
206. Puedo ver por su manera de moverse que las cosas están bien en este momento.
207. Al empezar la sesión, cuénteme qué le mantiene en la oscuridad.
208. Puedo ver, por la forma en que está sentado y por sus señales no verbales, que su humor ha cambiado del optimismo a la depresión.
209. Empecemos centrándonos en el problema que trata de ignorar, lo que me indica que no le interesa en absoluto estar aquí.
210. Percibo que experimenta ansiedad desde que hemos comenzado esta primera sesión.
211. Bien, esta semana íbamos a hablar de su experiencia con su familia durante el fin de semana. Pero, antes de eso, abordaremos la tristeza que evidencia.
212. Por la mirada radiante de su rostro, veo que tiene algo realmente maravilloso de lo que hablar esta semana.
213. Percibo falta de energía en usted esta semana.
214. Parece claro que, al hablar de su infancia, su estado de ánimo ha cambiado de la calma a la inquietud profunda.
215. Su humor parece sombrío hoy.
216. Parece muy pensativo al comenzar la sesión de hoy.
217. Siento que tiene mucha energía.
218. Mientras hemos dedicado los últimos minutos a hablar de su familia, veo que su humor ha cambiado de feliz a triste.

Cliente: (Se sienta, dobla los brazos y suspira profundamente antes de que comience la sesión.)
Terapeuta: Su humor parece estar bajo hoy (*o bien*)
Terapeuta: Siento que está derrotado.

Permanecer con los sentimientos

Abordaje en consonancia con: Terapia Gestalt

Propósito: Permitir a los clientes profundizar en sus sentimientos para no escapar de sus emociones reales ni minimizarlas. El objetivo de esta técnica es conseguir que el cliente no evite sus reacciones emocionales.

Lo que hace el terapeuta: El terapeuta pide al cliente que permanezca o bien que vuelva a una emoción expresada recientemente en la sesión.

Ejemplos

219. ¿Puede permanecer con ese sentimiento de enfado?
220. Hace un momento ha dicho que se sentía dolido. Siga con ese sentimiento y hábleme más sobre el dolor que experimenta.
221. Chrissy, siento el dolor que describe. ¿Puede permanecer con ese sentimiento de profundo pesar?
222. El dolor que refiere es poderoso. Veo que le hiere profundamente. ¿Puede permanecer con él y abrazarlo completamente?
223. Como hemos hablado en sesiones anteriores, cuando llegamos a un lugar en el que está incómodo con sus sentimientos, tiende a cambiar de tema. No trate de evitar la sensación de ansiedad.
224. Kay, quiero animarla a permanecer con la experiencia de sentir la dolorosa desesperación que le produce la pérdida de su marido.
225. Sedona, acaba de mencionar que, durante el fin de semana, ha sentido cierta agitación con respecto a su futuro. ¿Podemos insistir en esa sensación?
226. Ha dicho que se alegra de que las cosas salgan como lo han hecho. Me pregunto si puede decirme algo más sobre ese sentimiento de felicidad.
227. Hábleme más acerca de por qué se siente desdichado.
228. Acaba de utilizar un lenguaje emocional muy poderoso porque no se siente amado. ¿Podemos seguir con eso durante unos momentos?
229. Cuando dice que está preocupado, ¿qué siente?
230. Hace un momento, ha dicho que estaba orgulloso, y luego ha vuelto a sentirse triste. ¿Podemos insistir en el orgullo?
231. Sentirse solo es difícil. ¿Puede permanecer con ese sentimiento y describírmelo?
232. Permanezca con el sentimiento de sentirse avergonzado.

Transcripción parcial de las habilidades del reflejo en el estanque

TE = Terapeuta

CL = Cliente

233. TE: Bien, la semana pasada hablamos de su deseo de conocer gente nueva y de no sentirse tan nervioso al acercarse a otras personas. También hablamos de que se involucra en situaciones sociales. (Resumen)
CL: Sí, quería decirle que fui a ver a esa mujer de la que le hablé.
234. TE: Está bien. (Mínimo estímulo)
CL: Sí, me sentí un poco raro al entrar y hablar con ella.
235. TE: Debe haberse sentido un poco nervioso. (Empatía)
CL: ¡Sí, lo estaba! Tenía las palmas de las manos empapadas. Tenía miedo de lo que ella pudiera decirme.
236. TE: Así pues, sintió cierta aprensión sobre cómo podría desarrollarse la situación.
CL: Sí. Pero salió bien, ella fue amable y... sí, salió bien.
237. TE: Percibo un sentimiento de inseguridad (Reflejo del estado de ánimo)
CL: Es cierto.
238. TE: Entonces, lo que me dice es que su encuentro fue bien. (Paráfrasis)
CL: Bueno, me hubiera gustado ser un poco más delicado. Ya sabe lo que quiero decir. Creo que ella notó que estaba nervioso.
239. TE: Cree que los demás no deberían poder leer sus emociones, como cuando está nervioso. (Reflejo del significado)
CL: Bueno, supongo que eso es correcto. Pero, ya sabe, a las mujeres no les gustan los tipos que no están seguros de sí mismos.
240. TE: Hábleme más sobre lo que las mujeres quieren de un hombre. (Estímulo)
CL: Bueno, quieren que el hombre sea fuerte y resistente, poderoso, que no muestre sus emociones ni se comporte como un niño.
241. TE: No actuar como un niño. (Énfasis)
CL: Bueno, sí. Lo que quiero decir es, ¿quién quiere tener que cuidar de alguien?
242. TE: De acuerdo, ¿qué diría de usted si una mujer tuviese que cuidarlo? (Flecha descendente)
CL: Significaría que soy débil.

243. TE: Y ser débil para un hombre significa... (Flecha descendente)
CL: Significa que no eres un hombre de verdad y que otras personas pueden aprovecharse de ti.

244. TE: Entonces, ¿qué dice sobre un hombre el hecho de permitir que otros se aprovechen de él? (Flecha descendente)
CL: Supongo que, para mí, es como permitir que se aprovechen de ti. Y también que, después de que la gente te utilice, se marcharán.

Nivel de habilidad

Además de la comprensión básica de las habilidades y técnicas utilizadas, debemos tener en cuenta la comprensión del nivel de perspicacia imprescindible para incorporar de manera efectiva y hábil cada técnica concreta. Los autores proporcionamos la siguiente tabla como punto de partida para la consideración y el debate reflexivo. El "nivel" identificado se basa en diferentes criterios, entre ellos la profundidad de los conocimientos necesarios para utilizar con éxito la técnica, el grado de seguimiento adecuado después de empezar a aplicarla y la profundidad potencial que el uso satisfactorio de dicha técnica tiene en el cliente.

Básico	Moderado	Avanzado
Mínimo estímulo Paráfrasis Reflejo del sentimiento		
	Reflejo del significado Flecha descendente Resumen Contenido del juego del niño	
Sentimientos del niño Énfasis		
	Empatía	
Estímulo Reflejo del estado de ánimo Permanecer con los sentimientos		

Detenerse a reflexionar

El uso de reflexiones precisas y efectivas en el momento en que estamos con un cliente o un grupo de clientes requiere práctica y comprensión de las necesidades de cada persona. Detengámonos ahora unos momentos a reflexionar sobre cuál de estas técnicas nos resulta más natural y cuáles parecen entrañar más dificultades para nosotros en nuestro trabajo actual o futuro. Anotamos las respuestas en las siguientes líneas.

Creo que, en la actualidad, soy bastante efectivo en el uso de la(s) siguiente(s) técnica(s):

____

____

¿Cómo me he formado en estas áreas específicas?

____

____

Creo que, en la actualidad, me esfuerzo en aplicar de manera efectiva la(s) siguiente(s) técnica(s):

____

____

¿Cuáles son los medios que me permitirán adquirir mayor pericia en estas áreas?

____

____

Conclusión

Existe una amplia cantidad de investigación que apoya la creencia de que el predictor más alto y fiable del éxito en el counseling es la relación entre terapeuta y cliente. Por esa misma razón, es fundamental que los terapeutas principiantes se esfuercen en desarrollar su estilo personal, en el que se incluyen varias de las técnicas presentes en este capítulo. Si no se logra resumir, parafrasear y reflejar con precisión los sentimientos y el significado, lo más probable es que se produzca un deterioro de la relación positiva. Si advertimos que nos alejamos de algunas de las habilidades expuestas en este capítulo –por ejemplo, el reflejo de los sentimientos– es muy aconsejable que consideremos qué es lo que nos lleva a evitar ciertas habilidades básicas de counseling. ¿Tememos discutir los sentimientos? ¿No estamos seguros de lo que hacer con un cliente demasiado emotivo? Con independencia de la causa, es importante que, al principio de nuestra carrera, nos autoevaluemos en relación con el uso de determinadas habilidades y/o la evitación de otras.

Ejercicios prácticos

Escribimos la respuesta, etiquetamos la habilidad o habilidades utilizadas y luego indicamos nuestro propósito al decir lo que dijimos.

Cliente: En realidad, estoy enfadado por la situación.

Respuesta 1

Cliente: Me puse nervioso cuando empezó a hablar de lo que pasaría si no entregábamos los deberes a tiempo.

Respuesta 2

Cliente: Probablemente le parezca estúpido, pero no tengo ni idea de lo que quiero hacer con mi vida. Ya sé que tengo cuarenta y tres años, pero no lo sé.

Respuesta 3

Cliente: Antes del accidente, siempre pensaba que lo peor era llegar tarde al trabajo. Ahora tengo que preocuparme de si necesitaré más pruebas y cirugía. La vida ha cambiado mucho para mí.

Respuesta 4

Cliente: Todos creen que necesito ayuda con la bebida, pero no creo que sea un problema. Solo me gusta tomar unos tragos con mis amigos.

Respuesta 5

---

4 El árbol de las preguntas

El terapeuta formula preguntas para recabar información, adquirir comprensión, abordar un aspecto más profundo de la historia del cliente, o sugerirle que considere las cosas de manera distinta. En ocasiones, esta técnica se aplica en exceso, sobre todo por parte de terapeutas inexpertos. El cuestionamiento excesivo también puede enviar el mensaje al cliente de que su papel se limita a responder preguntas. A pesar de estas importantes precauciones, las preguntas siguen siendo la piedra angular de muchas teorías de la terapia. Estas preguntas pueden variar desde las que provocan respuestas cortas del cliente hasta preguntas más sofisticadas diseñadas para incitar al cliente a evaluar o cuestionar algún comportamiento significativo.

La formulación de la pregunta es absolutamente crítica. Por ejemplo, los profesionales capacitados entienden que formular una pregunta sobre el pasado o bien sobre el futuro tendrá un impacto muy distinto en la respuesta que ofrece el cliente. Y, basándonos en lo que hemos aprendido con respecto a las implicaciones neurobiológicas del proceso de counseling, estas dos direcciones divergentes también se relacionan con zonas muy diferentes del cerebro. Esto es interesante cuando se considera el hecho de que entre los dos tipos de pregunta solo cambian unas pocas palabras. Además de los tiempos (pasado, presente, futuro), también hay diferentes tipos de personas a las que preguntar, como uno mismo o los demás. Estas dos categorías también proporcionan respuestas distintas, incluso si el terapeuta pregunta sobre el mismo tema.

La mayoría de los consejeros nos dirán que las buenas preguntas están ancladas en la historia del cliente. Debido a que las preguntas le piden al cliente, muy posiblemente, que revele o discuta nueva información, las preguntas que surgen de manera inesperada para el cliente pueden no ser tan exitosas como las que tienen un punto de referencia que facilite que entienda el significado y el propósito de lo que se le pregunta.

Por último, una advertencia para los terapeutas principiantes. Hemos constatado que algunos consejeros dependen en gran medida de las preguntas como una muleta para evitar determinados temas con el cliente o para tratar de no incurrir en errores al etiquetar cosas como sentimientos, significados, etcétera. Recomendamos encarecidamente el uso moderado y cuidadoso de las preguntas para no abusar o depender de ellas y evitar la dura tarea de asumir riesgos terapéuticos.

Pregunta cerrada

Abordaje en consonancia con: Habilidad universal

Propósito: Conseguir que el cliente proporcione información específica. Este tipo de pregunta suele promover respuestas breves y palabras o frases cortas por parte del cliente. Resultan útiles para recabar información pertinente y específica y/o destacar el material que el terapeuta cree que el cliente debe conocer o utilizar en algún momento de esa misma sesión o en sesiones posteriores.

Lo que hace el terapeuta: El terapeuta formula al cliente una pregunta que tiene por objeto generar una respuesta corta de una o unas cuantas palabras. Por lo general, estas preguntas comienzan con "quién", "es", "hace", "hizo", "somos" o "hacen".

Ejemplos

245. ¿Alguien le ayudó?
246. ¿Tiene algún descanso durante la noche?
247. ¿Hay momentos en los que tiene la oportunidad de sentarse y relajarse?
248. ¿Cuánto tiempo tarda en concluir todas sus tareas?
249. ¿Sus hijos se dan cuenta de todo el trabajo que hace?
250. ¿Estás pensando en modificar su horario?
251. ¿Hay días en los que no puede hacerlo todo?
252. ¿Entiendo que hace todo esto usted solo?
253. ¿Hay alguna manera de que cambie su horario?
254. ¿Están las cosas lo suficientemente mal como para cambiar?
255. ¿Qué porcentaje de sus actividades tiene que ver con hacer cosas para otras personas?
256. ¿Quién le trata con más respeto y dignidad?
257. ¿Está pensando en dejarlo?
258. ¿Ha considerado no hacer tantas cosas por los demás?
259. ¿Cree que otras personas que trabajan en el mismo sitio son tratadas como usted?
260. ¿Quién puede darle una descripción más clara del trabajo?
261. ¿Puede llevarse bien con sus compañeros de trabajo tal y como está ahora?
262. ¿Está pensando que quiere un nuevo puesto en la empresa?
263. ¿Necesita mi ayuda para cambiar su papel en la empresa?

Cliente: Supongo que nunca tuve la oportunidad de aprender a gestionar el estrés de modo óptimo.

Terapeuta: De las personas que conoce, y que gestionan bien el estrés, ¿a quién le gustaría adoptar como modelo? (*o bien*)

Terapeuta: Entre todos los que conoce, ¿quién gestiona mejor el estrés? (*o bien*)

Terapeuta: ¿Qué palabra describe mejor cómo gestiona el estrés en este momento?

Pregunta abierta

Abordaje en consonancia con: Habilidad universal

Propósito: Promover una discusión detallada sobre alguna parte de la historia del cliente. La intención de este tipo de preguntas es obtener largas respuestas del cliente. Para ayudar a que el cliente cuente su historia, puede ser apropiado hacer más preguntas referentes a aspectos específicos de su vida.

Lo que hace el terapeuta: El terapeuta formula una pregunta con la intención de que el cliente hable de un determinado tema con mayor detalle (y no se limite a unas cuantas palabras). Las preguntas abiertas suelen empezar con "cómo", "por qué" o "qué".

Ejemplos

264. ¿Cómo es que está tan ocupado?
265. ¿Cómo consigue hacerlo todo?
266. ¿Qué pasaría si se negara a llevar a cabo las tareas?
267. Cuando la noche va bien, ¿qué ocurre?
268. ¿Qué le parece tener tantas tareas esperándole cuando llega a casa?
269. ¿Cómo reaccionaría su familia si de repente dejara de hacer tantas cosas?
270. ¿Cómo reaccionaría su familia si se negara a lavar la ropa?
271. ¿Puede decirme qué siente cuando termina todas sus tareas?
272. ¿Ha intentado que los niños ayuden en casa?
273. ¿Qué tendría que ocurrir para que decidiese que ya ha efectuado su última tarea?
274. ¿Qué supone para usted que la gente se dé cuenta de todo lo que hace?
275. ¿Qué opciones ha explorado en relación con sus problemas laborales?
276. ¿Cómo responden los demás cuando usted no lleva a cabo su trabajo?
277. ¿Qué espera de sus compañeros de trabajo?
278. ¿Cuál ha sido la peor experiencia que ha tenido en el trabajo?
279. ¿Cuál ha sido la mejor experiencia que ha tenido en el trabajo?

Cliente: En ocasiones, el trabajo es bueno, pero la mayor parte del tiempo odio estar ahí y no me gusta la gente con la que trabajo.

Terapeuta: Cuando las cosas van bien en el trabajo, ¿qué sucede? (*o bien*)

Terapeuta: ¿Cómo se relacionan sus compañeros de trabajo entre ellos y con usted mientras está en el trabajo?

Comprobación

Abordaje en consonancia con: Habilidad universal

Propósito: Asegurarse de que el terapeuta escucha correctamente al cliente. La técnica puede vincularse a otras habilidades como la confrontación, las preguntas o el reflejo del material proporcionado por el cliente; sin embargo, el factor clave de esta habilidad es asegurarse de que lo que emite el cliente ha sido recibido correctamente por el terapeuta.

Lo que hace el terapeuta: El terapeuta pregunta al cliente si lo que ha escuchado es correcto o si el cliente siente que el terapeuta lo ha entendido.

Ejemplos

280. Bien, déjeme ver si le he entendido bien...
281. ¿Estoy escuchando correctamente que...
282. ¿Ha dicho que...?
283. Permítame comprobar algo... ¿Es eso lo que ha dicho?
284. Entonces, ¿entiendo bien que...?
285. ¿Está diciendo que...?
286. Ha dicho... ¿le he escuchado bien?
287. Me ha dicho que se sentía... ¿He escuchado correctamente lo que siente?
288. Ha dado varios ejemplos; eran... ¿Los he captado todos?
289. ¿Estoy en lo cierto en que...?
290. Muy bien, ¿lo que acaba de decir es similar a...?
291. ¿Estoy en lo correcto si le digo que le he escuchado decir...?
292. Permítame comprobar si he escuchado bien lo que ha dicho, ¿ha sido...?
293. Quiero asegurarme de que le escucho correctamente; ¿su historia es que...?
294. En resumen, entonces, siente que... ¿no es así?
295. Bien, lo que le gustaría es... ¿lo he entendido bien?
296. Déjeme comprobar algo con usted; siente que...
297. De acuerdo, ¿tengo razón si digo que usted quiere...?

Cliente: Cuando terminé de decírselo, me miró y se fue. Esperaba que, al menos, dijera algo al respecto.

Terapeuta: Si le he entendido bien, usted quería escuchar su reacción a lo que dijo.

Formular la pregunta

Abordaje en consonancia con: Psicología individual

Propósito: Sacar a relucir las metas y objetivos del cliente, el precio pagado por el comportamiento y la recompensa obtenida por continuar con dicho comportamiento.

Lo que hace el terapeuta: El terapeuta formula una pregunta similar a la pregunta central: "¿Qué sería diferente si estuviera bien?".

Ejemplos

298. ¿Qué sería diferente si estuviera bien?
299. ¿Cómo cambiará su vida cuando el problema ya no esté presente?
300. ¿Qué será distinto cuando esté bien?
301. ¿Qué efecto tendrá en su vida el encontrarse bien?
302. Cuando esté mejor, ¿qué cambiará?
303. ¿Qué será distinto cuando esté mejor?
304. Cuando las cosas mejoren y se sienta mejor, ¿qué será diferente?
305. ¿Qué efecto tendrán en su vida la mejoría y el aumento de su bienestar?
306. A medida que mejore, ¿qué cambiará en su vida?
307. Ahora que está en vías de mejorar, ¿cuáles son los cambios, de los que es más consciente, que tendrán lugar en su vida?
308. ¿Qué imagina que cambiará cuando esté bien?
309. Cuando ya no se sienta deprimido, ¿cómo será diferente su vida?
310. Si las cosas cambian a mejor, ¿cómo alterará su vida?
311. Pensándolo durante un minuto y solo haciendo hipótesis, ¿cómo cree que su vida mejorará cuando se recupere?
312. ¿Qué cosas cambiarán en su vida cuando se sienta mejor?
313. ¿Qué cambiaría si las cosas fuesen más positivas en su vida?
314. Si las cosas siguen optimizándose y se siente cada vez mejor, las cosas obviamente cambiarán. ¿De qué manera será diferente su vida?
315. Con el tiempo, y a medida que su vida vuelva al punto donde usted quiere, las cosas cambiarán. ¿Qué cosas espera que sean diferentes en ese momento?
316. Usted ha trabajado muy duro para mejorar las cosas en su vida; ¿cómo cambiarán las cosas a consecuencia de su esfuerzo?

Disputa cognitiva

Abordaje en consonancia con: Terapia cognitivo-conductual

Propósito: Ayudar al cliente a entender la suposición errónea en la que basa su creencia y los subsecuentes pensamientos y acciones que ocurren como resultado de dicha creencia.

Lo que hace el terapeuta: El terapeuta solicita al cliente que proporcione evidencias o pruebas de que la creencia que subyace al mantenimiento de su miedo, ira, dolor, vergüenza, etcétera, es realmente lógica o racional.

Ejemplos

317. ¿Qué prueba tiene de que está en lo cierto al asumir que nadie en la fiesta quería bailar con usted?
318. ¿Tiene sentido para usted creer que, si se siente avergonzado una vez en el trabajo, siempre se sentirá avergonzado en ese mismo entorno?
319. ¿Puedes proporcionarme alguna prueba que justifique tu idea de que eres el peor estudiante de la clase?
320. Ha dicho que siente que el mundo siempre lo está vigilando y esperando que cometa un error. Tengo curiosidad, si esto fuera una verdad irrefutable, ¿no sería más seguro para usted esconderse en una cueva lejos de los demás?
321. Si sigues creyendo que eres la razón por la que tus padres se divorciaron, ¿qué efecto tendrá eso en el resto de tu vida?
322. ¿Hasta qué punto es realista creer que usted y su hermana nunca más hablarán o compartirán nada importante?
323. ¿Cómo puede demostrarme que lo que cree acerca de sí mismo es un hecho y no solo imaginación?
324. ¿Qué diría otra persona en defensa de su lógica con respecto a su afirmación de que si no paga a tiempo los gastos de su tarjeta de crédito siempre estará endeudado?
325. Me ha dicho que siempre es el alma de la fiesta y que, en ocasiones, eso le genera problemas. Me pregunto qué pruebas tiene de que siempre es el alma de la fiesta.
326. Si sigue diciéndose que debe ser perfecto en todas circunstancias, ¿qué efecto tendrá eso sobre el resto de su vida?

Cliente: Estar deprimido es lo peor del mundo. Es como tener un cártel que dice que eres un inútil.

Terapeuta: ¿Qué pruebas tiene que apoyen la idea de que la depresión es igual a inutilidad?

Interrogatorio circular

Abordaje en consonancia con: Terapia individual y terapia familiar

Propósito: Presentar alternativas a la historia del cliente o de la familia. La técnica se sirve de preguntas contextualizadas de manera que se pide al cliente o a los clientes que piensen en las conexiones entre los miembros de la familia. En lugar de un interrogatorio didáctico directo, esta técnica alienta al cliente para que se centre en la función que desempeña el problema dentro de la totalidad del sistema.

Lo que hace el terapeuta: El terapeuta formula una pregunta que trata de sacar a relucir la relación que otras personas tienen con el problema.

Ejemplos

327. ¿Quién, de todos los miembros de su familia, tiene una idea más clara del problema?
328. ¿Quién, entre las personas que conoce, tiene más esperanzas depositadas en la familia?
329. Entre su familia inmediata y lejana y todos sus amigos, ¿cuáles son las personas que tienen menos esperanzas de que la relación tenga éxito?
330. ¿Qué sabe la persona que más conoce sobre la situación que el resto de la familia no sepa?
331. ¿Quién ve lo cercanos que están ustedes dos?
332. ¿Cuál de sus hijos es más apto para captar su lenguaje sutil?
333. Cuando las cosas van bien de verdad, ¿quién promueve más a menudo los buenos momentos?
334. ¿Qué miembro de la familia tiene el ojo más sensible para detectar cambios en la familia?
335. ¿Cómo podría alguien de fuera de la familia dar sentido a los cambios que ha descrito?
336. Volviendo al momento en que empezó el problema, ¿cuál fue el primer familiar que se dio cuenta del modo en que afectaba a la familia?

Cliente: Es difícil para nosotros estar en la misma habitación. Es como mezclar gasolina y fuego, y ha sido así desde que recuerdo.

Terapeuta: ¿Quién es el más afectado por esta situación tan inflamable? (*o bien*)

Terapeuta: Además de ustedes dos, entre las personas que conocen, ¿quién es el más afectado por esta relación tan volátil?

Externalizar el problema

Abordaje en consonancia con: Terapia breve

Propósito: Ayudar al cliente a percibir el problema como una entidad separada. Se utiliza en terapia familiar para ayudar a la familia a centrarse menos en la persona que padece el problema y más en cómo articularse como una unidad para resolver el problema y superarlo.

Lo que hace el terapeuta: El terapeuta anima al cliente a percibir el problema como algo externo. Esto se lleva a cabo mediante declaraciones y preguntas que se centran en los efectos del problema como si este fuese una entidad separada. El terapeuta también puede tratar de arrojar luz sobre la enorme energía que el problema ha absorbido del cliente o la forma en que el problema ha acosado al cliente hasta apoderarse de él.

Ejemplos

337. Cuando piensa en el tema de la depresión, ¿de qué color diría que es?
338. En cuanto a su relación con el miedo a estar en un grupo grande de personas, ¿qué nombre le daría?
339. Ahora que ha hablado de su sensación de que la depresión es como una masa amorfa, tengo curiosidad por saber cómo consiguió que fuese su compañera.
340. Como familia, ¿qué nombre le daría a esta complicada rutina matutina que ha descrito?
341. ¿De qué color es esa cosa que le engaña para que crea que no es digno de amor?
342. Bien, ahora quiero que me diga cuál es la forma que ve cuando piensa en el dolor que le produce la idea de perder su trabajo.
343. ¿Cómo le convenció esta cosa grumosa y verde-amarillenta, para hacer eso en contra de su mejor juicio?
344. ¿Quién de todos los que conoce tiene la mejor visión de lo que hace la "cosa fea y desordenada de la ira" para que se comporte de ese modo?
345. Bien, ahora vamos a trabajar juntos como una familia. ¿Quién hará sonar la alarma cuando vea que el duende matutino ha vuelto?
346. ¿Qué olor asocia con este "monstruo triste"?
347. ¿Cómo le engañó el problema para hacerle creer que era su amigo?
348. ¿En qué casos el problema le convenció de hacer cosas que iban en contra de su buen juicio?
349. ¿Cuánto tiempo y energía le ha hecho gastar este problema?

Pregunta milagrosa

Abordaje en consonancia con: Terapia breve

Propósito: Hacer que el cliente visualice el mundo como si todo estuviera bien. También contribuye a que el terapeuta acceda al núcleo o tema crítico del cliente.

Lo que hace el terapeuta: El terapeuta pregunta al cliente cómo cambiaría su vida o qué diferencias notaría si de pronto el problema desapareciese. Se trata de una pregunta basada en la visión de que ha ocurrido una especie de milagro.

Ejemplos

350. Si se acostase esta noche y, en algún momento de la noche, ocurriese un milagro que hiciera desaparecer su problema, ¿cuál sería el primer signo que advertiría al despertar de que las cosas han cambiado?
351. Digamos que esta noche, cuando se vaya a dormir, ocurre un milagro. No está seguro de cómo ha sucedido exactamente, pero su problema desaparece de repente. Al despertar por la mañana, ¿en qué cambiaría su vida?
352. Si ocurriera un milagro después de acostarse esta noche, ¿qué efecto tendría sobre su problema?
353. ¿Cómo cambiaría su problema si se acostase esta noche y, mientras duerme, ocurriese un milagro?
354. ¿Qué cambiaría en su vida si, digamos, durante esta noche, pasara algo y sucediese un milagro?
355. Ahora, voy a formularle una pregunta un tanto extraña... qué ocurriría si se fuese a dormir esta noche, como hace normalmente, y sucediese algo diferente. Si ocurriese un milagro mientras duerme, ¿cuál sería ese milagro?
356. Si un milagro ocurriera esta noche y se despertara mañana y el problema se hubiese resuelto sin su intervención, ¿quién sería el primero en advertir el cambio?
357. Si un milagro sucediese esta noche y se despertase mañana y el problema estuviera resuelto, ¿cómo cambiaría el mundo?
358. Sé que es una pregunta que parece estúpida... pero si de repente se diera cuenta de que ha ocurrido un milagro y el problema desapareciese, ¿qué cambiaría en su vida?

Sondear

Abordaje en consonancia con: Habilidad universal

Propósito: Sacar a la luz información específica relacionada con el tema que se discute.

Lo que hace el terapeuta: El terapeuta pregunta al cliente acerca de información concreta. Las preguntas suelen empezar con palabras como "quién", "qué", "cuándo" o "cómo" y se formulan de manera que se obtengan respuestas breves formadas por una o dos palabras. Estas preguntas son una modalidad de «pregunta cerrada».

Ejemplos

359. ¿Quién de todas las personas que conoce tiene una idea correcta de lo que sucede?
360. ¿Dónde estaba cuando escuchó esa noticia?
361. ¿Cuál fue la emoción más intensa que tuvo cuando se enteró de que lo habían aceptado en la universidad?
362. ¿A cuántas personas conoce que tengan unas creencias similares a las suyas?
363. ¿Qué palabra utilizaría para describir cómo se sintió su madre cuando usted se fue de casa entonces?
364. ¿Quién le daba más esperanzas cuando pasó por esto?
365. Si pudiera conectar las versiones pasadas y presentes de este dilema en una o dos palabras, ¿cuáles serían esas palabras?
366. ¿Cuál de los recursos que dice tener son más importantes para usted a la hora de iniciar una nueva carrera?
367. Al pensar en tu futuro, ¿quién crees que será la persona más importante para defender que te quedes en la universidad?
368. ¿Cuál fue el valor más positivo de ella que le llamó primero la atención?
369. Ha mencionado que quería entender mejor su perspectiva. ¿Puede decirme una o dos palabras que definan dónde se ubica ella en esta situación?
370. ¿Cuándo empezó a saber que las cosas iban a mejorar en su vida?

Cliente: Mientras pensaba en ello, no estaba seguro de si debía quedarme para intentar resolverlo (la relación).

Terapeuta: ¿Qué le indicaba que merecía la pena permanecer en la relación?

Pregunta de elección forzada

Abordaje en consonancia con: Habilidad universal

Propósito: Conseguir que el cliente articule una elección o que el terapeuta plantee reestructuraciones positivas.

Lo que hace el terapeuta: El terapeuta formula una pregunta que obliga al cliente a elegir entre dos o más opciones, elecciones o alternativas.

Ejemplos

371. ¿Quién cree que le ayudará más a la hora de acometer el proceso de curación?
372. A medida que hemos pasado tiempo juntos, hemos hablado de una serie de cuestiones, como, por ejemplo, la gestión de la ira, la toma de decisiones, las habilidades de comunicación y la conciencia de las interacciones no verbales. ¿Cuál de estas áreas le gustaría abordar más en profundidad a medida que seguimos avanzando?
373. Así pues, al escucharle hablar del tema, ¿me pregunto de cuál de estas dos cosas relacionadas con usted la gente se da cuenta más rápidamente? ¿De sus buenas intenciones o de su fuerte nivel de esfuerzo?
374. ¿Su madre se sentía molesta con su deseo de ser independiente o su voluntad de expresar su opinión?
375. Al pensar en las cosas que sus padres le hicieron mientras crecía, parece que les recrimina su deseo de alejarle de sus propios sueños. ¿Pero tenían ese deseo porque querían que aprendiese a trabajar por lo que quería en la vida, o tal vez deseaban ayudarle a que superase las dificultades y alcanzase una situación segura?
376. Ha habido varias cosas de las que ha hablado en relación con la depresión. Quiero dedicar unos minutos a formular una hipótesis sobre cómo llegó a su vida este tema. ¿Se abrió paso de manera inadvertida, le engañó de alguna manera para que pensara que era algo amistoso, o bien destruyó otra parte de su vida que no había desarrollado plenamente?
377. Ya que hemos hablado de diferentes opciones en su carrera, quiero escuchar qué es lo más importante para usted en este momento: ¿trabajar con gente, trabajar con ideas o trabajar con cosas?
378. Cuando la situación mejore y desaparezca el problema, ¿qué es lo primero que advertirá? ¿Se sentirá con más energía, más feliz o se llevará mejor con los demás?

Pregunta terrible

Acercamiento en consonancia con: Habilidad universal

Propósito: Conseguir que el cliente tenga en cuenta que deberá esforzarse para prevenir las recaídas y/o hacer que manifieste abiertamente cualquier agenda o intenciones ocultas (muchas veces desconocidas para él) que puedan inducirle a una recaída.

Lo que hace el terapeuta: El terapeuta formula al cliente la pregunta de qué tendría que ocurrir para retornar a su estado anterior. Las variaciones de esta habilidad incluyen preguntas que cuestionen qué es lo que el cliente u otras personas advertirían en el caso de que retornase el problema.

Ejemplos

379. Bien, voy a formularle una pregunta terrible. ¿Qué debería ocurrir para que retornase el problema?
380. Es un pensamiento terrible, lo sé, pero ¿qué tendría que hacer para que el problema volviese a su vida?
381. Tenemos que hablar durante unos minutos del hecho de que, en ocasiones, los problemas vuelven incluso cuando ya no los esperamos. ¿Qué sería lo primero que le alertaría del hecho de que el problema ha retornado a su vida?
382. Tengo un pensamiento terrible, pero quiero que me hable de cómo superaría el problema si este volviese a su vida. ¿Qué utilizaría para combatir una fuerza tan escurridiza?
383. Como sabemos, los problemas en ocasiones se reinventan y adoptan nuevas formas en nuestras ajetreadas vidas. Es un mal pensamiento que tengo, pero sospecho que el problema que termina de vencer hará todo lo posible para volver a crearle dificultades. Si estoy en lo cierto, necesitará un plan para superar esa circunstancia. ¿Qué cosas en su vida se verían más afectadas si retornase este problema?
384. Esta es una pregunta terrible. ¿Qué debería suceder para llegar a tener un problema similar al que tenía cuando inició la terapia?
385. Tengo una pregunta terrible, pero tengo curiosidad. Dijo que su esposa advirtió los cambios que describió en su afecto y estado de ánimo incluso antes que usted. ¿Qué notaría ella si volviese el problema?
386. ¿Cómo se darían cuenta las demás personas de su entorno de que, en el caso que lo hiciese, el problema ha retornado?

Cuestionamiento triádico

Abordaje en consonancia con: Terapia de familia y terapia de grupo

Propósito: Sacar a la luz nuevas comprensiones y significados a partir de las conversaciones y relaciones entre determinados individuos.

Lo que hace el terapeuta: El terapeuta pregunta a un miembro de la familia o del grupo cómo se relaciona y funciona con otros dos miembros de la familia o del grupo.

Ejemplos

387. Bien, Monique, quiero que me cuente cómo se hablan sus padres entre ellos. ¿Qué les escucha decir?
388. Ahora, dediquemos unos minutos a escuchar a alguien que ha estado observando esta interacción. Marg, ¿cuáles son las palabras que Jim y Julio se dicen el uno al otro?
389. Hemos hablado de cómo se lleva la familia y quisiera saber qué percibe en la interacción entre su hermano y su hermana, ¿cómo se relacionan entre ellos?
390. Me pregunto qué es lo que los otros miembros del grupo ven y escuchan ahora mismo. Kenneth, ¿puede describir cómo funciona esa interacción en este momento? ¿Qué es lo que escucha decirse unos a otros?
391. Bien, las cosas se están poniendo muy tensas. Bobby, parece que se ha mantenido al margen de esta situación. ¿Qué es lo que, según usted, ha ocurrido? Sea lo más detallado posible...
392. Si entiendo bien el problema, está diciéndome que, cuando despierta a su hijo, este le responde, lo que hace que usted se altere y que la mañana se vaya al traste bastante rápido. Muy bien, Kelly, tú compartes la habitación con tu hermano, ¿qué ves y escuchas que sucede entre tu madre y tu hermano?
393. Me pregunto qué nos proporcionaría la voz de un observador. Billy, ha estado observando la interacción del resto del grupo. ¿Cómo ve que Anne y Meghan se relacionan hoy?
394. Al reflexionar en la última semana, teniendo en cuenta que las cosas están mejorando en el hogar, ¿qué ha cambiado en las relaciones entre mamá y papá? Empecemos con Ahmad.
395. Cuando piensa en el último intercambio que acabamos de ver entre estas dos personas, ¿quién puede compartir una observación de cómo se llevan entre ellos?

Preguntas de escala

Abordaje en consonancia con: Terapia breve

Propósito: Identificar el nivel o grado de intensidad del problema. Estas preguntas también se utilizan para determinar cambios en la magnitud del problema.

Lo que hace el terapeuta: El terapeuta pide al cliente que sitúe el problema, asunto o resolución en una escala que va, por lo general, del uno al diez. Luego el terapeuta explora las acciones que el cliente podría emprender para cambiar esa valoración.

Ejemplos

396. Así pues, hemos hablado de lo difícil que es este problema para usted. Parece, como usted ha dicho, que nunca se había sentido de esta manera. En una escala del uno al diez, siendo diez el máximo, ¿qué esperanza tiene de superarlo?
397. Obviamente, como acaba de expresar, las cosas están mejorando ahora. Debe sentirse muy feliz por eso. En una escala del uno al diez, ¿cómo calificaría, en este momento, su sensación de que está progresando de manera positiva? Bien, si ahora es de seis, ¿qué tendría que hacer para llegar a siete?
398. La semana pasada se puntuó con un cuatro en la escala, y esta semana con un ocho. Según mis cálculos, eso es una ganancia del cien por cien en siete días. Así pues, en siete días más, a este ritmo se convertirá en 16... ¿Es correcto?
399. Me gustaría que todos los miembros de la familia se turnaran y calificaran, en una escala del uno al diez –siendo uno una puntuación muy pobre y diez un resultado excelente– su propio nivel de esfuerzo para resolver este problema familiar.
400. Como miembros del grupo, dediquemos unos minutos a cuantificar el nivel de confianza que experimentamos ahora mismo dentro del grupo. Utilizaremos una escala del uno al quince, siendo quince la confianza absoluta y completa. ¿En qué lugar de la escala se ubican en este momento?
401. Antes de empezar, quisiera evaluar su nivel de esfuerzo para encontrar un trabajo. En una escala del uno al diez, siendo uno la puntuación más baja y diez la más alta, ¿dónde se situaría?

402. Una de las cosas que me interesa averiguar es su nivel de dolor y malestar en relación con el último episodio de depresión. Ha señalado que, cuando se dio cuenta de que estaba inmerso en la depresión, era muy bajo. En una escala del uno al diez, siendo uno la más baja que ha tenido en su vida, ¿cómo lo calificaría? Bien, entonces, utilizando esa misma escala, ¿dónde se ubicaría usted ahora mientras está aquí sentado?

Colaboración empírica

Abordaje en consonancia con: Terapia cognitivo-conductual

Propósito: Hacer que el cliente considere si lo que piensa es exacto y lógico. Esta técnica se utiliza para ayudarle a detener los pensamientos automáticos que son ilógicos y/o basados en conclusiones erróneas.

Lo que hace el terapeuta: El terapeuta solicita al cliente que examine los pensamientos desde la perspectiva neutral de un investigador, enseñándole a buscar pruebas sobre el pensamiento en cuestión.

Ejemplos

403. Así pues, lo que me ha dicho es que todo el mundo en el trabajo le odia. Veamos si podemos encontrar hechos que corroboren esa afirmación. ¿Qué pruebas tiene de que todo el mundo le odia?
404. Ha mencionado que estaba interesada en invitarlo a salir pero que no se veía lo suficientemente atractiva. Así pues, lo que quiero es que pregunte a un mínimo de siete personas que no le mentirían sobre esa cuestión, si eso es cierto o no.
405. Le he oído mencionar que cree que su marido nunca entenderá su postura sobre este asunto. Lo que quiero que, esta noche, cuando esté en casa, elabore una lista de por lo menos diez cosas que han sido realmente importantes para usted y que a su marido le ha llevado algún tiempo comprender.
406. Si es cierto que siempre comete errores y se equivoca, ¿no deberíamos ser capaces de encontrar pruebas fehacientes de ese hecho en nuestras sesiones de terapia? ¿Puede ayudarme a ver cuándo ha incurrido aquí en esos errores?
407. Parece que tiene algún conocimiento sobre el tema de la amistad, ¿verdad? Y le he escuchado decir que le resulta imposible hacer nuevos amigos. Me pregunto qué pruebas tiene que sustenten esa afirmación.
408. Cuando hablamos de ese tema... parece tener una fuerte sensación de que nada de lo que haga tendrá un efecto sobre él. Tengo curiosidad por saber qué pruebas tiene que demuestren que eso es cierto... es decir, que no tiene ningún efecto sobre él.
409. Ha dicho que no hay forma de que pueda hacer ejercicio tres veces por semana. Quiero que intente un experimento. Haga ejercicio dos veces y luego vea lo que ocurre cuando intenta hacerlo una tercera vez, percibiendo lo que se interpone en su camino y le hace fracasar.

Aclaración de lo dicho

Abordaje en consonancia con: Terapia de grupo

Propósito: Permitir que los clientes se escuchen mejor entre sí. Esta técnica tiene por objeto hacer que los miembros del grupo presten atención a las interacciones y diálogos que se producen entre ellos.

Lo que hace el terapeuta: El terapeuta pide a las personas implicadas en el debate que se aseguren de que están siendo escuchadas y de que la otra persona está oyendo el mensaje que pretenden enviarle.

Ejemplos

410. Janie, ¿qué acaba de oír decir a Jimmy?
411. Bien, me pregunto cuál es el mensaje fundamental que trata de enviar.
412. Sé que lo que termina de decir es útil, pero ahora mismo yo y tal vez otros miembros del grupo no estamos muy seguros de lo que quiere comunicarnos.
413. Chrissy, acaba de recibir una fuerte respuesta de Selina. ¿Qué le ha escuchado decir?
414. ¿Cuál es la conversación que escuchan los otros miembros del grupo?
415. Liza, quiero asegurarme de que la escuchan de manera adecuada. ¿Quién del grupo ha entendido más claramente lo que termina de decir y cómo lo expresaría?
416. ¿Cuál es el propósito principal de lo que dice?
417. ¿Puede explicar esa declaración?
418. Así pues, Amy y Erika mantienen una profunda discusión. Fran, ¿qué es lo que escucha decirse la una a la otra?
419. ¿Alguien puede aclarar el mensaje que Linda le envía a Kristen?
420. ¿Cuál es el mensaje que escuchan que Sedona le envía a Kay?
421. Le oigo decir algo que le parece importante, pero no estoy seguro de que el mensaje se reciba como usted pretende. ¿Qué es lo que desea que Fran escuche de usted ahora mismo?
422. Como todos hemos escuchado esta conversación, me pregunto qué es lo que han escuchado que Mary le dice a Ray.
423. Terminamos de tener una interacción emocional. Estoy seguro de que cada uno de ustedes ha tenido sus propias reacciones personales. Si pudieran dejar eso de lado durante unos minutos, díganle al grupo lo que han escuchado decir a estas dos personas.

Transcripción parcial de las habilidades y técnicas del árbol de las preguntas

Nota: Tanto esta transcripción parcial como la transcripción completa que hay en el capítulo 13 nos muestran la manera de utilizar las preguntas. Es prudente y está justificado que los terapeutas, especialmente los que están en formación, entiendan que formular un elevado número de preguntas durante la sesión suele ser contraproducente. Con este fin, sugerimos que las sesiones tengan muy pocas preguntas en comparación con la siguiente transcripción parcial ficticia. Hemos creado nuestra propia transcripción para proporcionar ejemplos de las preguntas en su contexto, en lugar de sugerir que una buena terapia es similar a un interrogatorio o una sucesión de preguntas rápidas centradas en el cliente.

La siguiente transcripción ficticia muestra una sesión de pareja.

TE = Terapeuta

424. TE: Entonces, considerando retrospectivamente de dónde venimos (a Mike), ha señalado su deseo de ser más fuerte al compartir sus sentimientos y (dirigiéndose a Sue) y también hemos hablado de su interés en compartir los deberes y responsabilidades del hogar. (Resumen) Quiero saber con cuál de estas dos cuestiones les gustaría empezar. (Pregunta de elección forzada)
SUE: Pasamos mucho tiempo hablando de mí la semana pasada. Creo que, esta semana, sería bueno que nos centrásemos en Mike.
425. TE: De acuerdo, Mike, ¿le parece bien? (Pregunta cerrada)
MIKE: Sí, supongo que sí. Lo que quiero decir es que me parece que lo estoy haciendo mucho mejor esta semana.
426. TE: Mike, ¿puede describirnos cómo ha sido capaz de compartir mejor sus sentimientos esta semana? (Pregunta abierta)
MIKE: Hablando de las cosas que me molestaban. No me las he guardado para mí.
SUE: Me he dado cuenta de eso también; compartiste conmigo que no querías que mis padres vinieran el miércoles por la noche. No lo habrías hecho antes.
427. TE: De acuerdo, permítanme comprobar algo con ustedes. He escuchado que ambos han dicho que Mike se ha comportado de manera muy diferente esta semana y han compartido lo que sentía acerca de que sus padres los visitasen. (Comprobación)
SUE: Sí.

428. TE: Entonces, Mike, al pensar en Sue y los niños, ¿quién fue el primero en advertir que se comportaba de manera distinta? (Interrogatorio circular)
MIKE: Definitivamente, Sue. Ella presta mucha atención a lo que digo y hago en casa.
SUE: ¿Estás diciendo que te presto demasiada atención?
MIKE: No, tan solo que eres buena en darte cuenta de las cosas.
429. TE: Bien, entonces Sue, hay algo en lo que dice Mike que la lleva a pensar que no se trata de un cumplido. ¿Qué cree que le ha dicho Mike? (Aclaración de lo dicho)
SUE: Le oigo decir que me doy cuenta de las cosas, pero también sé que muchas veces me dice que me meta en mis asuntos.
430. TE: Entonces, Sue, ¿acaba de oírle decir que debería ocuparse más de sus asuntos? (Sondear)
SUE: Sí.
431. TE: De acuerdo, me pregunto qué pruebas tiene que apoyen su idea. (Disputa cognitiva)
SUE: Bueno, supongo que lo que ha dicho antes sobre mí.
432. TE: Mike, ¿Sue está en lo cierto al señalar que le decía que se metiese en sus asuntos? (Pregunta cerrada)
MIKE: De ningún modo. Me gusta que me preste atención.
433. TE: Así pues, Sue, habiendo escuchado lo que Mike dice y piensa como si estuviera al margen del tema y no tuviese nada que ver con usted... (Sue interrumpe)
SUE: De acuerdo, sí, lo entiendo, comprendo lo que me dice. Supongo que tú (dirigiéndose a Mike) no me gritabas en ese momento.
MIKE: No, no, no lo hacía.
434. TE: Cuando empezamos la terapia, me dijeron que su principal objetivo era comunicarse mejor. También me dijeron que, en una escala del uno al diez, su comunicación era de un tres, ¿recuerdan? Bien, en esa misma escala –siendo diez una comunicación excepcional– ¿cómo puntúan ambos la última parte de esta interacción? (Pregunta de escala)
MIKE: Cinco.
SUE: Seis.
435. TE: Bien, ¿qué es lo que ha cambiado?
SUE: Nos ha hecho ver lo que ambos pretendemos decir.
MIKE: Sí.

436. TE: Entonces, aquí hay una pregunta terrible. ¿Qué les haría volver a comunicarse en el nivel tres? (Pregunta terrible)
SUE: El hecho de que demos por sentadas determinadas cosas.
MIKE: Estoy de acuerdo. Volveríamos a ese nivel, si no nos tomásemos el tiempo para escuchar y cerciorarnos de las cosas que ocurren entre nosotros.

Nivel de habilidades

Además de la comprensión básica de las habilidades y técnicas utilizadas, debemos tener en cuenta la comprensión del nivel de perspicacia imprescindible para incorporar de manera efectiva y hábil cada técnica concreta. Los autores proporcionamos la siguiente tabla como punto de partida para la consideración y el debate reflexivo. El "nivel" identificado se basa en diferentes criterios, entre ellos la profundidad de los conocimientos necesarios para utilizar con éxito la técnica, el grado de seguimiento adecuado después de empezar a aplicarla y la profundidad potencial que el uso satisfactorio de dicha técnica tendrá en el cliente.

Básico	Moderado	Avanzado
Pregunta cerrada Pregunta abierta Comprobación		
	Formular la pregunta Disputa cognitiva	
		Interrogatorio circular
	Externalizar el problema Pregunta milagrosa	
Sondear		
	Pregunta de elección forzada Pregunta terrible	
		Cuestionamiento triádico
	Pregunta de escala Colaboración empírica Aclaración de lo dicho	

Detenerse a reflexionar

El uso de preguntas hábilmente desarrolladas y comunicadas en el momento en que estamos con un cliente o grupo de clientes requiere práctica y comprensión de las necesidades de cada persona. Detengámonos ahora unos momentos a reflexionar sobre cuál de estas preguntas nos resulta más natural y cuáles parecen entrañar más dificultades para nosotros en nuestro trabajo actual o futuro. Anotamos las respuestas en las siguientes líneas.

Creo que actualmente soy bastante efectivo en el uso de la(s) siguiente(s) pregunta(s):

Ahora, ¿cómo aumento mi habilidad en el uso de estas preguntas?

Creo que, actualmente, me esfuerzo en utilizar de manera efectiva las siguientes preguntas:

¿Qué medios voy a utilizar para adquirir mayor destreza en estas áreas?

Conclusión

Existen muchas formas en que las buenas preguntas pueden ser altamente eficaces en el proceso terapéutico. La mayoría de las teorías utilizan distintas variaciones de preguntas para resaltar y señalar problemas y soluciones para el cliente. Nos resulta útil que los consejeros principiantes acudan a la sesión con unas pocas preguntas (bien formadas) en mente, o incluso escritas, para ayudar a enfocar el trabajo con el cliente.

La psico-odontología es una buena manera de considerar el proceso inútil que algunos consejeros principiantes tienen con los clientes (especialmente con niños y adolescentes). Con el pretexto de querer ayudar –y nos parece que con muy buena intención–, al principio de su carrera algunos terapeutas creen que un buen interrogatorio, en el que se machaca al cliente con sus problemas, tiene la mayor tasa de éxito. Pero esta no es la realidad. De hecho, las preguntas, al igual que las técnicas expuestas en el capítulo 4, pueden ser utilizadas para aumentar la relación positiva entre terapeuta y cliente, pero también para distanciarse o frustrar al cliente. Los terapeutas no son interrogadores, y los clientes rara vez derivan beneficio alguno de sentirse demasiado cuestionados acerca de sus pensamientos, sentimientos, decisiones o emociones personales.

Ejercicios prácticos

Escriba su respuesta, etiquete la habilidad o habilidades utilizadas y luego indique su propósito al decir lo que dijo.

Cliente: Mi novio y yo hemos hablado de casarnos. Pero no estoy segura de que sea eso lo que quiero.

Respuesta 1

Cliente: Desde que me jubilé, me he alejado de la gente. No tengo nadie con quien hablar o compartir momentos. Extraño mucho a Richard... Echo de menos cómo éramos.

Respuesta 2

Cliente: El director quería que viniera a verle. Dijo que me escucharía. Solo quiero que mis amigos dejen de decir esas mentiras sobre mí.

Respuesta 3

Cliente: Cuando, hace seis meses, me enteré de que estaba embarazada, pensé que me encantaría ser madre. Pero ahora, no estoy segura de que sea lo más indicado para mí. Mi madre cometió muchos errores con mis hermanos y conmigo.

Respuesta 4

Cliente: Acudí a la reunión de juegos como dije la semana pasada. Y cuando llegué allí, los otros niños no querían jugar conmigo. Dijeron que era demasiado bruto y cosas por el estilo.

Respuesta 5

---

5 El contexto

Una habilidad fundamental –y, en ocasiones, descuidada– en la terapia consiste en establecer parámetros durante el proceso terapéutico. En principio, el terapeuta explicará cómo funciona la terapia para que el cliente entienda tanto su propio papel como el del terapeuta (y el de los demás miembros del grupo, si se trata de una experiencia grupal). El mantenimiento del contexto también puede implicar técnicas como el análisis de lo que ocurre en la terapia, la interrupción o reorientación de la discusión, la terminación de la terapia y otras similares.

Desde el primer momento de contacto entre terapeuta y cliente, el objetivo, por supuesto, es alcanzar el éxito. Inherente a este objetivo es ayudar al cliente a entender el mapa del viaje... por lo menos en términos generales.

Estructuración

Abordaje en consonancia con: Habilidad universal

Propósito: Proporcionar al cliente directrices de cómo funciona la terapia, lo que se abordará en ella y el formato terapéutico. La estructuración es indispensable para ayudar al cliente a entender tanto el proceso general de la terapia como el enfoque particular que adopta el terapeuta actual.

Lo que hace el terapeuta: El terapeuta ofrece una declaración, ya sea directa o indirecta, que ayuda al cliente a entender cómo funcionará la sesión y, en general, la terapia.

Ejemplos

437. Así pues, al comenzar hoy, quiero que me cuente lo que le ha funcionado bien la semana pasada.
438. ¿Puede proporcionarme tres ejemplos sólidos de los aspectos positivos de la recuperación?
439. Intentemos dar tiempo para hablar de cómo el problema le ha convencido para que persista en él.
440. Hemos hablado de sus problemas familiares. ¿Puede proporcionarme ejemplos de algunas cosas útiles de su sistema familiar?
441. Al empezar hoy, quiero dedicar unos minutos a hablar de lo que ha sido más apremiante para usted esta semana.
442. En cuanto a la terapia, lo que intento hacer es proporcionarle un entorno para que aprenda más sobre usted mismo, aborde algunas de las cosas que le preocupan y le ayude a seguir creciendo como individuo.
443. Si le he escuchado bien, quiere que le brinde algún consejo sobre ese tema. Una regla general en el proceso de terapia es que el terapeuta evita dar consejos a los clientes.
444. Ha dicho que, en su anterior terapia de grupo, este se centraba en los problemas de los demás. En este grupo, nos ocuparemos principalmente de las interacciones entre los individuos y no solo en los problemas.
445. Ha dicho que su principal objetivo al venir aquí era aprender más sobre cómo manejar su ira. ¿Cómo se conecta el hablar de su infancia con su habilidad creciente para gestionar la ira?
446. Nos reuniremos cincuenta minutos cada semana durante las próximas tres semanas. Entonces, decidiremos cuál es el mejor curso de acción para su crecimiento y desarrollo.

Aquí y ahora

Abordaje en consonancia con: Terapia de grupo, terapia Gestalt

Propósito: Enfocar al grupo y a los miembros individuales en las acciones, comportamientos, pensamientos y comunicación que ocurren en el momento.

Lo que hace el terapeuta: El terapeuta efectúa una declaración directa o formula una pregunta al cliente o al grupo que centra su atención en la situación actual.

Ejemplos

447. De acuerdo, ha dicho que se sentía mal ayer. ¿Qué impacto tiene eso en el modo en que se siente o en lo que está haciendo en el grupo ahora mismo?
448. Una vez que hemos relatado las circunstancias que nos han traído al grupo, me pregunto qué es lo que ocurre ahora mismo. ¿Nos estamos catalogando unos a otros? ¿Estamos tratando de resolver los problemas más profundos de los demás?
449. Bien, Francisco, ha dicho que tiene problemas para hacerse valer. ¿Con qué persona del grupo cree que le sería más fácil hacerse valer?
450. Ha comentado que su problema es controlar su temperamento. En este momento, ¿cómo controla su temperamento?
451. Se ha reído cuando ha dicho que ha estado en el lado erróneo durante los últimos veinte minutos. ¿Qué es lo que he hecho para que usted se desconecte de esa manera?
452. Si pudiera superar su miedo al rechazo, ¿qué compartiría con Mohammed acerca de sus sentimientos hacia él?
453. Tenemos la norma no explícita en el grupo de comportarnos educadamente entre nosotros, ¿no es cierto? Bueno, ¿quién lleva mejor esa norma? ¿Quién la mantiene y quién se opone más a ella?
454. ¿Cómo manifiesta su antipatía hacia el grupo en este momento?
455. De los miembros del grupo, ¿en quién confía más ahora mismo para que le dé una opinión sincera?
456. Mi reacción a este debate es de aburrimiento. Desde mi punto de vista, tiene más sentido que hablemos de las cosas que suceden aquí y ahora en el grupo.
457. En este momento, ocurre algo importante en el grupo. Mientras hablamos de las pruebas y tribulaciones de nuestro pasado, estamos haciendo algo realmente importante en el presente. Me gustaría dedicar algún tiempo a destacar lo que hacemos aquí y ahora.

Aclarar el proceso

Abordaje en consonancia con: Terapia de grupo

Propósito: Abordar con los miembros del grupo lo que sucede en el grupo desde una metaperspectiva o perspectiva global durante un cierto periodo (por ejemplo, los últimos treinta minutos, las últimas dos sesiones, etcétera).

Lo que hace el terapeuta: El terapeuta formula una declaración o pregunta sobre cómo ha estado funcionando el grupo, qué ha sucedido, cómo se han tomado las decisiones, u otra información que el grupo debería debatir para decidir abiertamente si quieren seguir trabajando de esa manera.

Ejemplos

458. ¿Qué ha hecho el grupo durante los últimos treinta minutos?
459. Me parece que hemos invertido la primera mitad de esta sesión en hablar del pasado. ¿Alguien más tiene esa sensación?
460. Hemos debatido mucho acerca de cuáles deberían ser las normas del grupo. Tengo curiosidad por saber cómo hemos decidido pasar tanto tiempo hablando de nuestras normas.
461. ¿Qué hace nuestro grupo cuando sus componentes hablan de cosas que les suscitan grandes emociones?
462. ¿Qué grado se seguridad ofrece este grupo para que las personas compartan sus historias personales?
463. Algunas de las cosas que hemos hecho en esta sesión han sido hablar en términos generales sobre diferentes temas, evitar la confrontación y decir a los miembros del grupo que no deben preocuparse por sus asuntos.
464. El grupo cambia el enfoque de un miembro a otro a la menor muestra de afecto.
465. Durante esta sesión hemos realizado muchas preguntas a los miembros del grupo. Lo que hacemos es recabar datos.
466. Estoy seguro de que el grupo prefiere hablar de cosas lejanas, pero no de las que ocurren aquí.
467. Esta semana nos hemos centrado en el material del aquí y ahora. Parecía que nuestras conversaciones eran mucho más profundas y completas.
468. Tengo una curiosidad, ¿cuál ha sido el tema principal de nuestro debate de esta semana?

Experiencia técnica

Abordaje en consonancia con: Terapia de grupo

Propósito: Transmitir información útil y significativa a los participantes del grupo sobre el papel, la función, las expectativas o las normas del grupo.

Lo que hace el terapeuta: El terapeuta formula declaraciones directas sobre el grupo que comunican la información necesaria para su funcionamiento.

Ejemplos

469. Este grupo estará activo durante doce semanas, reuniéndose cada lunes a las 5:00.
470. Según mi experiencia como director de grupo, he notado que los grupos funcionan bien cuando hablamos de las normas y las respetamos durante el proceso grupal.
471. Debemos dejar que la gente termine sus declaraciones antes de hablar nosotros.
472. Como director, veo que necesitamos una dirección más clara en este grupo.
473. Tenemos que compartir más sentimientos y pensamientos para que el grupo funcione bien.
474. El hecho de que algunas personas compartan muchas cosas, y otras muy pocas, obstaculiza nuestro desarrollo grupal.
475. Debo interrumpir su conversación en este punto. Los dos están hablando de algo que no tiene que ver con el grupo. Debemos volver a centrarnos en el asunto que nos ocupa.
476. Hay varias etapas en el desarrollo del grupo. En primer lugar, constituimos el grupo; en segundo lugar, creamos algunas normas; en tercer lugar, tenemos un periodo algo turbulento; en cuarto lugar, trabajamos para alcanzar nuestros objetivos y, finalmente, concluimos el grupo.
477. En mis grupos, normalmente dedicamos un tiempo a compartir lo que nos ha traído a la terapia de grupo.
478. Creo que el grupo debe ser más activo para poder enfrentarnos a comportamientos que no son aceptables para las normas que hemos creado.

479. Bien, al concluir esta semana, quiero recordarles que nos reuniremos de nuevo cada semana durante los próximos dos meses.
480. De acuerdo, necesitamos permitir que todos los participantes tengan voz en este grupo. Así pues, tenemos que recordar que debemos tomarnos un tiempo para escuchar a los demás y no hablar cuando ellos lo hagan.

Participar en el establecimiento de modelos

Abordaje en consonancia con: Terapia de grupo

Propósito: Mostrar a los clientes cómo compartir información, darse a conocer y proporcionar y recibir feedback de otras personas.

Lo que hace el terapeuta: El terapeuta, de manera no defensiva, comparte en una declaración directa sus pensamientos con el grupo en relación con un determinado tema.

Ejemplos

481. Debe haber sido difícil para usted compartir esto con el grupo.
482. Me siento muy próximo a usted ahora mismo.
483. En este momento, siento que puedo compartir muchas cosas con Mary y Tom.
484. Siento que, en este momento, el grupo me juzga.
485. Me complace el hecho de que se haya puesto nervioso al compartir esa información... También me siento nervioso al compartir información personal... De hecho, me asusta.
486. Cuando menciona que tiene problemas para hablar con extraños, me identifico con usted, porque tengo una preocupación similar... como si ellos me juzgasen por no cumplir sus expectativas.
487. Mientras hablaba, he tenido una poderosa reacción a lo que decía. De hecho, he experimentado un sentimiento de cercanía y calidez hacia usted.
488. Yo también me siento muy conectado con usted.
489. Le he escuchado decir que, en ocasiones, efectúo declaraciones que no tienen mucho sentido para usted. He oído eso antes y soy consciente de que es una de las cosas de mí que me gustaría cambiar... Ya sabe, para ser más claro y directo con la gente.
490. En realidad, me siento libre para explorar en este grupo. Siento y creo que está relacionado con algunas de las normas establecidas en el grupo, como la apertura, la preocupación, la confrontación y el énfasis en el aquí y ahora.
491. Me siento triste por lo que termina de compartir.
492. Me conmueve que comparta una experiencia tan personal.
493. Cuando le escucho decirle a ella que no piensa correctamente, empiezo a sentirme muy inseguro por María y por mí mismo.

494. Siento que tengo un sitio en este grupo.
495. Ahora mismo, en este momento, experimento alegría por nuestro grupo, y por lo lejos que hemos llegado, pero también tristeza porque terminaremos pronto.

Bloqueo

Abordaje en consonancia con: Terapia de familia y terapia de grupo

Propósito: Evitar que las discusiones indeseadas o problemáticas se centren en los miembros vulnerables del grupo o de la familia. Esta técnica, que puede ser verbal o no verbal, se utiliza para apartar al cliente del punto de mira cuando permanecer ahí es contraproducente tanto para el individuo como para el grupo.

Lo que hace el terapeuta: El terapeuta utiliza una respuesta verbal o no verbal con la intención de poner fin a la discusión y reenfocar la atención en otro tema o en el proceso de lo que acaba de ocurrir.

Ejemplos

496. Bien, dediquemos unos minutos a discutir lo que ha ocurrido.
497. Lionel, siento que ha escuchado muchas cosas en este último periodo y que necesita tiempo para procesar la nueva información.
498. ¿Puede el grupo decidir que María ha recibido suficiente feedback y que, tal vez, necesitemos cambiar de tema?
499. Este es un momento muy emotivo para el grupo. ¿Podemos dedicar unos minutos a explorar cómo hemos llegado a este punto?
500. Eddie, ha escuchado muchas cosas sobre su familia. Sospecho que pueden ser demasiadas para encontrarles sentido en este momento. ¿Sería de ayuda si continuamos?
501. Obviamente este tema le suscita muchas emociones... pero, tal vez, Peggy ya ha escuchado suficiente por ahora.
502. En lugar de seguir esta línea de diálogo, quiero ver qué piensan sobre otro tema, como...
503. Malcolm, veo que tiene muchas dificultades con la información que le llega. Debería haber detenido antes este diálogo. Lo siento. ¿Le ayudaría si hablamos de otra cosa durante un rato?
504. Devon, ¿qué le gustaría que Elaine dijera en este momento para que deje de hablar con ella sobre este tema?
505. ¿Qué necesita oír el grupo para asegurarse de que han sido escuchados por Meghan?
506. Vaya, esa ha sido mucha información para que Donna la asimile de una sola vez. Sospecho que necesita unos momentos para ordenar sus pensamientos, démosle tiempo para que lo haga. Kim, por favor, siga hablando de...

Cambiar preguntas por declaraciones

Abordaje en consonancia con: Terapia de grupo, terapia Gestalt

Propósito: Ayudar a los clientes a cambiar una pregunta por una declaración directa que comience con la palabra "yo". Utilizada con frecuencia en terapia de grupo, esta técnica promueve una comunicación más directa y desalienta las preguntas y declaraciones indirectas.

Lo que hace el terapeuta: El terapeuta pide al cliente que tome una pregunta o declaración que no esté anclada en la terminología del "yo" y la cambie a una declaración directa que comience, por lo general, con la palabra "yo".

Ejemplos

(Nota: La primera declaración es la declaración original del cliente, dirigida a un compañero del grupo; la segunda declaración [entre paréntesis] es lo que el terapeuta les ayuda a crear y decir).

507. ¿Está molesto? [Creo que está molesto.]
508. ¿No cree que debería hablar con ella? [Creo que debería hacerlo.]
509. ¿Es eso lo que de verdad quiere? [No creo que eso sea lo que de verdad quiere.]
510. ¿Cree que serías más feliz sin ellos? [Siento que sería más feliz sin ellos.]
511. ¿Vamos a hablar de cosas emotivas? [Estoy nerviosa hablando de cosas emotivas.]
512. ¿Está Brenda enfadada con nosotros? [Siento que está enfadada con nosotros.]
513. ¿Cree que estaríamos mejor separados? [Pienso que estaríamos mejor separados.]
514. ¿Eso le molesta? [Tengo la sensación de que eso le molesta, o estoy molesto cuando veo ese tipo de comportamiento en otras personas.]
515. ¿No se siente mal por eso? [Creo que debería sentirte mal por eso.]
516. ¿Está contento con esa elección? [Creo que debería estar contento con esa elección.]
517. ¿Por qué sigue con él? [Siento que estaría mejor si no siguiese con él.]
518. ¿Ha rezado por ello? [Creo que debería acudir a Dios para que responda a su pregunta.]

519. No está contento con eso, ¿verdad? [Siento que no debería estar contento con lo que ocurrió.]
520. Solo quiero saber cómo puede estar tan tranquilo con lo que le hizo. [Creo que debería estar enfadado con él y hacérselo saber.]

Cerrar

Abordaje en consonancia con: Habilidad universal

Propósito: Ayudar al cliente a alejarse de las discusiones sobrecargadas emocionalmente y a entablar un diálogo de carácter más cognitivo. Esta técnica se usa con frecuencia cuando concluye la relación de terapia. También se aplica para ayudar al cliente a distanciarse de las respuestas demasiado emocionales.

Lo que hace el terapeuta: El terapeuta formula una pregunta o efectúa una afirmación que, en lugar de una respuesta emocional o afectiva, probablemente provoque una respuesta cognitiva o racional.

Ejemplos

521. Así pues, se sintió muy mal por lo que hizo. ¿En qué pensaba en ese momento?
52. Ahora que ha tenido tiempo para expresar sus sentimientos sobre el tema, me pregunto qué cree que pensaba su hermano.
523. Entonces se sentía feliz, excitado y lleno de energía. Además de eso, pensaba...
524. Su respuesta emocional fue de tristeza y arrepentimiento. ¿Qué pensamientos acompañaban a esos sentimientos?
525. Le oigo expresar muchos sentimientos. Me pregunto qué pasaba por su mente... ¿Qué pensaba en ese momento?
526. ¿Qué sucedería si alguien ajeno a su familia fuese testigo de la misma acción...? ¿Qué pensaría un observador imparcial sin ningún apego emocional hacia lo que ocurrió?
527. Al llegar al final de nuestras sesiones, me pregunto cómo han cambiado sus pensamientos a raíz de la terapia.
528. Ha mencionado que el tiempo que hemos pasado juntos le ha hecho sentir muy feliz y que algunas cosas han cambiado. Quiero que me hable de las cosas que han cambiado con respecto a sus creencias o pensamientos sobre el tema del alcoholismo.
529. Parece como si eso realmente le hubiese conmovido. Me pregunto si hay algo en esa experiencia que haya cambiado su manera de pensar.
530. Bien, a medida que continuamos, quisiera que me hablase un poco más sobre su dolor, pero quiero que piense en lo que perciben otras personas cuando muestra su dolor.
531. Dígame un par de palabras que representen la emoción que está mostrando ahora mismo.

Aclarar el propósito

Abordaje en consonancia con: Terapia de grupo

Propósito: Ayudar a los miembros del grupo a recordar o ensayar el propósito de la terapia grupal. Ayudar a centrar la discusión y a que el grupo vuelva a los temas centrales de la terapia. También puede utilizarse de manera eficaz en la terapia familiar para reenfocar el sistema en el tema en cuestión.

Lo que hace el terapeuta: El terapeuta formula una pregunta o una declaración que anima a los miembros del grupo a contemplar la metaperspectiva de lo que están haciendo, cuál es el tema global o central a explorar y cómo alcanzar este objetivo.

Ejemplos

532. Bien, volviendo ahora al motivo por el que estamos aquí, ¿qué tiene que ver lo que estamos hablando con las drogas y el alcohol?
533. Necesitamos recordar que estamos en este grupo porque tenemos dificultades para imponernos. ¿Cómo se ha manifestado, en los últimos minutos, esa falta de asertividad?
534. Recuerden que este grupo trata sobre el dolor y la pérdida.
535. Tenemos que centrarnos en la norma del grupo de no interrumpirnos unos a otros. Como grupo, no nos ha ido demasiado bien con este particular durante esta semana.
536. Entonces, ¿de qué manera lo que hemos hablado durante la última media hora se relaciona con el tema de la gestión de la ira?
537. Este grupo se centra en las conexiones que establecemos y en la forma en que nos ven los demás.
538. Recuerde que el propósito de este grupo es ayudarle a comprender su conducta compulsiva.
539. Lo que hemos hecho durante esta semana es tratar de enfocarnos en cómo los demás perciben nuestro comportamiento en el grupo.
540. La razón por la que nos reunimos es trabajar en su sentimiento de abandono.
541. ¿Cómo se relaciona eso con el propósito de este grupo?
542. Este grupo trata de cómo relacionarse con los demás. Tengo curiosidad por saber de qué manera hemos avanzado en la comprensión de este tipo de acciones.
543. Me pregunto qué es lo que hemos hablado, en los últimos minutos, en relación con el objetivo general del grupo.

Definir el problema/tema

Abordaje en consonancia con: Habilidad universal

Propósito: Conseguir que el cliente reconozca o clarifique cuál es el problema o cuestión presentada. Ayuda a dirigir al terapeuta y al cliente en las discusiones sobre el problema y a gestionarlo o lidiar con él.

Lo que hace el terapeuta: El terapeuta subraya con el cliente cuál es el tipo de ayuda que este aspira a conseguir de la terapia. Durante el proceso de terapia, cliente y terapeuta deben reexaminar periódicamente el problema o cuestión, ya que este puede cambiar o transformarse en algo nuevo.

Ejemplos

544. ¿Así pues, el problema es el aislamiento?
545. Ha mencionado que su principal objetivo en la terapia es relacionarse mejor con los demás, ¿no es cierto?
546. El dilema general que tiene es cómo gestionar el hecho de que la gente le pida que haga cosas por ellos.
547. ¿Necesita ayuda con su ira?
548. Ha acudido a terapia para llevarse mejor con su cónyuge.
549. De todas las cosas que menciona, el asunto más apremiante de su vida hoy en día es...
550. Ha hablado de muchas cosas ahora. ¿Puede ayudarme con eso...? De todo lo que ha mencionado, ¿qué es lo más importante desde el punto de vista de la ayuda que usted necesita?
551. Su vida sería mejor si tuviera una mayor sensación de intimidad.
552. Necesita ayuda para encontrar un rumbo profesional.
553. Parece que tu mayor objetivo es obtener mejores notas.
554. Así pues, tal como me has explicado, has dicho que desearías más libertad, más independencia, y que tus padres te dejen en paz. ¿Es adecuado afirmar que la cuestión es que quieres ser más autónomo?
555. Entonces el tema principal es la confusión.
556. Lo que le escucho decir es que quiere ser aceptado por los demás.
557. Si describimos el problema principal de su vida ahora mismo, ¿podría ser que se trate de falta de entusiasmo por su parte?

Definir metas/objetivos/resultados

Abordaje en consonancia con: Habilidad universal

Propósito: Subrayar lo que el cliente quiere obtener de la terapia.

Lo que hace el terapeuta: El terapeuta formula con una pregunta, comentario o afirmación clara lo que cree que le gustaría al cliente, o bien le pregunta directamente qué es lo que desea.

Ejemplos

558. Entonces, su objetivo en esta sesión es...
559. Tendrá que lograr algunas cosas para alcanzar esa meta. ¿Cuáles son las dos o tres cosas que desea gestionar mejor para que le ayuden a ser más independiente?
560. ¿Qué le gustaría obtener de la terapia?
561. Si le funciona bien la terapia, ¿qué cambiará?
562. ¿Cómo tendrán estas sesiones un impacto positivo en su vida?
563. Cuando concluya este periodo, ¿qué espera que sea diferente para usted?
564. Escucho que su principal meta u objetivo es controlar sus emociones.
565. ¿Debo entender que quieres tener una relación más abierta y amistosa con tu madre?
566. Ya ha hecho terapia antes. ¿Qué le gustaría obtener del tiempo que pasamos juntos?
567. Hábleme de lo que cree que la terapia hará por usted.
568. He oído que su objetivo es entenderse mejor a usted mismo y al mundo que le rodea.
569. Le he escuchado decir que su meta es tener una imagen más fuerte de quién es.
570. Ha dicho que piensa mucho en los objetivos de la terapia. ¿Estoy en lo cierto al decir que su principal objetivo es...?
571. Ha mencionado que ha estado en terapia antes. Estoy interesado en saber cuál es su objetivo para nuestro trabajo conjunto.
572. ¿Cuál es su objetivo en la terapia?
573. ¿Qué quiere obtener de la terapia?
574. Si nuestro trabajo conjunto le resulta útil, ¿qué será diferente para usted cuando lo hayamos completado?
575. Cuando decidamos que nuestro trabajo conjunto ha finalizado y su vida mejore, ¿cuál será la señal?
576. ¿Qué es lo que le hará saber que ya no necesita un terapeuta?

Nivel de habilidad

Además de la comprensión básica de las habilidades y técnicas utilizadas, debemos tener en cuenta la comprensión del nivel de perspicacia imprescindible para incorporar de manera efectiva y hábil cada técnica concreta. Los autores proporcionamos la siguiente tabla como punto de partida para la consideración y el debate reflexivo. El "nivel" identificado se basa en diferentes criterios, entre ellos la profundidad de los conocimientos necesarios para utilizar con éxito la técnica, el grado de seguimiento adecuado después de empezar a aplicarla y la profundidad potencial que el uso satisfactorio de dicha técnica tiene en el cliente.

Básico	Moderado	Avanzado
Estructuración		
	Aquí y ahora	
		Aclarar el proceso
Experiencia técnica		
		Participar en el establecimiento de modelos
	Bloqueo	
Cambiar preguntas por declaraciones		
	Cerrar	
Aclarar el propósito		
	Definir el problema/tema Definir metas/objetivos/resultados	

Detenerse a reflexionar

El uso de una capacidad precisa y eficaz para establecer y mantener determinados parámetros con un cliente o grupo de clientes requiere práctica, así como la comprensión de las necesidades de nuestros clientes. Detengámonos ahora unos momentos a reflexionar sobre cuál de estas técnicas nos resulta más natural y cuáles parecen entrañar más dificultades para nosotros en nuestro trabajo actual o futuro. En las siguientes líneas, anotaremos las respuestas.

Creo que, en la actualidad, soy bastante efectivo en el uso de la(s) siguiente(s) técnica(s):

¿Cómo me he formado en estas áreas técnicas?

Creo que, en la actualidad, me esfuerzo en aplicar de manera efectiva la(s) siguiente(s) técnica(s):

¿Cuáles son los medios que me permitirán adquirir mayor pericia en estas áreas?

Ejercicios prácticos

Escribimos la respuesta, etiquetamos la habilidad o habilidades utilizadas y luego indicamos nuestro propósito al decir lo que hemos dicho.

Cliente: Estoy muy triste por ello. Como si a nadie más le importase cuánto me duele esto y que me sienta tan mal por ella y por todo lo demás. Debo parecer muy estúpido, pero es solo lo que siento al respecto.

Respuesta 1

Cliente: Parece que todo lo que hago es levantarme, ir a trabajar, volver a casa y ver la televisión. Supongo que los fines de semana, tengo algo de tiempo para reflexionar en la situación, pero por lo general trato de ponerme al día o adelantar trabajo para la semana siguiente.

Respuesta 2

Cliente: Bueno, sí, creo que es cierto, quiero decir que a veces es difícil para mí levantarme y salir por la mañana. Supongo que todo empezó hace unos años, pero de todas formas hay momentos en los que quisiera quedarme acostado pensando cómo solían ser las cosas.

Respuesta 3

---

6 Buscar cielos despejados

Buena parte del esfuerzo de la terapia implica el intento de ayudar al cliente a pasar de una crisis o un fuerte problema personal, confrontándolo con un estado mental más positivo. Por supuesto, hay que tener cuidado de no pasar por alto demasiado rápido el dolor del cliente. El uso de las habilidades contenidas en el presente capítulo permite al terapeuta ofrecer formas pragmáticas y específicas de iniciar el proceso de búsqueda de soluciones.

Recontextualizar

Abordaje en consonancia con: Terapia breve

Propósito: Captar el significado más profundo de lo que dice el cliente y contextualizarlo de manera más positiva. La redefinición se utiliza para dotar de un nuevo significado a una vieja historia del cliente. No obstante, la redefinición no debe ser tan extrema como para cambiar el significado profundo que reviste para el cliente, o el cliente rechazará el nuevo contexto. Al utilizar esta habilidad, el terapeuta necesita (1) reflejar el significado profundo y (2) proporcionar nueva información al cliente.

Lo que hace el terapeuta: El terapeuta considera la esencia de la declaración efectuada por el cliente y la cambia de un contexto negativo a uno más positivo y esperanzador.

Ejemplos

577. Mucha gente depende de usted.
578. Es una persona en la que se puede confiar.
579. En algún lugar aprendió el valor de un duro día de trabajo.
580. Usted es el engranaje principal de la rueda familiar.
581. Nadie se toma el tiempo necesario para darse cuenta de todo lo que hace.
582. Sus tareas son más que una simple lista; son fundamentales para el éxito de sus hijos y de su familia.
583. Da mucho a los demás.
584. Es obvio que se puede confiar en usted.
585. Es alguien con el que se puede contar.
586. Le da cosas a mucha gente distinta.
587. Es una de esas personas que hace muchas cosas por los demás sin pedir demasiado a cambio.
588. Tiene la esperanza de que las cosas cambien.
589. Sabe que hay otra forma de ayudar a los demás.
590. Ha probado distintas maneras de ser productivo en el trabajo.
591. Para usted, el significado del trabajo no es solo cumplir los plazos y la producción; es la conexión con la gente con la que trabaja.
592. En el trabajo, tiene la oportunidad de ver lo bueno y lo malo de la gente.

Cliente:	Siento que, cuando estoy en el trabajo, todos me miran como si yo tuviera que hacer cosas para ellos.
Terapeuta:	Sus compañeros de trabajo ven que es generoso. (*o bien*)
Terapeuta:	Lo que me dice es que sus compañeros de trabajo sienten que pueden confiar en usted.

Explorar alternativas

Abordaje en consonancia con: Habilidad universal

Propósito: Ayudar al cliente a buscar otras posibilidades en su historia. El terapeuta promueve pensamientos, conocimiento y nuevas percepciones de los temas o preocupaciones existentes, animando al cliente a explorar alternativas. En otras palabras, ¿cuáles son las otras historias disponibles para el cliente?

Lo que hace el terapeuta: El terapeuta pide al cliente que reflexione sobre posibles alternativas a la presentación actual del tema.

Ejemplos

593. ¿Cuáles son las otras posibilidades que percibe en relación con este tema?
594. ¿Hay alguna otra forma de conseguirlo?
595. Deme al menos tres explicaciones alternativas a su teoría sobre su familia.
596. ¿Puede explicarse de otra manera?
597. Si tuviera que imaginar otra forma de explicar el mundo, ¿en qué sería diferente de la que tiene ahora?
598. ¿Hay otra versión de esta historia...? ¿Cuál es?
599. ¿Podría percibir un escenario distinto...? ¿Y qué percibiría?
600. Ha mencionado que su abuela fue capaz de superar este mismo problema, ¿cómo lo hizo?
601. ¿Hay alguna otra explicación para lo sucedido?
602. ¿Podría hacer alguna otra cosa en el futuro con respecto a este asunto?
603. ¿Qué ha funcionado en relación con la búsqueda de una solución?
604. ¿Cómo lo explicaría otra persona de su familia?
605. Ha dicho que sentía como si todos en el trabajo estuvieran molestos con usted. ¿Puede pensar en algún momento en el que al menos una persona no estuviera enfadada con usted en el trabajo?
606. ¿Cómo hacía las cosas cuando se sentía bien?

Cliente: La forma en que lo veo es que, si mis padres no se hubieran divorciado cuando era tan joven, no tendría tantos problemas con las relaciones.

Terapeuta: ¿Tiene una explicación alternativa para eso?

Identificar/Construir fortalezas

Abordaje en consonancia con: Habilidad universal

Propósito: Subrayar los puntos fuertes y los recursos del cliente. Animando al cliente a pensar en las cosas de su pasado que funcionaron bien, se le proporciona un modelo para el comportamiento futuro.

Lo que hace el terapeuta: El terapeuta formula una declaración o una pregunta diseñada para hacer aflorar fortalezas o recursos no reconocidos.

Ejemplos

607. Así que una de las cosas que tiene a su favor es el fuerte deseo de ayudar a los demás.
608. Ha comentado que hace algunos años superó un problema similar. ¿Cómo lo consiguió?
609. Parece como si estuviera orientado al cumplimiento de tareas, con una fuerte disposición al trabajo duro.
610. Cuando era más joven, no le tenía miedo a nada, ¿verdad?
611. Una de las fortalezas que cree tener es la perseverancia.
612. Ser extrovertido le ha funcionado bien durante toda la vida.
613. Parece que escucha bien las historias y problemas de los demás.
614. ¿Considera que el control de su temperamento en momentos de tensión es una ventaja?
615. Tengo curiosidad por saber cuál de las cosas de las que acaba de hablar le ayuda más en su vida cotidiana.
616. Tomar las cosas como vienen es una habilidad importante en su vida. Le ha ayudado a gestionar las situaciones difíciles con clase y estilo.
617. Parece como si realmente trabajase muy duro para conseguir lo que quiere.
618. Parece que tiene un fuerte sentido de quién es.
619. ¿Quién de todas las personas que conoce es más consciente de su fuerte deseo de cuidar de los demás y de ser útil a los necesitados?
620. Al pensar en las experiencias que ha tenido con otras personas, ¿cuál es la fortaleza que destacaría en usted?
621. Así pues, un aspecto positivo que tiene es que termina las cosas a tiempo.
622. Parece como si se viera a sí mismo como un empleado excelente que piensa en el beneficio general de la compañía para la que trabaja.

Vincular

Abordaje en consonancia con: Terapia de grupo

Propósito: Poner en contacto a los individuos de un grupo sobre un determinado tema para promover más debate, así como una mayor cohesión, entre ellos.

Lo que hace el terapeuta: El terapeuta escoge situaciones en el grupo cuando dos personas parecen estar de acuerdo con un determinado tema y luego las torna explícitas para que el grupo las observe.

Ejemplos

623. Me parece que está describiendo una situación similar a la que ha referido Emmett. ¿Estoy en lo cierto, Emmett?
624. Entonces, ahora tenemos tres ejemplos de personas en este grupo que tienen miedo de lo que el grupo dirá cuando revelen asuntos personales. ¿Es eso verdad, Bobby, Paula Rae y Kay?
625. Bien, entonces, Monique, ¿ha habido algo de lo que ha dicho Johnny que se relacione con usted?
626. Ese es un ejemplo evidente de cómo lidiar con la pérdida. ¿Quiénes se relacionan con esta historia o tienen un sentimiento similar de pérdida?
627. Karlem, aunque ha dicho muchas cosas, lo que más me llama la atención es su dependencia de los demás para orientarse. Para mí eso parece muy similar a lo que Petey ha dicho antes.
628. Así pues, tanto Nancy como Marcia Jean afrontan un problema parecido. ¿Alguien más encuentra alguna relación con su problema?
629. He escuchado a varios de ustedes hablar del deseo de ser vistos con mayor claridad por parte de los demás. ¿Lo he entendido bien?
630. Su declaración sobre lo que este grupo hará esta noche es interesante. ¿Alguien más tiene preguntas similares?
631. ¿A qué persona del grupo le gustaría ver que está más centrada en los sentimientos que en los pensamientos?
632. El comentario de Tanya sobre sentirse más fuerte como resultado del trabajo en este grupo es interesante. ¿Quién más tiene una reacción similar?
633. Siento una conexión con lo que termina de decir. ¿Quién más puede conectar con el comentario que Henry ha hecho?

634. Parece que varios de ustedes están teniendo una reacción no verbal a lo que Maya termina de decir. ¿Hay alguien que se sienta identificado con su declaración?
635. ¿Cuántos de ustedes han escuchado realmente lo que Isidore termina de expresar?
636. Gustavo, ¿de qué manera puede conectar con lo que Grace termina de decir?

Elogiar

Abordaje en consonancia con: Terapia breve

Propósito: Animar a la familia a seguir trabajando en la solución del problema. Al utilizar esta técnica, el terapeuta escribe un mensaje al final de la sesión, diseñado para alinearse con el yo de la familia. Esta parte del mensaje general intenta que la familia esté de acuerdo con el terapeuta. Se trata de una connotación o una recontextualización positiva del esfuerzo efectuado por la familia para trabajar con el problema.

Lo que hace el terapeuta: El terapeuta dedica unos minutos a desarrollar, ya sea por sí mismo o con un equipo, un mensaje que pretende conectar con la familia como forma de conseguir que todos apoyen la terapia.

Ejemplos

637. Su familia ha persistido cuando otras familias se hubiesen desmoronado.
638. Parece que esta familia tiene una fuerza tremenda para reírse de situaciones que hacen llorar a otros.
639. Uno de los aspectos más positivos de trabajar con ustedes es que nos recuerdan lo poderoso que es el sistema familiar.
640. Su familia ha superado dificultades en la vida. Ahora trabajan juntos para centrarse y mejorar sus relaciones actuales.
641. De todas las familias que he visto, ustedes parecen tener el enfoque más alegre de la vida.
642. He aprendido mucho de ustedes. Una de las cosas que he aprendido es que algunas familias siguen adelante incluso en tiempos de dificultad.
643. Debe sentirse muy orgulloso de este primer paso que ha dado en pro del bienestar familiar.
644. Aunque cada uno de ustedes nos presenta aspectos positivos con los que trabajar, me llama la atención lo unidos que están entre sí.
645. A pesar de nuestros esfuerzos por verlos individualmente, han desarrollado un vínculo familiar que parece impenetrable para los demás.
646. Al equipo le parece que su deseo de abordar un tema tan difícil y apremiante es una señal del bienestar general del grupo.

Explorar

Abordaje en consonancia con: Habilidad universal

Propósito: Ayudar al cliente a descubrir nuevos conocimientos o nuevas habilidades para tratar con los problemas de la vida actual o pasada. Se utiliza, sobre todo, para conectar los recursos y materiales del cliente con los objetivos de la terapia.

Lo que hace el terapeuta: El terapeuta, ya sea a través de una pregunta o una declaración directa, solicita al cliente que investigue recursos, significados o aliados alternativos para abordar el problema.

Ejemplos

647. Dediquemos un tiempo a centrarnos en las habilidades que tiene para salir de su depresión.
648. Usted ha mencionado que ha tratado este problema en el pasado. ¿Cómo lo hizo?
649. ¿De qué manera ha tenido éxito cuando la gente le presionaba para que hablase en público?
650. ¿Quién, de todas las personas que conoce, es su mejor aliado para afrontar esta nueva presión?
651. Habiéndose alejado de su familia durante las últimas semanas, ¿qué nuevas ideas o información... tiene ahora sobre cómo funciona el sistema familiar?
652. Si tuviera que cambiar su respuesta a ese tipo de persona, ¿cuál de entre todas las herramientas y habilidades sería de más ayuda?
653. Ha mencionado que tanto usted como su marido se esfuerzan por hacer que el matrimonio funcione. Tengo curiosidad por saber qué es lo que aporta a este proceso que resulte útil...
654. ¿Qué cualidades percibe en usted que parecen ayudarle a lidiar con la pérdida y el dolor?
655. No es la primera vez en su vida que tiene que afrontar una decepción tan fuerte. ¿Cómo ha gestionado con éxito estos momentos en el pasado?
656. ¿Qué habilidades posee para abordar este tema?
657. ¿Cómo ha sido capaz su familia de superar y vencer los problemas de la vida ocurridos en el pasado?
658. Me parece evidente que todos tenemos que afrontar problemas en nuestra vida. ¿A qué recursos ha podido recurrir en el pasado para que le ayudasen en esta tarea?

Centrarse en las excepciones

Abordaje en consonancia con: Terapia breve

Propósito: Centrar la atención de la sesión en las excepciones a las reglas del problema que el cliente cree inalterables.

Lo que hace el terapeuta: El terapeuta torna evidentes los mensajes en la historia del cliente que son diferentes de las reglas del problema. Esto se lleva a cabo ya sea escuchando atentamente las historias que suponen una excepción o solicitando al cliente directamente dichas excepciones.

Ejemplos

659. Me sorprende lo fuerte que te sientes por meterte en problemas en la escuela. Aunque has dicho que siempre te metes en problemas, no he notado, en todo el tiempo que hemos pasado juntos, que hayas hecho nada para crearte problemas.
660. Te he escuchado manifestar con ímpetu la ira que sientes hacia tu madre en este momento. Me sorprende que hayas podido contener esa ira cuando los dos habéis ido de compras. De alguna manera lo has conseguido.
661. Mientras hablabas de lo difícil que es estar en casa en este momento, creo que debe ser muy poderoso para ti comprobar, como evidencia tu relato de que veis juntos la televisión, que tu familia es capaz de llevarse bien.
662. Por lo que me ha dicho hoy, las cosas son muy difíciles en su vida ahora mismo. De alguna manera, sin embargo, ha sido capaz de acopiar la fuerza suficiente para seguir adelante ante esa adversidad.
663. Estoy un poco confuso... Me ha hablado durante varias sesiones de lo mal que están las cosas ahora... Ha hecho un fuerte alegato en este sentido. Sin embargo, en algún momento ha dicho que tenía la esperanza de que las cosas mejorasen... De alguna manera ha decidido que las cosas pueden ser diferentes.
664. Has comentado que tus padres no parecen confiar en ti... que siempre te preguntan qué haces, con quién hablas. Pero luego te he escuchado decir que cuando vas a cualquier parte con tu amiga Emma, no hacen eso en absoluto. Tengo la sensación de que percibes una diferencia en la relación que mantienes con ella en comparación con los demás.

Interpretar

Abordaje en consonancia con: Habilidad universal

Propósito: Ayudar a los clientes a reescribir o reapropiarse de sus viejas historias otorgando un nuevo significado a las experiencias, acciones o creencias acerca de uno mismo, de los demás o de la manera en que funciona el mundo.

Lo que hace el terapeuta: El terapeuta aborda conductas pasadas o historias o pensamientos actuales transmitidos por el cliente y ofrece nuevas explicaciones o teorías de por qué han ocurrido de esa manera. Las interpretaciones son similares a la recontextualización, aunque no siempre tienen una connotación positiva.

Ejemplos

665. ¿Podría ser que, cuando hizo eso, tu madre estuviera tratando de cuidarte y darte la oportunidad de crecer?
666. ¿Ha considerado que, tal vez, su firme estilo de crianza era un intento de evitar incurrir en los mismos errores que su padre cometió con él?
667. ¿Es posible que haya momentos en los que actúes con ira para defenderte de los demás?
668. Quizá, y solo estoy planteando una hipótesis ahora, sigue alejándose de los hombres buenos porque no cree que sea lo bastante buena para ellos.
669. ¿Es posible que Aretha piense que está cuidando de ti siendo tan autoritaria?
670. ¿Alguna vez has considerado que has desarrollado la habilidad de aislarte emocionalmente de los demás para evitar verte herido por ellos?
671. Una posible explicación podría ser la de que actúa como un niño para que usted haga el papel de padre. Se siente bien cuando le cuida y le mima.
672. Dijiste que te gusta la atención que recibes cuando te metes en problemas. ¿Es posible que sientas que le importas más cuando tienes problemas?
673. ¿Me equivoco cuando digo que quizá la razón por la que se siente así es por la forma en que fue educado?
674. Me parece obvio que, durante mucho tiempo, ha estado pensando en ello sin hacer nada al respecto. Creo que tiene miedo de que, si cambia demasiado, su marido no podrá seguir su ritmo o dejará de amarla.

Metáfora

Abordaje en consonancia con: Habilidad universal

Propósito: Proporcionar al cliente una historia o una sencilla declaración que compare dos objetos diferentes, como, por ejemplo, los pensamientos o comportamientos del cliente y un objeto más agradable. El objetivo de esta habilidad es conseguir que el cliente sea más consciente de su comportamiento y el efecto que tiene tanto en los demás como en sí mismo. El terapeuta también puede prescribir tareas metafóricas para aliviar el problema abordado.

Lo que hace el terapeuta: El terapeuta suministra al cliente una frase, historia o fábula conectada indirectamente con lo que se discute en terapia. El terapeuta debe tener cuidado de establecer una conexión abierta con el cliente o de mantener la metáfora lo suficientemente distanciada del cliente para que funcione de manera encubierta.

Ejemplos

675. Parece que su deseo es convertirse en el pegamento que mantiene unida a la familia.
676. Es como el poderoso roble que se mantiene incólume en la tempestad.
677. Parece ser el termómetro de la familia.
678. De hecho, quiere ser el cimiento sobre el que se construya la familia.
679. Tengo la impresión de que le gusta ser un engranaje más de la rueda.
680. Sasha, creo que lleva a cabo un trabajo maravilloso al expresar la preocupación que siente por los demás miembros de su familia. Durante los próximos minutos, quiero que se ponga detrás de cada miembro de la familia y exprese sus principales preocupaciones. Cada uno de ustedes debe mover la boca como si fuese quien hablase.
681. Han trabajado duro para forjar relaciones poderosas en el seno de la familia. Sin embargo, algunos de los roles asumidos se han convertido en más de lo que son capaces de sobrellevar. Lo que quiero es que hagan la cena juntos, pero también quiero que mamá siga las indicaciones de Lynn, que Lynn siga las indicaciones del pequeño Nicholas, y que papá le dé indicaciones al pequeño Nicholas. Sospecho que esa cena será un gran éxito.

682. Parece como si usted fuese el agujero negro de las emociones que manifiesta su familia.
683. En momentos de dificultad, usted fluye como el río Mississippi.
684. ¿Tengo razón al decir que es como una roca gigante, impermeable a las fuerzas de la naturaleza?

Redefinir

Abordaje en consonancia con: Habilidad universal

Propósito: Disminuir la reacción del cliente hacia el terapeuta y el problema, proporcionando un nuevo significado a los comportamientos problemáticos. Esta habilidad es similar a la recontextualización.

Lo que hace el terapeuta: El terapeuta ofrece un comentario positivo a las conductas o acciones problemáticas descritas por el cliente.

Ejemplos

685. Si he entendido bien, me está diciendo que la mala conducta de su hijo hace que los dos se centren en cómo trabajar juntos para educarlo. Así pues, básicamente, les ayuda a mantener entre sí un vínculo poderoso.
686. Así pues, cuando se vuelve extremadamente emocional en lo que concierne a su familia, lo ve como algo negativo, pero quizá debería considerar que está actuando como la voz de la familia, como la parte emocional.
687. ¿Estoy en lo cierto al entender que su prevención a tener relaciones íntimas con él no solo le preocupa, sino que podría ser también una forma de decir que no está lista para este compromiso?
688. ¿Tiene sentido que, tal vez, su charla sobre las peleas y discusiones de su familia en torno a nimiedades sea una señal de verdadera fuerza y cuidado del otro y de su deseo de no permitir que las pequeñeces acaben teniendo excesiva importancia?
689. ¿Hay alguna parte de ti que esté de acuerdo con la idea de que, de alguna manera, aunque a veces sean dolorosas y difíciles, las lecciones que has aprendido en tus dos primeros años de universidad, son más bien una ayuda que te permitirá alcanzar tus sueños y aspiraciones futuras, en especial completar la universidad en los próximos años?
690. ¿Puede ver de qué manera un extraño consideraría el problema de no ser asertivo como una señal de respeto hacia los demás?
691. Entonces, su familia ha intentado mucho cambiar este comportamiento, sobre todo la parte relativa a confiar en los demás. En mi opinión, la cuestión parece ser tanto la confianza en el otro como, en mayor medida, la confianza en uno mismo.
692. Así pues, el dolor de su infancia también podría considerarse desde la perspectiva de que, en ese momento de la vida, desarrolló el sentimiento de que debía ser más fuerte.

Nivel de habilidad

Además de la comprensión básica de las habilidades y técnicas, también debe producirse la comprensión del grado de discernimiento necesario para incorporar de manera efectiva y hábil cualquier técnica particular. Como autores, hemos proporcionado la siguiente tabla para ofrecer un punto de partida para la consideración y el debate reflexivo. El "nivel" identificado se basa en distintos criterios; entre ellos, la profundidad de los conocimientos imprescindibles para utilizar con éxito la técnica, el grado de seguimiento necesario después de empezar a utilizar la técnica y la profundidad potencial que la utilización satisfactoria de dicha técnica tiene en el cliente.

Básico	Moderado	Avanzado
	Recontextualizar	
Explorar alternativas		
	Identificar/ construir fortalezas Vincular	
		Elogiar
	Explorar	
		Centrarse en las excepciones Interpretar Metáfora
	Redefinir	

Detenerse a reflexionar

El uso de reflexiones precisas y efectivas en el momento en que estamos con un cliente o un grupo de clientes requiere práctica y comprensión de las necesidades de cada persona. Detengámonos ahora unos momentos a reflexionar sobre cuál de estas técnicas nos resulta más natural y cuáles parecen entrañar más dificultades para nosotros en nuestro trabajo actual o futuro. Anotamos las respuestas en las siguientes líneas

Creo que, en la actualidad, soy bastante efectivo en el uso de la(s) siguiente(s) técnica(s):

¿Cómo me he formado en estas áreas técnicas?

Creo que, en la actualidad, me esfuerzo en aplicar de manera efectiva la(s) siguiente(s) técnica(s):

¿Cuáles son los medios que me permitirán adquirir más pericia en estas áreas?

Ejercicios prácticos

Escriba su respuesta, etiquete la habilidad o habilidades utilizadas y luego indique su propósito al decir lo que dijo.

Cliente: No sé qué hacer para que se comporte de otra manera. Cada vez que estamos en público, como en la tienda, actúa como el peor niño del mundo.

Respuesta 1

Cliente: Creo que tenemos una buena relación, pero a veces no me escucha ni me muestra ningún respeto.

Respuesta 2

Cliente: Cuando me dijeron que tenía SIDA, quise morir en ese mismo momento. Pero, con el tiempo, he aprendido a convivir con ello. Supongo que, ahora mismo, mi principal misión en la vida es ayudar a los niños pequeños que padecen SIDA.

Respuesta 3

Cliente: Terminada la guerra, volví a casa esperando que las cosas volvieran a la normalidad. Ya sabe, no nos dicen cómo lidiar con la vida de nuevo. No puedo borrar aquellas imágenes de mi cabeza.

Respuesta 4

Cliente: No dejo de preguntarme por qué mi vida tiene que ser mucho más complicada para mí que para otras personas.

Respuesta 5

---

7 Perseguir espejismos

Un espejismo es, sencillamente, la plasmación del modo en que la persona quiere que sean las cosas, pero no de cómo son en realidad. Al tratar con la visión distorsionada de la realidad del cliente, el terapeuta se sirve de un conjunto de habilidades concebidas para poner en tela de juicio la historia del cliente. Hay que tener cuidado porque, si bien ese tipo de esfuerzo es muy valioso para el cliente cuando se realiza de la manera adecuada, es contraproducente si se lleva a cabo del modo incorrecto.

Para algunos terapeutas sin experiencia, el momento "te pillé" de la terapia es muy emocionante. De alguna manera, existe la creencia de que, si el cliente es atrapado en una historia inconsistente, mejorará con el tiempo. Pero, por desgracia, esta fórmula no funciona. Confrontar a los clientes o las historias de los clientes nunca debe ser una especie de "te pillé", sino más bien una forma de mejorar la relación y de ayudar al cliente a percibir las incongruencias.

Confrontar

Abordaje en consonancia con: Habilidad universal

Propósito: Proporcionar al cliente información sobre inconsistencias, incongruencias o mensajes contradictorios expresados por el cliente. El terapeuta utiliza los pensamientos, sentimientos, emociones o acciones manifestadas por el cliente para proporcionar dicho feedback.

Lo que hace el terapeuta: El terapeuta formula una declaración que llama la atención sobre las discrepancias en las palabras, las acciones o la historia del cliente. Esta declaración puede ser clara y directa o bien sutil e indirecta.

Ejemplos

693. Antes de esta sesión dijiste que te sentías feliz de que tu madre se fuera. Ahora acabas de decir que te molesta pensar que se haya ido. ¿Puede aclararme estas dos afirmaciones?
694. Cuando declara que no está contento por eso, percibo que su cara parece dibujar una sonrisa.
695. Ha dicho que su padre fue duro con usted cuando era un niño y que no quería comportarse del mismo modo con sus hijos, de manera que no estoy seguro de lo que quiere decir cuando señala que tiene que ser más duro con sus hijos.
696. Me ha estado diciendo que quiere ayuda con este asunto y que está dispuesto a intentar cualquier cosa para que desaparezca. Sin embargo, no ha hecho la tarea de la semana anterior.
697. Si no puede hacer nada bien, ¿cómo es que ha llegado a esta cita puntualmente, bien vestido y listo para trabajar?
698. Acabas de decir que las cosas te van bien en la escuela, pero tu madre afirma que suspendes todas las asignaturas. ¿Estamos definiendo la palabra “bien” de diferentes maneras?
699. Dice que eso no le molesta, pero mientras estoy aquí sentado observándolo, percibo que se mueve mucho en su asiento.
700. Cuando decía que estaba contento con el resultado, su voz pareció decaer, se miraba los pies y empezó a apretarse los dedos.
701. Ha dicho que nadie le ayuda a mantener la casa limpia, y sin embargo acabo de oírle mencionar que su hija mayor limpia su habitación una vez por semana.

Observar

Abordaje en consonancia con: Terapia de grupo

Propósito: Llevar a cabo una acción, pensamiento o comportamiento evidente para que el individuo y el resto del grupo lo vean. Es una modalidad de confrontación.

Lo que hace el terapeuta: El terapeuta formula una declaración directa que resalta algo para que el individuo y/o el grupo se enfoquen en un comportamiento o acción que termina de ocurrir.

Ejemplos

702. Cada vez que responde a un comentario efectuado en este grupo, dice "sí, pero".
703. He percibido que, cuando ha hablado de enfadarse, varios miembros del grupo han bajado la cabeza y dejado de mirarle directamente.
704. Mientras decía que no le importa lo que los demás piensen de usted, he notado que miraba a Isidore.
705. Cuando le he escuchado decir eso, parecía como si varios miembros del grupo cruzaran sus brazos y se relajasen.
706. Cada vez que alguien en este grupo se ve contrariado, parece como si tratase de minimizar lo que le dice el otro miembro del grupo.
707. Veo que, cuando recibe feedback, parece que se toma mucho tiempo para desarrollar una respuesta clara y articulada a lo que se ha dicho.
708. He observado a los otros miembros del grupo mientras hablaba de la pérdida de su madre. Cada uno de ellos parecía mostrar, de manera distinta, que reaccionaba a lo que usted estaba diciendo. Por ejemplo, he visto que a uno de los miembros le saltaban las lágrimas.
709. Parece que lo que dice es un intento de silenciar a los otros miembros del grupo.
710. He observado que está deseoso de ponerse a disposición del grupo para que este lo examine detenidamente, mientras que hay otros miembros que prefieren quedarse sentados sin ser juzgados.
711. Observo que yo mismo soy la persona más crítica de quienes me critican.
712. ¿Alguien más ha observado que, cuando Sharita y Gamal hablan de algo, siempre se giran para mirarse a la cara?

Confirmar

Abordaje en consonancia con: Terapia cognitivo-conductual

Propósito: Señalar y alertar al cliente sobre el hecho de que ha retornado un comportamiento previamente modificado.

Lo que hace el terapeuta: El terapeuta advierte al cliente de que ha regresado el comportamiento no deseado. Es importante que el cliente esté preparado para recibir ese tipo de feedback.

Ejemplos

713. ¿Es consciente de que culpa a otras personas de sus problemas?
714. Veo que ha decidido enfadarse por algo sobre lo que no tiene control alguno.
715. Me he dado cuenta de que, de nuevo, evita el contacto visual.
716. Hablamos sobre lo que necesitaría cuando volviese su comportamiento problemático. Percibo que eso está sucediendo ahora.
717. Durante los últimos minutos, ha vuelto a actuar como un niño.
718. Parece que, en este momento, me identifica con sus padres.
719. Cuando me habla así, tengo la sensación de que me vuelve a adjudicar el papel de hijo.
720. Parece que le gustaría retornar a la relación que teníamos antes de que yo fuese el niño y usted el adulto.
721. Así pues, durante los últimos minutos, hemos estado hablando como si usted fuese el padre y yo el hijo.
722. No estoy seguro de qué hacer con esto, pero ha vuelto a actuar con ira infantil hacia su madre.
723. Percibo que ya no me mira a los ojos.
724. Una de las cosas en las que hemos estado trabajando en la terapia ha sido su asertividad. Me he dado cuenta de que no insiste en su pensamiento original.
725. Corríjame si me equivoco, pero ¿acabo de notar que se siente mal por usted mismo y que se entrega a la autocompasión?
726. Mientras proseguimos nuestro trabajo conjunto, volvamos a tratar su objetivo de aclarar, sin enfadarse, lo que usted significa para otras personas. ¿Se ha molestado conmigo cuando le he pedido que me explicase lo que quería decir?
727. De nuevo, me señala con el dedo cuando habla.

Interrumpir

Abordaje en consonancia con: Habilidad universal

Propósito: Evitar que el cliente divague sobre un tema o asunto que no está relacionado con lo que se habla. Se debe tener cuidado de no ofender al cliente o detener una exposición que resulte valiosa para él. En otras palabras, el terapeuta debe sopesar los pros y contras (respetando el derecho del cliente a hablar versus hacer que el cliente se centre de nuevo en el tema o asunto en cuestión).

Lo que hace el terapeuta: El terapeuta utiliza habilidades verbales y/o no verbales para frenar o detener la exposición actual del cliente.

Ejemplos

728. Me ha dado mucho hasta ahora. Vayamos más despacio para reenfocarnos.
729. ¿Cómo se relaciona todo lo que dice con la depresión?
730. De acuerdo, deme un minuto para digerir esa información.
731. Estoy seguro de que lo que me dice tiene relación desde su punto de vista, pero no estoy seguro de cómo. ¿Puede ayudarme a comprenderlo?
732. ¿Qué destaca de todo lo que me ha dicho en relación con el tema de su matrimonio?
733. Espere, me siento un poco confuso. ¿Qué tiene que ver todo esto con el problema que le ha traído aquí?
734. Vaya, en realidad se ha ido por las ramas. Estoy sentado aquí preguntándome qué hacer para volver al tema. ¿Tiene alguna idea?
735. Has mencionado, cuando empezamos hoy, que estabas muy molesto por cómo te trató tu madre la semana pasada. ¿Cómo se conecta todo esto para ti?
736. Asumo que el significado profundo de lo que cuenta refleja un componente importante de su preocupación principal, pero tengo problemas para establecer la conexión.
737. ¿Puede ir más despacio y dedicar un minuto a reflexionar sobre lo que acaba de suceder?
738. Vale, acaba de decir cosas que iban en varias direcciones. ¿Puede elegir una de ellas para que la tratemos en esta sesión?
739. Vamos a parar ahora mismo y empezar a resumir lo que hemos tratado a lo largo de esta semana.
740. Bien, esa es mucha información. Quiero que me vuelva a hablar del día en que se percató de que era hora de seguir adelante.

Escupir en la sopa del cliente

Abordaje en consonancia con: Psicología individual

Propósito: Eliminar la recompensa que supone la conducta, hacer que el comportamiento sea menos atractivo o gratificador.

Lo que hace el terapeuta: El terapeuta evidencia o identifica para el cliente la recompensa que le procura un determinado comportamiento.

Ejemplos

741. Bien, si entiendo el comportamiento que describe, parece que, cuando su hija trae a casa una buena calificación, le dice que puede hacerlo mejor y que, a su vez, ella le mira en busca de consuelo y ustedes dos pasan mucho tiempo reconfortándose el uno al otro por el hecho de que no recibió la nota más alta.
742. Así pues, cuando su esposa quiere mantener relaciones sexuales, usted le dice que es demasiado tarde y que, tal vez, al día siguiente estará menos cansado... Y entonces ella se siente muy mal.
743. Entonces, si lo he entendido bien, Ian, sabes que cuando golpeas a tu hermana, eso hará que tu madre y tu padre se enfaden contigo y que ambos se pongan de acuerdo para castigarte.
744. De manera que la recompensa que recibes por actuar en la escuela es conseguir la atención de tu abuelo, que es quien realmente se preocupa por ti, ¿no es cierto?
745. Muy bien, déjeme repetirle algo de lo que termino de escuchar para ver si lo he entendido bien. Siempre tiene que superar las historias que cuenta su marido en las cenas para que los demás la vean como superior a él. ¿Es eso cierto?
746. No estoy seguro de que esto tenga sentido. Acaba de decir que la razón por la que lo hace es para enfadarlo y que él le muestre su amor. ¿Lo he entendido bien?
747. ¿Y con qué frecuencia saca a relucir el hecho de que ella le fue infiel? Cada vez que lo hace, ella demuestra mucho arrepentimiento y culpa, ¿verdad? ¿Cuándo será suficiente?
748. Le escucho decir que se siente bien al menospreciar a otras personas para quedar por encima de ellas.
749. No estoy seguro de que esto tenga sentido, pero tengo la sensación de que parte de la recompensa por hacerlo es sentirse más fuerte que los que le rodean. ¿Es eso correcto?

Nivel de habilidad

Además de la comprensión básica de las habilidades y técnicas utilizadas, debemos tener en cuenta la comprensión del nivel de perspicacia imprescindible para incorporar de manera efectiva y hábil cada técnica concreta. Los autores proporcionamos la siguiente tabla como punto de partida para la consideración y el debate reflexivo. El "nivel" identificado se basa en diferentes criterios, entre ellos la profundidad de los conocimientos necesarios para utilizar con éxito la técnica, el grado de seguimiento adecuado después de empezar a aplicarla y la profundidad potencial que el uso satisfactorio de dicha técnica tiene en el cliente.

Básico	Moderado	Avanzado
	Confrontar Observar Confirmar	
		Interrumpir Escupir en la sopa del cliente

Detenerse a reflexionar

El uso de reflexiones precisas y efectivas en el momento en que estamos con un cliente o un grupo de clientes requiere práctica y comprensión de las necesidades de cada persona. Detengámonos ahora unos momentos a reflexionar sobre cuál de estas técnicas nos resulta más natural y cuáles parecen entrañar más dificultades para nosotros en nuestro trabajo actual o futuro. Anotamos las respuestas en las siguientes líneas.

Creo que, en la actualidad, soy bastante efectivo en el uso de la(s) siguiente(s) técnica(s):

¿Cómo me he formado en estas áreas técnicas?

Creo que, en la actualidad, me esfuerzo en aplicar de manera efectiva la(s) siguiente(s) técnica(s):

¿Cuáles son los medios que me permitirán adquirir más pericia en estas áreas?

Conclusión

La terapia es un proceso altamente interactivo en el que el feedback se mueve del terapeuta al cliente y viceversa. Y, en TODOS los casos, se cometen errores. No existe una sesión de counseling perfecta. Por eso, debemos tener sumo cuidado al utilizar habilidades y técnicas que nos permitan sostener el espejo en el que se mire el cliente y ayudarlo a percibir las imprecisiones o errores en su historia. Hemos constatado que los enfoques de confrontación son muy útiles con algunos clientes. Pero debemos respetar plenamente el poder de sentarse frente a alguien muy vulnerable a la hora de narrar su historia. Por lo tanto, alentamos a los terapeutas a practicar estas técnicas con amabilidad y prestando siempre mucha atención al efecto que tienen en el cliente.

Ejercicios prácticos

Escriba su respuesta, etiquete la habilidad o habilidades utilizadas y luego indique su propósito al decir lo que dijo.

Cliente: Intento permanecer callado en clase, pero cincuenta minutos es mucho tiempo. A veces, tengo que levantarme y moverme.

Respuesta 1

Cliente: Excepto por la pelea que tuvimos la semana pasada, las cosas han estado mejor en casa. Los niños han realizado sus tareas, y Mary y yo nos hemos llevado muy bien.

Respuesta 2

Cliente: Es hermosa, inteligente y muy divertida. Solo desearía tener las agallas suficientes como para hablar con ella. Me pongo tan nervioso cuando estoy a su lado.

Respuesta 3

Cliente: La cuestión es que creo que la señora Jones odia a los nativos americanos. Nos trata como si siempre estuviéramos equivocados.

Respuesta 4

Cliente: Sí, esa fue la tercera vez que conduje borracha. Entonces dijeron que necesitaba terapia. Así pues, se supone que debemos hablar sobre mi manera de beber. Pero, en realidad, tan solo ha sido por mi mala suerte que he tenido esos incidentes relacionados con el alcohol. El primero fue después de una boda, el segundo ocurrió cuando tomé un par de copas en la cena con mi marido, y el último tuvo lugar después de pasar una noche de fiesta con mis amigas.

Respuesta 5

---

8 La línea de suministro

Los niños de tercer curso necesitan material escolar de tercer curso. El ejército necesita vehículos militares. Incluso los monjes que viven en las montañas del Tíbet necesitan ciertos suministros para mantener su forma de vida. De igual modo, el proceso de terapia requiere, en ocasiones, que el terapeuta proporcione información y comentarios al cliente. Si se hace de forma eficaz, los datos suministran una valiosa información al cliente. Sin embargo, cuando se hace mal, los clientes suelen reaccionar de dos maneras: el cliente piensa que (1) el terapeuta está aquí para responder a sus preguntas o (2) el terapeuta no entiende realmente lo que sucede en ese momento.

En efecto, hay una línea muy fina entre ayudar al cliente a obtener y usar la información pertinente que propicie un cambio de comportamiento efectivo y sano, o bien presentar posturas dibujadas y teñidas principalmente desde el punto de vista del terapeuta. La auténtica terapia debe ser vista como una situación muy valiosa y privada que propicia un ambiente totalmente seguro para el cliente en el que, con la ayuda experta del terapeuta, es capaz de trabajar en sus problemas personales y concebir los pasos que conduzcan a un cambio de comportamiento más positivo y eficaz. Los terapeutas no son cirujanos armados con bisturís listos para extirpar lo que funciona "mal" en el cliente.

Nuestra experiencia se basa en crear y desarrollar con el cliente las circunstancias correctas en las que ocurra el cambio. Cuando las técnicas de este capítulo se aplican bien, son de ayuda en este proceso. Pero, si se ponen en práctica de manera ineficaz, impiden el progreso del cliente y/o solo imponen nuestra agenda personal.

Afirmar

Abordaje en consonancia con: Habilidad universal

Propósito: Fomentar la autodeterminación y la comprensión personal.

Lo que hace el terapeuta: El terapeuta amplifica el intento que el cliente hace para comprender su propia visión particular de la situación. El terapeuta utiliza esta habilidad para resaltar los puntos fuertes y la comprensión positiva del cliente.

Ejemplos

750. Me resulta muy útil escuchar eso.
751. De hecho, siento que le entiendo mucho mejor ahora.
752. Parece que es consciente de que hay un conjunto de grandes factores que promueven sus cambios positivos.
753. Parece que está adquiriendo un mayor control sobre el problema.
754. Suena como si tuviera una nueva visión acerca de cómo cambiar su situación.
755. Si he escuchado bien, tiene más control sobre el modo de responder a otras personas en esa situación.
756. Déjeme ver si lo he entendido bien... Ahora es más consciente de los cambios que debe hacer para ser más feliz.
757. Así pues, en términos generales, tiene mucha más orientación en su vida que hace unas semanas.
758. Tiene sentido que, en este momento, se ponga en contacto con ese aspecto de su vida.
759. Ha recorrido un largo camino desde que empezamos a vernos. Realmente ha trabajado muy duro para entender el problema, y parece que tiene una mejor idea de cómo superar ese obstáculo.
760. Lo que deduzco, basándome en lo que termina de decir, es que ha llegado a una mejor comprensión de la vida en general y de usted mismo en particular.
761. Suena como si realmente estuviera descubriendo el sentido de la vida ahora mismo.
762. Si entiendo lo que me dice, ahora disfruta mucho más de la vida y conecta mejor con los demás.
763. Escucharle decir que las cosas han mejorado en su vida me recuerda el poder que tiene cada persona para superar las dificultades que se le presentan.

Proporcionar feedback

Abordaje en consonancia con: Habilidad universal

Propósito: Conseguir que el cliente comprenda mejor de qué manera es percibido por los demás. Esta habilidad también se utiliza para ayudar al terapeuta a aclarar lo que experimenta en la relación terapéutica.

Lo que hace el terapeuta: El terapeuta le dice al cliente lo que experimenta durante la sesión con respecto a los comportamientos, sentimientos, actitudes o declaraciones del cliente.

Ejemplos

764. Acabo de advertir que relajaba los músculos de su mandíbula cuando hablaba de esa experiencia.
765. Usted y yo hemos estado, durante unos minutos, sentados aquí en silencio después de lo que ha dicho... He notado que tenemos problemas para volver a empezar.
766. Esta semana me parece muy distinta... En el pasado, hemos tenido problemas para empezar la sesión y, sin embargo, esta semana ya hemos tratado varios temas clave para usted.
767. Ha dicho que quería que le proporcionase algún feedback sobre cómo le está yendo ahora. Siento que está enfadado conmigo por decir eso.
768. Debo compartir con usted que, ahora mismo, no estoy seguro de lo que estamos hablando. Parece que hemos decidido hablar de otra cosa que no sea el tema que nos ocupa.
769. Me gustaría solicitar su permiso para darle una respuesta directa en este momento. ¿De acuerdo? Bien, entonces quiero que sepa que cuando le escucho decir cuánto le duele y veo la expresión en su rostro de dolor y angustia, realmente obtengo una poderosa sensación de lo profundamente que esto le afecta.
770. Cuando dice que, en realidad, no importa lo que suceda, lo experimento como una sugerencia de que lo que hacemos juntos aquí no es relevante para usted, que de hecho no es importante.
771. Me ha pedido algunos comentarios sobre su progreso en la terapia. Quiero que sepa que me ha impresionado su deseo de seguir creciendo y desarrollándose, así como la agilidad y asertividad que demuestra a la hora de satisfacer sus necesidades.

Inmediatez

Abordaje en consonancia con: Habilidad universal

Propósito: Proporcionar al cliente feedback sobre cuál es, durante la sesión, la experiencia que el terapeuta obtiene del cliente o de la historia del cliente. Este feedback y la consiguiente respuesta del terapeuta no deben estar anclados en el material previo, sino en el momento presente.

Lo que hace el terapeuta: El terapeuta declara algo que refleja su propia reacción a algo ocurrido en ese momento de la sesión.

Ejemplos

772. Cuando le escucho decir eso, siento que le entiendo mejor.
773. Mientras estamos aquí sentados, soy consciente de su creciente frustración y, por otro lado, yo también me siento frustrado.
774. Cuanto más feliz parece, más alegría y emoción experimento.
775. Aquí y ahora, tenemos dificultades para comunicarnos.
776. Tiene mucho sentido que informe que no está seguro de eso. Yo también estoy bastante confundido acerca de ese escenario. De hecho, estoy un poco confundido sobre esta sesión en este momento.
777. Mientras hablaba, mi reacción era la de un niño que escucha a un padre sermoneándole acerca de lo que está bien y lo que está mal.
778. Experimento que está enfadado ahora mismo. ¿Es eso cierto?
779. Cuando dice que se siente feliz con eso, no puedo evitar sentirme feliz por usted también, por todo el trabajo y el esfuerzo que ha invertido en ello.
780. Ha señalado que la gente piensa que es alguien distante. Ahora mismo experimento que es muy sincero y nada distante.
781. Mientras llora sentada en mi despacho, debo compartir con usted que tengo una sensación de pérdida por no haber conocido nunca a su marido. Parece que era un hombre maravilloso.
782. Experimento una enorme incomodidad por la dirección que ha tomado la conversación. Siento como si ambos hubiésemos decidido eludir el tema principal.
783. Me da la impresión de que, ahora mismo, se siente bien con la dirección en la que se mueve su vida. Yo también me siento bien con eso.
784. Al comenzar esta semana, quiero que sepa que me siento muy contento de ver el buen humor que manifiesta.

Proporcionar información

Abordaje en consonancia con: Habilidad universal

Propósito: Proporcionar, durante la sesión, datos basados en los hechos. Esta técnica se utiliza cuando el terapeuta tiene conocimiento sobre un tema e información pertinente para compartir.

Lo que hace el terapeuta: El terapeuta suministra una declaración directa de los hechos.

Ejemplos

785. A la mayoría de los estudiantes les cuesta un mínimo de cuatro años completar la universidad.
786. Hay miles de carreras universitarias para elegir.
787. La mayoría de las personas que cometen suicidio han tenido algún intento previo.
788. Algunos estudios muestran que la cantidad de luz solar que recibimos afecta a la química de nuestro cerebro.
789. Hay medicamentos que se utilizan tanto para la ansiedad como para la depresión.
790. La política académica es que, después de diez clases perdidas, el estudiante debe presentar por escrito un plan de asistencia antes de retomar las clases.
791. En general, en las sociedades occidentales, la gente cambia de profesión por lo menos siete veces durante su vida.
792. La mayoría de los alojamientos para personas con discapacidad no cuestan demasiado.
793. Su seguro solo pagará las cuatro primeras sesiones.
794. Como terapeuta escolar certificado, he recibido entrenamiento especializado en el trabajo con estudiantes.
795. Los cursos de la universidad están numerados para identificar el nivel del estudiante que debe asistir a cada curso. Cuanto más alta sea la primera cifra, más avanzado es el curso.
796. Si decidieses acudir a tutoría este semestre, gastarías medio crédito y no podrías graduarte dentro de dos años. Puedes compensarlo en la escuela de verano o asistiendo a más cursos de inglés durante el próximo otoño.

797. Este inventario de intereses se ha empleado durante más de treinta años para ayudar a los clientes a determinar sus intereses en el mundo laboral.
798. Cada año mueren menos personas por mordeduras de serpiente de cascabel que por rayos.

Autodivulgación

Abordaje en consonancia con: Habilidad universal

Propósito: Suministrar al cliente información acerca del terapeuta. Cuando este comunique algún elemento personal, el objetivo es establecer una mayor compenetración, humanizar la experiencia del cliente, o promover más comprensión y aprendizaje por parte de este. Las revelaciones personales no deben cambiar la dirección de la sesión para que esta recaiga sobre el terapeuta, en lugar de hacerlo en el cliente.

Lo que hace el terapeuta: El terapeuta formula una declaración referente a un elemento de su pasado que está en consonancia con lo que se habla durante la sesión.

Ejemplos

799. Yo también he sufrido una gran pérdida.
800. Siempre he tenido el deseo de ser atleta profesional.
801. También tengo dificultades para llorar en público.
802. Cuando mencionaste que te sentías feliz por haber sacado buenas notas este trimestre, recordé cómo fue la primera y única vez que estuve en la lista de honor.
803. Has dicho que te sientes mal por lo que hiciste. Yo también he tenido momentos en los que hice cosas de las que no estaba orgulloso.
804. Yo también me siento inseguro acerca de qué hacer a continuación.
805. También tengo dificultades en los grupos grandes. Parece un poco incómodo al principio.
806. Soy diferente por haberle conocido. Me siento más en contacto con mis propios sentimientos.
807. Mi familia de origen también tiene un historial con el alcohol.
808. He trabajado con diferentes clientes que me han contado que están deprimidos.
809. Yo también sé lo que es sufrir una gran pérdida en la vida. Mi madre falleció cuando yo era muy joven.
810. Al igual que usted, y que muchas otras personas, me cuesta descubrir quién soy y de qué va el mundo que me rodea.
811. En mi vida, siempre he tenido el deseo de ser algo importante con la ayuda a los demás.
812. Tengo una nieta llamada Meghan.
813. Parece que le interesa conocer cosas sobre mí. Estoy de acuerdo en compartir algunas, pero siento que debemos centrarnos en el motivo por el que está aquí. En respuesta a su pregunta, sí, estoy casada y no tengo hijos.

Sentimientos del terapeuta

Abordaje en consonancia con: Terapia de juego

Propósito: Compartir los sentimientos y reacciones actuales del terapeuta a las acciones y el juego del niño. Se utiliza una combinación de los sentimientos de este, el contenido del juego del niño y el contenido del juego del terapeuta para ofrecer al niño un relato pormenorizado de la sesión.

Lo que hace el terapeuta: El terapeuta comparte sus sentimientos mediante declaraciones directas y sucintas.

Ejemplos

814. Estoy contento de verte hoy.
815. Ahora mismo tengo frío.
816. Me alegro de que hayas decidido dejarme jugar contigo.
817. No estoy seguro de lo que quieres que sea, el tigre o el oso.
818. Es muy emocionante para mí charlar contigo.
819. Disfruto mucho jugando con este arenero.
820. Yo también me siento un poco inseguro sobre tu familia.
821. También me siento confundido sobre lo que hacemos con estos juguetes.
822. Me molesta que la gente extienda el brazo y agarre el juguete con el que juego.
823. Me alegro por ti de que hayas decidido hablar conmigo sobre esto.
824. Tengo la sensación de que las cosas mejorarán para ti y tu familia.
825. Me entristece que los padres se peleen.
826. Me siento fuerte cuando levanto cosas así de grandes.
827. Me gusta jugar con la pintura.
828. Me gusta jugar con los coches.
829. Me gusta sentir la arena entre mis manos.
830. No me gusta cómo suena ese juguete.
831. Me divierte mucho jugar con plastilina.
832. Ahora mismo me siento cansado.
833. Mientras estamos jugando ahora, me siento frustrado por estas imágenes.
834. Tengo problemas para recortar la línea. Me enfada.
835. Estoy feliz.
836. Me siento triste.
837. Estoy entusiasmado.

Contenido del juego del terapeuta

Abordaje en consonancia con: Terapia de juego

Propósito: Tornar evidente lo que hace el terapeuta mientras juega con el niño. Se aplica conjuntamente con los sentimientos del terapeuta, el contenido del juego del niño y los sentimientos de este.

Lo que hace el terapeuta: El terapeuta formula afirmaciones directas sobre lo que hace en relación con el juego con el niño.

Ejemplos

838. Estoy haciendo un pastel.
839. Te ayudo a dibujar.
840. Estoy sentado esperando tu próxima orden.
841. Estoy mezclando la pintura.
842. He terminado de modelar los animales con arcilla.
843. Recojo los juguetes.
844. Saco los juguetes de la caja.
845. Hablo por teléfono con un juguete que está en otro lado.
846. Imito sonidos de animales.
847. Coloco los lápices de colores de nuevo en la caja.
848. Abro la caja.
849. Golpeo el tambor.
850. Estoy de pie.
851. Me he movido para jugar con este juguete.
852. Levanto la tapa.
853. Contesto al teléfono.
854. Hago una foto de mi familia.
855. Muevo el peluche.
856. Escribo algo.
857. Voy hacia la bandeja de arena.
858. Hablo por teléfono.
859. Junto los peluches.
860. Te veo jugar con esas cosas.
861. Arreglo este juguete.
862. Estoy horneando.
863. Ahora busco un nuevo juguete.
864. Mis manos tratan de dar forma a esta arcilla.
865. Estoy sentado en mi silla haciendo un dibujo de la habitación.
866. Bien, ahora te ayudo a montarlo.

Nivel de habilidad

Además de la comprensión básica de las habilidades y técnicas utilizadas, debemos tener en cuenta la comprensión del nivel de perspicacia imprescindible para incorporar de manera efectiva y hábil cada técnica concreta. Los autores proporcionamos la siguiente tabla como punto de partida para la consideración y el debate reflexivo. El "nivel" identificado se basa en diferentes criterios, entre ellos la profundidad de los conocimientos necesarios para utilizar con éxito la técnica, el grado de seguimiento adecuado después de empezar a aplicarla y la profundidad potencial que el uso satisfactorio de dicha técnica tiene en el cliente.

Básico	Moderado	Avanzado
	Afirmar Proporcionar feedback Inmediatez	
Proporcionar información		
		Autodivulgación
Sentimientos del terapeuta Contenido del juego del terapeuta		

Detenerse a reflexionar

El uso de reflexiones precisas y efectivas en el momento en que estamos con un cliente o un grupo de clientes requiere práctica y comprensión de las necesidades de cada persona. Detengámonos ahora unos momentos a reflexionar sobre cuál de estas técnicas nos resulta más natural y cuáles parecen entrañar más dificultades para nosotros en nuestro trabajo actual o futuro. Anotamos las respuestas en las siguientes líneas.

Creo que, en la actualidad, soy bastante efectivo en el uso de la(s) siguiente(s) técnica(s):

____

____

¿Cómo me he formado en estas áreas técnicas?

____

____

Creo que, en la actualidad, me esfuerzo en aplicar de manera efectiva la(s) siguiente(s) técnica(s):

____

____

¿Cuáles son los medios que me permitirán adquirir más pericia en estas áreas?

____

____

Conclusión

Proporcionar un feedback claro y nítido al cliente es absolutamente vital para el counseling efectivo. Sin embargo, prácticamente todos los terapeutas, en algún momento de su trabajo, cruzan la línea que separa el hecho de "facilitar" de manera eficaz o meramente "hablar". Cuando ocurre algo poco común, "hablar" puede no ser causa de gran alarma, pero exagerar la práctica limita severamente la efectividad general del terapeuta.

Por supuesto, hay algunos ejemplos realmente buenos de información que es posible suministrar a los clientes en relación con cuestiones como las funciones cerebrales, los diagnósticos, la información concerniente al mercado laboral y similares. Tanto si el material suministrado es para normalizar algo como para ofrecer información que el consejero posee y con la que no cuenta el cliente, estas técnicas ofrecen una gran oportunidad para mejorar la terapia.

Por último, algunas de las técnicas contenidas en este capítulo también brindan la oportunidad de evaluar y discutir mejor el momento actual con el cliente. Estas técnicas son de gran valor cuando se utiliza de manera adecuada dentro de la sesión.

Ejercicios prácticos

Escribimos nuestra respuesta, etiquetamos la habilidad o habilidades utilizadas y luego indicamos cuál era nuestro propósito al decir lo que dijimos.

Cliente: Supongo que recibió mi mensaje de que me declaré en bancarrota el martes pasado. De hecho, siento que le he fallado a mi familia y a mis empleados.

Respuesta 1

Cliente: Hemos estado hablando de mantener relaciones sexuales, pero no sé si estoy lista todavía.

Respuesta 2

Cliente: Cuando era niño, tenía miedo de los sitios oscuros. Anoche tuve un sueño en el que estaba perdido en la oscuridad. Me desperté muy asustada y se lo dije a mi marido. Se dio la vuelta y me dijo que volviera a dormir. En realidad, quería que me abrazase.

Respuesta 3

Cliente: De hecho, siento que me está sirviendo mucho al venir aquí.

Respuesta 4

Cliente: Ciertamente no sé de qué hablar. ¿Cómo empezamos?

Respuesta 5

---

9 Acciones del terapeuta

Aunque esté completamente comprometido en ayudar al cliente a desarrollar la comprensión acerca de sus comportamientos, el terapeuta debe tomar decisiones deliberadas con respecto a cómo se desarrolla el proceso individual o grupal. Al efectuar esas evaluaciones, el terapeuta puede actuar de manera intencional para cambiar el enfoque de la sesión de un tema a otro, o, en el trabajo grupal, de un miembro a otro del grupo. La sensibilidad y la experiencia son, en este caso, ventajas a tener en cuenta.

La comprensión de dónde nos hallamos como terapeutas en relación con el proceso terapéutico es indisociable de estas elecciones. Los terapeutas principiantes en ocasiones tienen problemas con las técnicas recogidas en los primeros capítulos de este libro y para percibir que tienen que posicionarse de una manera muy propositiva a la hora de efectuar cambios positivos. Estas técnicas ofrecen apoyo e ideas de cómo uno mismo debe imbricarse mejor en el proceso.

Mantener el enfoque

Abordaje en consonancia con: Habilidad universal

Propósito: Mantener deliberadamente el diálogo acerca de un tema específico.

Lo que hace el terapeuta: El terapeuta trabaja para evitar que el cliente o clientes se desvíen del tema y cambien a otro asunto. Se le pide al cliente que se mantenga centrado en el tema en cuestión.

Ejemplos

867. Quisiera volver a lo que estábamos hablando. ¿Puede contarme más cosas sobre la situación?
868. Parece como si quisiera cambiar de tema, pero me gustaría escuchar algo más sobre la razón por la que ha acudido a terapia, para gestionar mejor cómo ayudarle.
869. Bien, recapitulando durante unos momentos, ¿cuál ha sido su motivación para reescribir el testamento?
870. Parece que este tema le suscita una poderosa reacción, pero quiero insistir en ello un poco más.
871. He percibido que, cada vez que empezamos a hablar de tus problemas con los profesores, haces una broma y empiezas a hablar de otra cosa. Me gustaría que nos centrásemos en los problemas que tienes con los profesores.
872. Volviendo a donde estábamos hace un momento, ha mencionado el "dolor". ¿Puede hablarme más al respecto?
873. Soy consciente de que, en ocasiones, los clientes eluden temas especialmente problemáticos. Creo que usted hace precisamente eso. ¿Cómo puedo conseguir que volvamos al tema?
874. El grupo ha evitado compartir las conexiones que sentimos entre nosotros. ¿Alguien tiene una hipótesis o explicación de por qué hacemos eso?
875. Cada vez que, en este grupo, abordamos la cuestión de la pérdida, cambiamos rápidamente de tema. Hablemos unos minutos sobre la pérdida sin cambiar de tema.
876. Es indudable que ustedes son una familia con fuertes vínculos. Me he dado cuenta de que, cuando empezamos a hablar de cómo tendrían que cambiar los demás si Alexa decidiese empezar a ir a la escuela con regularidad, el tema ha cambiado rápidamente a los deportes. ¿Podemos recapitular para abordar los cambios que serán necesarios para que la familia ayude a Alexa a cumplir su objetivo?

Sonsacar

Abordaje en consonancia con: Terapia de grupo, terapia familiar

Propósito: Incorporar a los miembros silenciosos o callados del grupo para que suministren más información para que el grupo la escuche.

Lo que hace el terapeuta: El terapeuta pide a los miembros silenciosos o callados que hablen con todo el grupo o con algunos de sus miembros acerca de lo que piensan.

Ejemplos

877. Tariq, me gustaría escuchar lo que ha estado pensando durante los últimos minutos.
878. Chonca, ha estado muy callada esta semana. Sería útil que compartiera con el grupo algún pensamiento referente a esta sesión.
879. Moisés, he advertido que, cuando Daisy ha empezado a hablar hace media hora, se ha callado completamente. ¿Hay algo que quiera compartir con el grupo ahora mismo sobre lo que experimenta?
880. Darin, quiero que elija a la persona con la que se sienta más cómodo ahora mismo y le diga algo.
881. Soy consciente de lo tranquilo que ha estado durante las últimas semanas. Creo que ese silencio ha tenido un efecto en el grupo. Podría ayudarnos a todos saber qué significa ese silencio para usted.
882. He hablado mucho durante esta semana... Y también lo han hecho Aaron y Tom. Me pregunto, Michelle, si en este momento usted añadiese algo a lo que hemos dicho, ¿qué sería?
883. En este momento, tenemos que oír a otros miembros del grupo... Mike, Kim y Steve han estado dirigiendo el debate, ¿qué tal escuchar a otra persona?
884. Carl ha hablado mucho anteriormente. Me pregunto qué ha ocurrido que le ha impedido hablar en este momento. ¿Qué cosas le gustaría compartir con el grupo ahora mismo?
885. Lo he visto reaccionar a lo que ella ha dicho. ¿Puede verbalizar lo que siente en este momento?
886. He disfrutado mucho del grupo durante esta semana, pero me preocupa que no haya dicho nada, Lee. ¿Qué le gustaría decir a los demás miembros del grupo?

Unirse

Abordaje en consonancia con: Terapia de familia

Propósito: Unirse al cliente o grupo de clientes en un intento de formar un "equipo" para superar el problema. En la terapia individual, esto es similar al desarrollo de una relación. En la terapia de pareja o familiar, el terapeuta tiene la opción de unirse a uno de los miembros, a varios miembros de la familia, o a todo el conjunto.

Lo que hace el terapeuta: El terapeuta formula una declaración o una pregunta que indica al cliente que está de acuerdo con él.

Ejemplos

887. Usted y yo hemos trabajado en este problema durante un par de sesiones. ¿Qué hemos hecho, hasta ahora, para ayudarle a superarlo?
888. No estoy seguro de lo que quiere decir, Winston. Angela parece ser la que tiene problemas para superar la pérdida. Creo que lo está llevando muy bien.
889. Bien, mientras veo a ambos discutir este asunto, soy cada vez más consciente de cuál es la situación. Parece que usted, Ryan, tiene bastantes problemas para perdonar a Ian por lo que hizo.
890. Así pues, parte de la familia quiere tratar este asunto reuniéndose como lo hemos hecho cada semana. A otra parte de la familia le gustaría gestionarlo abandonando la terapia. Estoy de acuerdo con Andy, quien ha señalado que las cosas han empezado a mejorar como resultado del trabajo que hemos hecho aquí.
891. Es evidente para mí que cuando dice que, en el periodo que hemos pasado juntos, "nosotros" hemos hecho varias cosas que han funcionado y que formamos un buen equipo contra la depresión.
892. Matt, ¿qué podemos hacer usted y yo esta semana para ayudarle a controlar mejor su miedo a hablar en público?
893. ¿Qué podemos hacer esta semana, como equipo, para ayudarle a sobrellevar la pérdida?
894. ¿Qué hemos hecho, en nuestro tiempo juntos, que sea efectivo o útil para combatir esos pensamientos problemáticos?
895. Si entiendo a la familia en este momento, todos están de acuerdo en que Alvin necesita ser curado. ¿Cómo podemos hacerlo sin alterar el sistema familiar?
896. Ahora mismo tengo la sensación de que trabajamos juntos como equipo para vencer este problema.

Proteger

Abordaje en consonancia con: Terapia de grupo

Propósito: Mantener a los miembros del grupo a salvo del daño procedente de los demás miembros o de la excesiva información o el feedback proporcionado con demasiada rapidez.

Lo que hace el terapeuta: El terapeuta mantiene la seguridad del cliente desviando la atención, cambiando de tema, reenfocando la atención del grupo, o sacando al cliente de la situación problemática.

Ejemplos

897. Marcia, ha escuchado mucha información novedosa durante los últimos minutos; quiero asegurarme de que no la sobrecargamos, así que voy a cambiar el enfoque ahora mismo.
898. Parece que Chris ya ha escuchado suficiente por ahora. ¿En qué otra cosa podemos centrarnos en este momento?
899. No estoy seguro de que Sue necesite ahora más información referente a este tema.
900. Mary Jane, parece que ya ha tenido suficiente por ahora... ¿no es cierto?
901. Lisa, estoy seguro de que podemos proseguir esta conversación, pero me parece que Linda ya ha tenido bastante.
902. ¿Estoy en lo cierto, Julius, al pensar que, ahora mismo, queremos cambiar de tema?
903. En este momento, siento la necesidad de que el grupo se mueva en una dirección ligeramente distinta.
904. Es mucha la información que acabamos de proporcionarle a Nick. Permitámosle ahora asimilarlo todo y moverse en otra dirección.
905. Anne, usted está muy molesta en este momento y parece que responsabiliza de buena parte de la culpa y la ira que siente a varios miembros del grupo. Creo que el grupo necesita tomarse un descanso para recuperarse.
906. Si le golpea, será expulsado del grupo.
907. En este momento, parece que tenemos un láser enfocado en Mirian. Parte de mi trabajo es asegurarme de que ningún miembro del grupo salga lastimado de aquí debido al exceso de confrontación. Recapitulemos y reenfoquemos al grupo para hablar de la interacción entre Kareem y Jean-Marie.
908. Mi experiencia es que el grupo no es seguro ahora. La causa es que percibo cuánto feedback directo le estamos dando a Austin. Cambiemos de marcha y reduzcamos un poco la velocidad.

Desequilibrar

Abordaje en consonancia con: Terapia de familia

Propósito: Interrumpir el funcionamiento de la familia y hacerle cambiar a una nueva manera de funcionar.

Lo que hace el terapeuta: El terapeuta se alinea con un subsistema en detrimento de otro. El terapeuta puede mostrar su acuerdo con un individuo o un pequeño grupo.

Ejemplos

909. Así pues, mientras los observo, no deja de sorprenderme lo fuertes que ambos grupos se sienten sobre esta cuestión. Tiendo a estar de acuerdo con este grupo en que hay esperanza para el futuro.
910. Billy, Brad y Sterling parecen estar interesados en que siga lo que dicen sobre las reuniones familiares. Sin embargo, tiendo a estar de acuerdo contigo. Tal vez ahora no sea el mejor momento para asumir esa postura.
911. Parece que tenemos dos corrientes de pensamiento divergentes en cuanto a cómo mejorar el grupo. Una de ellas aboga por enfocarse más en los temas del presente, la otra dice que hay que dedicar más tiempo a escuchar historias individuales del pasado. Me posiciono con quienes están interesados en enfocarse en los temas del presente.
912. Si les interesa lo que pienso, creo que la familia debería programar una gran reunión para este fin de semana.
913. Debe ser muy difícil estar siempre excluido de las decisiones del grupo, sobre todo cuando se tiene una visión muy positiva y se aportan hechos que merecen ser considerados por el resto de las personas.
914. Tiene sentido para mí que la familia esté polarizada en torno a este tema. Puedo entender lo que dice esta parte, pero me encuentro mucho más alineado con esta otra parte en este asunto en particular.
915. Así pues, tenemos tres grupos distintos con ideas diferentes sobre cómo ayudar a la familia a funcionar mejor cada mañana. Una idea es asignar los horarios del baño, otra idea es utilizar el método de "el primero que llega es el que lo utiliza", y luego Jake tiene una tercera idea de que la familia debe ponerse de acuerdo para decidir quién necesita ir en primer lugar, en segundo lugar y así sucesivamente. Estoy de acuerdo con Jake en este tema.
916. Vaya, parece que el resto de la familia se queja del modo en que lo gestionaste en la escuela. Debe resultarte muy difícil cuando hacen eso y me parece injusto.

Cambiar el foco

Abordaje en consonancia con: Habilidad universal

Propósito: Cambiar el tema hacia una dirección que sea más productiva o terapéutica para el cliente. Se utiliza cuando el cliente parece estar divagando o evitando algo.

Lo que hace el terapeuta: El terapeuta utiliza la comunicación verbal y/o no verbal para conseguir que el cliente cambie de un tema a otro.

Ejemplos

917. Recapacitando, ¿has dicho hace un rato que tu madre iba a venir a la ciudad?
918. Espere un momento, creo que nos hemos saltado algún detalle. Ha mencionado que pensaba que perdería el trabajo en unas semanas... Y luego se ha puesto a hablar sobre la gestión del tiempo. ¿Podríamos volver ahora al tema de la pérdida del trabajo?
919. De acuerdo, ahora mismo me ha proporcionado mucha información. Volvamos atrás y hablemos de lo que le ha traído aquí, es decir, su preocupación por los hábitos alimenticios.
920. Entonces, ¿cómo se relaciona eso con su objetivo de ser más independiente?
921. He escuchado lo que termina de decir sobre pasarlo bien durante las vacaciones, pero tengo curiosidad por saber cómo se relaciona eso con la gestión de la ira.
922. En el tiempo que nos queda hoy, quiero centrarme en su deseo de que su familia funcione de manera más pacífica.
923. Obviamente, está teniendo una fuerte reacción emocional a lo que hemos hablado. Quiero cambiar de marcha durante unos minutos y preguntarle qué piensa sobre el asunto. Desde una posición más neutral, ¿cómo ve la relación?
924. Hoy, hemos hablado de muchas cosas. ¿Pero de qué quiere hablar de manera más específica en relación con este tema?
925. Ustedes dos han expresado lo interesante que les resulta observar a la gente en el metro. Estoy de acuerdo en que es interesante, pero me pregunto si nos estamos alejando del tema que los ha traído hasta aquí, esto es, la falta de sexo en el matrimonio, porque de alguna manera nos acercamos mucho a algo que es doloroso.

Nivel de habilidad

Además de la comprensión básica de las habilidades y técnicas utilizadas, debemos tener en cuenta la comprensión del nivel de perspicacia imprescindible para incorporar de manera efectiva y hábil cada técnica concreta. Los autores proporcionamos la siguiente tabla como punto de partida para la consideración y el debate reflexivo. El "nivel" identificado se basa en diferentes criterios, entre ellos la profundidad de los conocimientos necesarios para utilizar con éxito la técnica, el grado de seguimiento adecuado después de empezar a aplicarla y la profundidad potencial que el uso satisfactorio de dicha técnica tiene en el cliente.

Básico	Moderado	Avanzado
	Mantener el enfoque Sonsacar	
		Unirse
	Proteger	
		Desequilibrar
	Cambiar el foco	

Detenerse a reflexionar

El uso de reflexiones precisas y efectivas en el momento en que estamos con un cliente o un grupo de clientes requiere práctica y comprensión de las necesidades de cada persona. Detengámonos ahora unos momentos a reflexionar sobre cuál de estas técnicas nos resulta más natural y cuáles parecen entrañar más dificultades para nosotros en nuestro trabajo actual o futuro. Anotamos las respuestas en las siguientes líneas.

Creo que, en la actualidad, soy bastante efectivo en el uso de la(s) siguiente(s) técnica(s):

¿Cómo me he formado en estas áreas técnicas?

Creo que, en la actualidad, me esfuerzo en aplicar de manera efectiva la(s) siguiente(s) técnica(s):

¿Cuáles son los medios que me permitirán adquirir más pericia en estas áreas?

Conclusión

Nuestro trabajo terapéutico incluye la responsabilidad de monitorear no solo al cliente sino también a nosotros mismos en relación con la terapia. Podemos apoyar y aumentar las necesidades de los individuos y los grupos a través de decisiones deliberadas sobre el modo en que se desarrolla la terapia. Las técnicas contenidas en este capítulo subrayan algunas de las principales formas en que podemos evaluar este tipo de cosas y luego llevarlas a cabo.

Ejercicios prácticos

Escribimos nuestra respuesta, etiquetamos la habilidad o habilidades utilizadas, y luego indicamos nuestro propósito al decir lo que hemos dicho.

Cliente: Hemos estado juntos durante dos años. Parece que deberíamos saber cómo interpretarnos el uno al otro, pero hay veces en las que parece que no estamos de acuerdo en nada.

Respuesta 1

Cliente: Sí, me va mejor con lo de no gritar en clase. Oiga, ¿vio el partido de anoche?

Respuesta 2

Cliente: No sé por qué tengo que venir aquí cada semana. Mi terapeuta original entendía mucho mejor lo que yo le decía y de qué debíamos hablar. Esto es una pérdida de tiempo.

Respuesta 3

Cliente: (una pareja hablando entre sí)

Amy: Siempre hace eso. Me hace sentir que no tengo nada de valor que decir y que estoy loca por querer trabajar en nuestra relación.

Todd: No, tú eres la que saca las cosas de quicio. Lo único que ocurre es que no creo que tengamos que hablar de todo.

Respuesta 4

Cliente: Me siento muy extraña hablando con alguien sobre esto. Nunca comparto cosas de ese estilo con ninguna persona.

Respuesta 5

---

10 Pura imaginación

Durante muchos años, los terapeutas han reconocido que la presencia y el poder de la imaginación y las imágenes mentales son muy útiles en lo que respecta a la salud mental y el equilibrio psicológico. Este capítulo incluye diferentes habilidades dedicadas a conseguir que los clientes aprovechen este valioso recurso personal.

Comprobar la cámara

Abordaje en consonancia con: Terapia cognitivo-conductual

Propósito: Conseguir que el cliente objetive el contenido de la sesión y, en lugar de centrarse en las emociones, haga evidentes los pensamientos que alberga.

Lo que hace el terapeuta: El terapeuta pide al cliente que visualice y describa lo que una cámara vería en ese momento de la sesión.

Ejemplos

926. ¿Qué captaría una cámara en este momento?
927. Si una cámara apuntase hacia nosotros, ¿qué imágenes tomaría?
928. Si fotografiásemos esta sesión, ¿cuál es el momento más memorable que recogería la cámara?
929. Si tuviéramos una foto de este momento de la sesión, ¿qué habría en la imagen?
930. ¿Cuál es la imagen de los últimos minutos que captaría una cámara?
931. Si tuviéramos una serie de fotos de esta sesión, ¿cuáles son las imágenes que veríamos en ellas?
932. ¿Cómo vería la persona detrás de la cámara lo que ha sucedido en los últimos minutos de esta sesión?
933. ¿Qué vería alguien que tomara una foto de su familia en ese momento? ¿Qué habría en la foto?
934. Cuando usted y su marido se pelean, ¿qué habría en la imagen si se tomara una foto en el fragor del momento?
935. Cuando se meten en problemas, ¿qué vería la cámara respecto a cómo lo gestionan? ¿Qué imagen se grabaría en ella?
936. Imaginemos durante unos instantes que una cámara captara toda esta discusión. Pero esta es una cámara especial, toma fotos y luego las junta en una imagen general. ¿Cuál sería la imagen general de esta sesión?
937. Nos hemos visto durante seis sesiones. Tengo curiosidad por saber cuál sería la diferencia si tomáramos fotos de la primera sesión y luego las comparásemos con lo que una cámara captaría ahora mismo.
938. ¿Cómo podría una cámara captar la diferencia entre cuando está deprimido y cuando se siente feliz, tal como ocurre ahora mismo?

Imáginación creativa

Abordaje en consonancia con: Terapia cognitivo-conductual

Propósito: Proporcionar un ejercicio de calentamiento para preparar a los clientes para futuras experiencias de psicodrama.

Lo que hace el terapeuta: El terapeuta solicita al cliente que visualice imágenes neutras o agradables como medio de promover un sentimiento creativo espontáneo.

Ejemplos

939. Ahora quiero que cierre los ojos e imagine un lugar cálido y seguro, un lugar al que le gustaría ir.
940. Imagine, durante unos momentos, un lugar que le gustaría visitar.
941. Piense, durante unos segundos, en el lugar que imagina cuando está relajado y fantasea con un sitio en el que nunca ha estado.
942. Diríjase mentalmente a un lugar donde no se lo juzgue o se espere que cumpla con determinados plazos... un lugar en el que pueda relajarse, disfrutar y sentirse acogido y seguro.
943. Al empezar hoy, quiero que dedique unos minutos a viajar a un lugar en su mente que no sea ni positivo ni negativo.
944. Centre sus pensamientos en un lugar neutral de su mente. ¿Qué es lo que ve, huele, siente, etcétera?
945. Dediquemos un tiempo a viajar a un lugar que le produzca un sentimiento positivo.
946. Cierre los ojos y diríjase mentalmente a un lugar feliz, cálido y seguro.
947. Cierre los ojos y vaya a un lugar neutro.
948. En los primeros minutos de la sesión de esta semana, quiero que dedique un tiempo a relajarse e ir a un lugar en su mente que sea cálido y seguro.
949. Quiero que cierre los ojos y encuentre su centro... Siéntase equilibrado y cómodo.
950. Antes de proseguir, quiero que relaje su mente viajando a un lugar positivo. Dedique unos momentos a encontrar, con el ojo de su mente, un lugar cálido, seguro, relajante y agradable.
951. Siéntese y relájese durante unos instantes y diríjase a un lugar que asocie con algo positivo.

Recuerdos tempranos

Abordaje en consonancia con: Psicología individual

Propósito: Escuchar acerca de las situaciones en la vida actual que tiene la persona, pero refiriéndose a eventos pasados.

Lo que hace el terapeuta: El terapeuta le pide al cliente que comparta algunos recuerdos de la infancia, antes de los seis o siete años. El terapeuta también puede programar o prescribir ciertas acciones, pensamientos o conductas, pidiendo al cliente que piense en ciertas situaciones que se produjeron durante su infancia. El terapeuta escucha atentamente los temas de los primeros recuerdos que revelan el lugar que el cliente siente que ocupa en la vida, así como sus sentimientos hacia sí mismo y hacia los demás.

Ejemplos

952. Piense en un momento anterior a los seis años. ¿Qué recuerdos tiene?
953. ¿Puede decirme algo que le haya sucedido, digamos, antes de los seis o siete años?
954. ¿Qué recuerdos tiene de su infancia...? Por ejemplo, antes de los seis años, cuando interactuaba con otras personas.
955. ¿Qué recuerdos tiene de su pasado cuando sentía que era responsable de todo lo que ocurría... digamos antes de los siete años?
956. ¿Puede proporcionarme varias imágenes o situaciones de su infancia que guarde en su mente?
957. Volviendo a su infancia, ¿cómo era su casa antes de que se mudara?
958. Ha comentado que sus padres se divorciaron cuando tenía ocho años. ¿Qué imágenes o recuerdos guarda en su mente anteriores a esa época?
959. Pensando en hace mucho tiempo... digamos, cuando tenía cinco o seis años, ¿qué imágenes o recuerdos acuden a su mente?
960. ¿Qué recuerdos tempranos tiene de su infancia?
961. Cuando era un niño, ¿alguna vez tuvo momentos en los que se sintió realmente conectado con los demás?
962. Hábleme durante unos instantes de cuando era un niño y pensaba que era útil a los demás.

Imaginación enfocada

Abordaje en consonancia con: Habilidad universal

Propósito: Ayudar al cliente a llevar a la acción sus ideas o pensamientos, de manera que el cliente no solo hable de hacer algo distinto, sino que imagine que ocurre.

Lo que hace el terapeuta: El terapeuta le pide al cliente que imagine que lleva a cabo un cambio de comportamiento y que lo ve suceder en el ojo de su mente. En el caso de que la técnica funcione, el terapeuta también puede pedirle que insista en visualizar dicho cambio.

Ejemplos

963. Bien, ahora hemos hablado de cómo sería tu vida si cambiase la manera de responder a tu madre en esos momentos. Quiero que ahora cierres los ojos e imagines la conversación que tendrías con ella. ¿Qué cambia cuando lo haces?
964. Así pues, quiere ser más asertivo en los momentos en que la gente le exige mucho en el trabajo. Imagine, durante unos instantes, que alguien le pide que haga algo que no entra en las funciones de su trabajo. ¿Cómo respondería de forma asertiva a esa petición?
965. Ha dicho que parecía funcionar bien cuando dedicaba unos minutos, al margen de la situación, a procesar sus propios pensamientos. Dedique unos minutos ahora mismo a imaginar que hace eso. ¿Cuál sería el resultado si decidiese hacerlo?
966. Louis, te he escuchado decir que querías hacer más de lo mismo en cuanto a mantener tu habitación limpia. ¿Cuáles serán las consecuencias, tanto positivas como negativas, si mantienes tu habitación limpia con regularidad? Cierra los ojos e imagina que sucede.
967. Hemos hablado de su deseo de ser menos crítico con los demás. Entonces, ahora mismo quiero que responda a algunas de mis declaraciones sin mostrarse crítico o sentencioso. Y tal como ha dicho, quiero que evidencie más empatía y comprensión hacia mi punto de vista.
968. Como hemos hablado, estoy impresionado por su deseo de llevar a cabo un cambio tan importante en su vida. Ahora quiero que imagine cómo será su mundo cuando lleve a cabo ese cambio. ¿Cómo responderán los demás?

Consecuencias lógicas

Abordaje en consonancia con: Habilidad universal

Propósito: Esta habilidad se aplica para proporcionar al cliente la oportunidad de explorar lo que ocurrirá, tanto bueno como malo, cuando cambie un determinado pensamiento o comportamiento.

Lo que hace el terapeuta: El terapeuta ayuda al cliente a evaluar los pros y contras de las acciones descritas.

Ejemplos

969. Si decide cambiar de esa manera, ¿cuáles son los cambios que percibirá la gente en usted?
970. ¿Cuáles son los aspectos negativos que conlleva afirmar su opinión?
971. Así pues, es lógico que, al cambiar su actitud, los que le rodean también cambien la suya.
972. ¿Qué grado de felicidad experimentará su familia al verle actuar de manera diferente en esas circunstancias?
973. ¿Cuáles son los pros y contras de ese cambio?
974. Si vuelve a cambiar, ¿cuáles serían los efectos negativos? ¿Y los positivos?
975. Ha pensado en las consecuencias de hacerlo. ¿Cuáles son algunas de esas consecuencias?
976. ¿Cómo se sentirán tus padres cuando te cambies de casa?
977. ¿Quién se sentirá más feliz por usted con este cambio? ¿A quién le molestará más?
978. A medida que empieza a actuar de manera distinta, ¿cuáles son los beneficios y los posibles problemas a largo plazo?
979. ¿Cuáles son, en el presente, los pros y contras de llevar a cabo este cambio?
980. Bien, hemos hablado de que le gustaría cambiar su vida. Ha dicho que quería ser más feliz y sentir menos estrés. Pero tengo una curiosidad... ¿cuál sería la consecuencia lógica si experimentase menos estrés en su vida?
981. En ocasiones, los cambios alteran todo el sistema familiar. Otros miembros de la familia no siempre son conscientes de por qué le gustaría comportarse de forma distinta. Hablemos un poco sobre lo que podría ser bueno o malo si decide insistir en este nuevo rumbo.

982. En ocasiones, es importante considerar qué efecto, si es que lo hay, tendremos en la gente que nos rodea cuando abandonamos un problema que hemos llevado con nosotros durante mucho tiempo. ¿Cuáles son los pros y contras de dejar atrás este problema y seguir adelante con su vida?

Relajación progresiva

Abordaje en consonancia con: Terapia cognitivo-conductual

Propósito: Enseñar al cliente una secuencia de pensamientos y comportamientos que susciten un estado de relajación en la mente y el cuerpo.

Lo que hace el terapeuta: El terapeuta guía al cliente mediante instrucciones tendentes a tensar y relajar músculos específicos. El signo "..." indica una pausa hasta que se produce la relajación de dicha zona.

Ejemplos

983. Sitúese en una posición relajada sin cruzar ningún miembro de su cuerpo... Separe las piernas... No cruce los dedos ni los brazos... Céntrese en la respiración... Preste atención la salida y entrada del aire... Controle por completo su respiración... Inspire... Ahora exhale...
984. Céntrese ahora en los dedos de los pies... Sienta la tensión en los dedos haciendo que estén tensos, duros y rígidos ... Relaje ahora los dedos... Haga que estén suaves, blandos y relajados.
985. Desplácese ahora a los pies. Sienta la tensión en los pies... Sienta que están tensos, duros y rígidos... Relaje ahora los pies... Haga que estén suaves, blandos y relajados. Sienta que sus pies están apretados, duros y tensos... Relaje ahora los pies y sienta que están flojos y cálidos.
986. Céntrese en su respiración y sienta el aire entrar y salir y que, con cada respiración, está más relajado y tranquilo.
987. Ahora céntrese en las pantorrillas... Sienta tensión en sus pantorrillas y que están apretadas, duras y tensas... Relaje ahora las pantorrillas... De nuevo haga que sus pantorrillas estén apretadas, duras y tensas... Relájelas de nuevo y sienta que están flojas, cálidas y relajadas.
988. De acuerdo, céntrese ahora en los muslos. Sienta tensión en ellos haciendo que sus muslos estén tensos, duros y tensos... Relaje ahora los muslos y sienta que están flojos, cálidos y relajados... Sienta tensión en los muslos... Relájelos ahora sintiéndolos flojos, cálidos y relajados.
989. Ahora céntrese en las caderas. Sienta tensión en sus caderas. Haga ahora que sus caderas estén apretadas, duras y firmes y a continuación relájelas, haciendo que estén flojas, cálidas y relajadas. Ahora haga que sus caderas estén apretadas, duras y firmes... Relaje ahora las caderas y siéntalas blandas y suaves.

Nota: Este procedimiento se aplica al resto del cuerpo.

Tratamiento imaginario

Abordaje en consonancia con: Terapia cognitivo-conductual

Propósito: Ayudar al cliente a tener éxito en una situación difícil, superando problemas y/o consiguiendo determinados logros frente a la adversidad o la ansiedad.

Lo que hace el terapeuta: El terapeuta ayuda al cliente a que aprenda a utilizar su imaginación para dominar los pensamientos negativos, autodestructivos o que le generan ansiedad.

Ejemplos

990. De acuerdo, me ha dicho que experimenta grandes dificultades para hablar con las mujeres. Ahora mismo quiero que cierre los ojos y se imagine acercándose a una mujer. Imagine que inicia con éxito una conversación con ella.
991. Cuando piense en acercarse a su jefe y enfrentarse a él, quiero que diga lo que siente. Bien, le escucho decir que se siente nervioso y ansioso. Así pues, ahora quiero que practique algunas de las técnicas de relajación. Controle su respiración, reduzca su ritmo y relájese.
992. Si te he escuchado correctamente, me has dicho que, cuando imaginas a tu abuela, te sientes calmado y experimentas calidez y comodidad, ¿verdad? Bien, entonces, cuando empieces a imaginar el escenario del problema en la escuela, imagina también a tu abuela y observa qué efecto tiene eso en tu reacción emocional.
993. Le he escuchado decir que quiere dejar de hacerlo, pero parece que no puede conseguirlo en el momento. Así pues, quiero que imagine una enorme señal de stop en su cabeza. Imagine la mayor señal de stop que se haya construido jamás. Ahora enfóquese en ella. Qué cosas advierte con respecto a su forma... el color exacto del rojo... el contorno de las letras. (Pausa.) Ahora que tiene esa imagen clara en su cabeza, la próxima vez que empiece a hacer lo que sabe que no debe y no quiere hacer, construya una señal de stop en su cabeza y manténgala ahí hasta que decida detener la conducta.
994. Le he oído decir en varias sesiones que quiere escucharla con más atención y mostrar más afecto hacia su esposa. Tómese unos minutos y sitúese en un lugar tranquilo de su mente donde pueda imaginar que sucede eso. Ahora, imagine que sucede. ¿Qué hace de manera diferente? ¿Cómo se siente acerca de usted mismo?

Nivel de habilidad

Además de la comprensión básica de las habilidades y técnicas utilizadas, debemos tener en cuenta la comprensión del nivel de perspicacia imprescindible para incorporar de manera efectiva y hábil cada técnica concreta. Los autores proporcionamos la siguiente tabla como punto de partida para la consideración y el debate reflexivo. El "nivel" identificado se basa en diferentes criterios, entre ellos la profundidad de los conocimientos necesarios para utilizar con éxito la técnica, el grado de seguimiento adecuado después de empezar a aplicarla y la profundidad potencial que el uso satisfactorio de dicha técnica tiene en el cliente.[*]

Básico	Moderado	Avanzado
Comprobar la cámara		
	Imaginación creativa	
		Recuerdos tempranos
	Imaginación enfocada Consecuencias lógicas Relajación progresiva Tratamiento imaginario	

Detenerse a reflexionar

El uso de reflexiones precisas y efectivas en el momento en que estamos con un cliente o un grupo de clientes requiere práctica y comprensión de las necesidades de cada persona. Detengámonos ahora unos momentos a reflexionar sobre cuál de estas técnicas nos resulta más natural y cuáles parecen entrañar más dificultades para nosotros en nuestro trabajo actual o futuro. Anotamos las respuestas en las siguientes líneas.

Creo que, en la actualidad, soy bastante efectivo en el uso de la(s) siguiente(s) técnica(s):

¿Cómo me he formado en estas áreas técnicas?

Creo que, en la actualidad, me esfuerzo en aplicar de manera efectiva la(s) siguiente(s) técnica(s):

¿Cuáles son los medios que me permitirán adquirir más pericia en estas áreas?

Ejercicios prácticos

Escribimos la respuesta, etiquetamos la habilidad o habilidades utilizadas, y luego indicamos cuál ha sido nuestro propósito al decir lo que hemos dicho.

Cliente: Cuando pienso en estar cerca de mis parientes, me asalta la tensión y el miedo. La última vez que los vi, me sentí de manera muy distinta. Las cosas que han ocurrido desde entonces han hecho que sea difícil llevarnos bien. Creo que la mayoría me odia.

Respuesta 1

Cliente: Solo pienso en el pasado y recuerdo lo bueno que era cuando todos nos llevábamos bien. Ya sabe, antes del accidente.

Respuesta 2

Cliente: No hay nada que quiera más que no tener miedo a estar sola por la noche. Pero parece que cuanto más pienso en ello, más fuerte es ese sentimiento. Creo que tendré que lidiar con esto durante el resto de mi vida.

Respuesta 3

Cliente: Tengo muchos problemas con mis padres. No quieren que tenga una vida propia. Es como si quisieran que sufriera delante de mis amigos, en lugar de divertirme y disfrutar de las cosas.

Respuesta 4

Cliente: ¿Se supone que debo sentirme bien con mi condición? Odio cuando la gente me mira y dice que soy gorda y fea. ¿Se supone que debo ignorarlo para ser feliz?

Respuesta 5

---

11 Movimiento de las olas

En este capítulo, presentamos las técnicas que utilizaremos para ayudar al cliente a pasar a la acción. Sin embargo, debemos poner especial cuidado al aplicar este conjunto de habilidades, puesto que estas técnicas no nos conceden una licencia para dar consejos o decirle a alguien cómo actuar o qué hacer. Las habilidades bien asentadas de que consta este capítulo deben emerger desde el interior del propio cliente. Hasta que el terapeuta no haya desarrollado una idea clara de cómo funcionan estas habilidades, probablemente debería utilizarlas solo bajo la supervisión directa de otro terapeuta que tenga experiencia en su uso.

Durante la sesión

Desafíos

Abordaje en consonancia con: Terapia de grupo

Propósito: Proporcionar al cliente una oportunidad en el seno del grupo para hacer uso de las sugerencias, nuevas ideas o instrucciones proporcionadas por otras personas para cambiar su comportamiento.

Lo que hace el terapeuta: El terapeuta sugiere que el cliente tiene la oportunidad de efectuar un cambio en ese mismo momento gracias a la nueva información proporcionada por el grupo y le ofrece un lugar seguro para hacerlo.

Ejemplos

995. Ahora que el grupo le ha proporcionado algunas ideas sobre cómo mostrarse más asertivo con los demás, ¿está dispuesto a aplicar con Jane algunas de esas sugerencias?
996. Bien, ha escuchado a otro miembro del grupo hablar acerca de cómo lidia con la ira y percibo que se está enfadando ahora mismo. En lugar de esperar hasta que llegue a casa, ¿cuáles son las sugerencias del grupo que podrían servirle en este momento?
997. ¿Cuál de estos consejos le gustaría aplicar ahora?
998. A modo de experimento, la próxima vez que se sienta solo en este grupo, elija una de las cosas de las que hablan los otros miembros y utilícela. No deje de comunicarnos cómo le funciona.
999. La próxima ocasión en la que sienta que necesita levantar la voz, me gustaría que practicase la respiración durante treinta segundos. Luego, con un tono normal de voz, comunique sus verdaderos sentimientos a la persona en cuestión.
1000. En el caso de que intente utilizar la seducción con otro miembro del grupo como forma de salirse con la suya, quiero que señale lo que experimenta y luego que elija otro curso de acción.
1001. Como indicó durante la primera sesión grupal, tiene problemas para conectar con los demás. Quiero que escoja a un miembro del grupo y utilice algunas de las alternativas presentadas por el grupo para tratar de conectar con él de manera más profunda.
1002. Me gustaría lanzar un desafío a todo el grupo. Hemos estado hablando, en general, sobre efectuar cambios en nuestra propia vida. Quiero que modifiquemos la manera en que funciona este grupo y que, en lugar de solo hablar de esos cambios, los llevemos a cabo aquí y ahora.

Dibujar a la familia completa

Abordaje en consonancia con: Terapia de familia

Propósito: Que el cliente o clientes adquieran una mejor comprensión de su familia y de la estructura de esta.

Lo que hace el terapeuta: El terapeuta pide a cada miembro de la familia que esboce un dibujo de su familia tal y como la ven. Una vez que se han efectuado los dibujos, el terapeuta facilita una discusión en la que la familia comparte sus percepciones y el significado de sus respectivos dibujos.

Ejemplos

1003. Bien, ahora quiero que cada uno de ustedes dibuje a su familia tal como la ve. Utilicen, para ello, los colores o símbolos que deseen.
1004. Haga un dibujo de cómo se imagina a usted mismo y al conjunto de su familia.
1005. Por favor, dedique unos minutos a elaborar un dibujo de cómo es su familia.
1006. Durante los siguientes minutos, quiero que cada uno de ustedes trabaje de manera independiente y dibuje y coloree una imagen de cómo es su familia para cada uno de ustedes.
1007. Cada uno de nosotros tiene una imagen en su cabeza de cómo es nuestra familia. Dediquen ahora unos minutos a dibujar el cuadro mental de su familia.
1008. Ahora que ha dibujado a su familia, ¿qué similitudes percibe entre todos los dibujos?
1009. Observe todos estos dibujos, ¿qué diferencias hay entre ellos?
1010. ¿En qué se parecen estos dibujos? ¿En qué son distintos?
1011. ¿Qué le gustaría ver en cada una de estas fotos?
1012. Si combinamos todas las imágenes, ¿cuál sería la imagen general que obtendríamos?
1013. Quiero que cada uno de ustedes elija un color para cada miembro de la familia y luego hagan un dibujo de un día típico en su casa. Cuando hayan terminado, dedicaremos unos minutos a hablar de cada imagen.
1014. Bien, de manera que, para empezar durante esta semana, tomaremos algunos colores y dedicaremos un rato a pensar en nuestra familia y luego haremos un dibujo de ella. Tenemos que dibujarla en un día en el que las cosas vayan realmente bien y el problema no esté presente. Debemos ser lo más detallistas que podamos.

Técnica de la silla vacía

Abordaje en consonancia con: Terapia Gestalt

Propósito: Promover un mayor crecimiento y entendimiento por parte del cliente para expresarse de una manera que, en otras circunstancias, no elegiría. Animamos al cliente a mantener una discusión imaginaria con una persona con la que necesita compartir algo.

Lo que hace el terapeuta: El terapeuta pide al cliente que exprese sus sentimientos y pensamientos a un grupo o miembro de la familia que no esté presente. También puede utilizarse para permitir que los clientes hablen con personas que no pueden, en ese momento, estar presentes en la sesión, como, por ejemplo, miembros de la familia fallecidos. El objetivo principal de esta técnica es alentar al cliente a trabajar con pensamientos y/o sentimientos pendientes, asociados con esa persona.

Ejemplos

1015. Alexa, quiero que le hable a esta silla vacía como si estuviera dirigiéndose a Jacob.
1016. Ryan, ha mencionado a su madre en varias ocasiones. Quiero que actúe como si estuviera aquí sentada en esta silla ahora mismo. Dígale cómo se siente.
1017. Mary Jane, quizá esta petición le parezca un tanto absurda, pero quiero que le hable a esta silla como si su abuela estuviera aquí y pudiese escucharla.
1018. Ian, los próximos minutos los dedicaremos a intentar algo. Le parecerá un poco extraño al principio, pero quiero que le hable a esta silla como si Marcia estuviera sentada en ella. Dígale lo que piensa del grupo de la semana pasada.
1019. Quiero que todos en el grupo le hablen a la silla vacía de Thom como si estuviera presente. Díganle lo que piensan acerca de que se haya perdido su tercera sesión de grupo.
1020. Recorramos ahora el grupo y escuchemos lo que todos tenemos que decirle a Charlotte. Háblenle a su silla como si ahora mismo estuviera sentada en ella.
1021. Ha mencionado la pérdida de su hija. Quiero que dedique unos minutos a fingir que está aquí sentada con nosotros y que verbalice lo que siente ahora mismo por ella.

1022. En los próximos minutos, el grupo intentará algo nuevo. Como habrán advertido, Don no ha venido esta semana. Me pregunto qué tenemos que decirle. En lugar de esperar a la semana que viene, hagamos como si estuviera aquí con nosotros y hablemos con su silla, diciéndole lo que pensamos ahora mismo.

Romper el hielo

Abordaje en consonancia con: Terapia de grupo

Propósito: Hacer que los clientes empiecen a hablar entre ellos.

Lo que hace el terapeuta: El terapeuta solicita a los clientes que participen en una actividad que promueva la discusión y la comunicación. Los clientes son instruidos a formar parte de una actividad que no les resulte amenazante, pidiéndoles que revelen solo un poco de sí mismos.

Ejemplos

1023. Me gustaría dar la vuelta al círculo y que todos efectúen algunas declaraciones sobre por qué han venido a este grupo.
1024. Bien, quiero que piensen en su color favorito. A continuación, formen parejas y compartan cuál es y por qué.
1025. Ahora, intentaremos otra cosa. Quiero que se emparejen y compartan las respuestas que han escrito a las preguntas que he formulado hace unos minutos.
1026. Quiero que compartan algo con el grupo mientras se van pasando el hilo de este ovillo. Sujeten el ovillo y desenróllenlo. Pueden pasarlo a quien quieran después de haber compartido algo con el grupo, pero no suelten el hilo.
1027. Para este ejercicio, quiero organizarlos por el color de sus ojos. Ojos azules aquí, marrones aquí y verdes allá. Ahora, trabajando en grupo, piensen en cinco cosas maravillosas acerca del color de sus ojos.
1028. Antes de empezar, quiero que cada uno de ustedes dedique un minuto a presentarse. Sin embargo, en lugar de hacerlo a todo el grupo, se presentarán a cada participante mientras todos nos entremezclamos en la sala.
1029. Dediquen unos minutos a pensar en su música favorita. Cuando estén preparados, compártanla con el grupo y quizá puedan comentar brevemente por qué consideran que les gusta más esa música.
1030. Por supuesto que, en este grupo, abordaremos el control de la ira. Pero, antes de entrar en materia, dediquemos unos minutos a presentarnos. ¿Por qué cada uno de nosotros no le dice al grupo su nombre, ocupación y algo interesante sobre sí mismo?
1031. Antes de empezar, quiero que todos dediquen unos momentos a presentarse a la persona que está a su lado. Dediquemos un tiempo a conocer a esa persona.

Grupo observa al grupo (procedimiento de la pecera)

Abordaje en consonancia con: Terapia de grupo

Propósito: Hacer que una sección del grupo observe y luego informe sobre lo que han observado que ocurre en el grupo. Eso brinda una metaperspectiva con una visión y conciencia novedosa para que el resto del grupo la escuche.

Lo que hace el terapeuta: El terapeuta divide al grupo en dos subgrupos. Uno de ellos se sienta al margen del otro grupo y observa las interacciones del grupo dentro de la "pecera". El terapeuta entonces facilita un debate acerca de lo que se ha observado y experimentado.

Ejemplos

1032. Quiero que Danny, Amiri y Colin se organicen para sentarse fuera del grupo principal. Durante los próximos veinte minutos, deseo que los tres observen al grupo principal... y sus interacciones. Fíjense en quién habla más, quién habla poco, quién es rebatido, quien cambia de tema, etcétera.
1033. Como pueden observar, hemos dividido el grupo en dos subgrupos. Durante los primeros treinta minutos de la sesión de esta semana, un grupo observará y luego informará acerca de lo que ocurre en el otro grupo. Entonces cambiaremos de posición y repetiremos el proceso (una vez que hayan efectuado las observaciones pertinentes).
1034. ¿Cuál era su comprensión general de cómo funcionaba este grupo?
1035. ¿Qué ha sido lo que más le ha sorprendido del funcionamiento del grupo?
1036. ¿Quién ha sido más activo? ¿Quién ha sido menos activo? ¿Qué piensa acerca de por qué ha ocurrido eso?
1037. ¿Qué nuevas ideas o conocimientos puede ofrecer al grupo cuando vuelva a formar parte del grupo grande?
1038. ¿Cómo es que los miembros del grupo decidieron hablar de un determinado tema?
1039. ¿Cuáles de los temas o cuestiones exploradas parecían causar más problemas al grupo?
1040. ¿En qué momento quiso contarle algo al grupo?

Felicitarse

Abordaje en consonancia con: Terapia de grupo

Propósito: Proporcionar a los miembros del grupo un feedback positivo procedente de otros miembros. Solo se aceptan comentarios claros, directos y positivos.

Lo que hace el terapeuta: El terapeuta pide a los clientes que dibujen el contorno de su mano en una hoja de papel y que luego peguen el papel en su espalda. Una vez que el papel se ha fijado a su espalda, los otros miembros del grupo escriben comentarios positivos en los papeles (en la mano dibujada) de los otros miembros.

Ejemplos

1041. Bien, mientras nos acercamos, quiero que todos tomen un papel y hagan un dibujo de su mano en él. Ahora, tomen el papel y que alguien se lo pegue con cinta adhesiva en la espalda. Luego, quiero que cada uno escriba algo positivo o constructivo en las manos dibujadas de todos los miembros del grupo.
1042. Para concluir esta semana quisiera intentar algo que quizá les parezca extraño. Deseo que cada uno de nosotros haga lo siguiente... (El terapeuta muestra cómo dibujar el contorno de la mano...) Cuando lo hayan hecho, que alguien lo pegue con cinta adhesiva en la espalda... Luego muévanse por la sala escribiendo algo positivo en la mano de cada persona.
1043. Nos merecemos una palmadita en la espalda. ¡Hoy recibirán una! Así es como funciona. Tomamos un pedazo de papel y dibujamos nuestra mano. Luego la pegamos con cinta adhesiva en la espalda. Seguidamente, escribimos algo positivo o constructivo, o ambas cosas a la vez, en las manos de cada uno de los miembros del grupo.
1044. Me gustaría que, de nuevo, hiciéramos el ejercicio de las manos en la espalda para concluir el grupo. Pero esta vez, quiero que sus comentarios se refieran a la última parte del grupo, compartiendo algo constructivo o positivo de la última parte de nuestra actividad durante esta semana.
1045. Para terminar la sesión, intentemos el ejercicio de la mano en la espalda tal como hicimos la semana pasada, solo que esta vez deben escribir algo positivo relacionado con el comportamiento no verbal que han percibido en cada miembro del grupo.

1046. Vamos a intentar algo diferente esta semana. Quiero que todos dediquen un tiempo a pensar en las cualidades positivas que posee cada miembro del grupo. Una vez que lo hayan pensado, tomen estos pedazos de papel y cinta adhesiva y escriban en ellos esas cualidades. Recuerden que deben escribir tan solo las cualidades positivas, y luego peguen ese papel en la espalda de la persona correspondiente.

Técnica de simulación

Abordaje en consonancia con: Terapia de familia

Propósito: Ayudar al cliente a ver que un problema que antes era involuntario puede ser controlado. Esta técnica es similar a la actuación "como si" de la psicología individual adleriana.

Lo que hace el terapeuta: Durante la sesión, el terapeuta le pide al cliente o clientes que pretendan tener el problema.

Ejemplos

1047. Quiero que ambos discutan como si estuvieran en casa y él terminase de decir algo que no es cierto.
1048. Lenny, quiero que finja que termina de recibir un comentario negativo en su trabajo. Escenifique lo que piensa y siente.
1049. Ahora, han hablado de su problema familiar como si no tuviera casi ninguna relación con ustedes. Quiero ver lo que, de hecho, sucede en el momento de estos rituales matutinos. Quiero que escenifiquen lo que ocurre cuando se levantan por la mañana. ¿Quién hace y quién dice qué?
1050. Me ha brindado una buena descripción del problema. Ahora quiero verle escenificarlo, ¿de acuerdo?
1051. Estoy de acuerdo en que esa lucha debe cesar. Tienen razón al decir que escuchar esas discusiones no beneficia a nadie, en especial a sus hijos. Así pues, en este momento, para ayudarnos a percibir el poder de este problema, quiero que se peleen entre ustedes. Veamos cómo se produce la situación.
1052. Si ahora mismo compartiesen su amor mutuo, ¿qué cosas dirían para expresarlo? ¿Pueden simular, aunque sea durante unos momentos, que hacen eso?
1053. Bien, ahora desearía intentar algo distinto. Les he escuchado comentar lo que les gustaría decirse el uno al otro durante media hora. Pero lo que me llama la atención es que tenemos el tiempo y la oportunidad de ver qué pasaría si decidiesen hacerlo. Así pues, dediquemos un tiempo a esa tarea. Quiero que compartan lo que les gustaría que su pareja hiciese… fingiendo que no es real.
1054. Ese comportamiento parece causarles muchos problemas. Me gustaría ver lo que sucede cuando aparece. ¿Podrían representarlo para mí en este momento?

Role-play

Abordaje en consonancia con: Habilidad universal

Propósito: Hacer que el cliente practique comportamientos que luego desee incorporar a su vida real.

Lo que hace el terapeuta: El terapeuta pide al cliente que represente lo que quiere que ocurra en una situación futura. Puede ser dirigido por el terapeuta o bien por el cliente o por una combinación de ambos.

Ejemplos

1055. De acuerdo, ahora que ha descrito a la persona ideal e identificado algunos rasgos específicos, quiero que seleccione uno de esos rasgos y lo ensayemos aquí durante esta sesión.
1056. Quiero que actúe como si fuera esa persona. ¿Cómo gestionaría la situación con su madre que ha descrito antes?
1057. Quiero que actúe como alguien al que imita a la hora de tratar con gente que es autoritaria.
1058. Dediquemos unos minutos a practicar cómo sería tener el valor suficiente para enfrentarse a su jefe. Yo seré su jefe.
1059. Así pues, durante los próximos minutos, creo que merecería la pena practicar estos nuevos comportamientos que ha descrito.
1060. Ha dicho que cree que está mejorando porque mantiene más contacto visual y utiliza una voz más poderosa al hablar. Dediquemos unos minutos a ver de qué manera lo hace. Lo controlaré y le daré feedback.
1061. Mientras piensa en cómo quiere comportarse de forma distinta en esa situación, ¿qué faceta relacionada con mostrar un mayor interés le gustaría conseguir? Vamos a practicarlo en este momento.
1062. Quiero que finja que tiene el valor de decirle a la gente lo que piensa. Fingiré que soy su marido.
1063. Creo que sería útil que, durante los próximos minutos, actuase como si no estuviera enfadada por lo que ha hecho.
1064. Bien, usted será Elisa y yo seré Tom. ¿Cómo le gustaría que la conversación se desarrollara desde su punto de vista?
1065. De acuerdo, durante unos momentos quiero que imagine que somos personas diferentes. Haré el papel de alguien que tiene miedo a hablar con gente que no conoce. Y usted hará el papel de un extraño. Hablemos de cómo mi personaje podría superar o afrontar este miedo y comunicarse con el extraño.

Cambio de rol

Abordaje en consonancia con: Habilidad universal

Propósito: Hacer que el cliente actúe desde una visión alternativa del mundo. Esta técnica se utiliza para ayudarle a darse cuenta de que las cosas pueden ser distintas y que es posible actuar de manera diferente.

Lo que hace el terapeuta: El terapeuta pide al cliente que adopte la postura de la persona o personas más opuesta a la que asume normalmente. Se presta especial atención a que el cliente comprenda la posición cognitiva, emocional y reactiva de esa "otra" persona.

Ejemplos

1066. Así pues, por lo general es asertivo, pero quiero que actúe como si fuese pasivo.
1067. Quiero que haga lo contrario en este caso... Quiero que muestre muchos sentimientos y emociones relacionados con la pérdida.
1068. Siempre parece ser el más fuerte en ese tipo de situaciones. Quiero que dedique unos minutos a representar que es la parte débil.
1069. Me interesa que experimente esto desde el otro lado. Quiero que finja y que, en lugar de estar muy interesado en todo lo que hace, actúe de manera distante. Veamos lo que siente.
1070. Durante unos minutos, quiero que actúe de forma completamente opuesta a como lo haría normalmente en relación con mostrar sus emociones.
1071. Quiero que finja que no tiene miedo de hacer eso. Actúe como si fuese alguien que no teme la proximidad.
1072. Quiero que represente el papel de alguien que se opone a usted de ese modo. Entonces, en lugar de mostrarse extremadamente emocional, quiero que sea muy racional durante unos momentos.
1073. Está diciéndome que quiere actuar de manera distinta en ese tipo de situaciones. Quiero que ahora practique que es diferente cuando ambos se enfrentan y que, en lugar de ponerse a la defensiva, se abra a la experiencia.
1074. ¿Por qué no dedicamos unos minutos a invertir los papeles? Actúe como la persona que se halla ante usted en este tipo de situación.
1075. Quiero que, durante los próximos diez minutos, intente ser muy hablador en lugar de, como usted dice, tímido.

Esculpir

Abordaje en consonancia con: Terapia familiar, terapia de grupo

Propósito: Proporcionar al cliente una comprensión más clara y profunda de los demás, así como de sus relaciones.

Lo que hace el terapeuta: El terapeuta pide al cliente que organice los materiales y las personas presentes en la sala para imitar a sus seres queridos. Este movimiento se logra a través del uso de técnicas no verbales por parte del cliente.

Ejemplos

1076. Así pues, nos ha contado cómo funcionan sus compañeros de trabajo. Ahora quiero que organice el grupo en un momento rutinario del trabajo... pero quiero que, para ello, emplee tan solo comunicación no verbal.
1077. Como hicimos durante la semana anterior, quiero que organicen a su familia de la manera que mejor describa la rutina matutina normal. No utilicen palabras... Empleen tan solo señales con las manos y otras formas de comunicación no verbal.
1078. Ahora que hemos escuchado una descripción de cómo suele reaccionar cuando afronta ese tipo de situaciones, quiero que dedique diez minutos a poner a todo el grupo a trabajar con el fin de retratar a los individuos que ha descrito antes. No debe recurrir a palabras o sonidos de ningún tipo para indicarnos lo que quieren.
1079. Antes de cambiar de tema, quiero ver lo que describe. Por favor, dedique un tiempo a recrear lo que ha dicho situando a su familia en las posiciones apropiadas. Haga esto sin hablar.
1080. Como hicimos la semana anterior, quiero que plasme una imagen de lo que describen sus palabras. Utilice a los miembros del grupo tal como le plazca, pero recuerde no emplear palabras, sino tan solo gestos con las manos, movimientos corporales y otros medios de comunicación no verbal.
1081. Bien, ahora quiero que intente representar la situación que termina de describir. Eche un vistazo al grupo y escoja a las personas que más se parezcan a su familia. Utilice también los otros materiales que hay en la sala para desarrollar la escena. Lo que quiero que haga es que las personas y las cosas presentes en la sala se parezcan lo más posible a un día típico de su familia tal y como lo ha descrito. Tómese el tiempo que necesite para hacerlo, y todos haremos lo que esté en nuestra mano para ayudarle.

Terapia artística en serie

Abordaje en consonancia con: Terapia de juego

Propósito: Hacer que el cliente utilice el dibujo como medio de curación. Por sí mismo, el arte es terapéutico.

Lo que hace el terapeuta: El terapeuta le pide al niño que haga un dibujo en cada sesión. El terapeuta no analiza los dibujos, sino que permite que el cliente trabaje con su propio material, a su propio ritmo, en todos los dibujos. Los dibujos pueden ser estructurados o no.

Ejemplos

1082. Bien, Darryl, quiero que dediques unos minutos a hacer un dibujo. Tal vez podrías dibujar a tu familia en casa.
1083. Quiero que tomes los materiales para colorear que tengo aquí y dibujes lo que quieras.
1084. Al igual que la semana pasada, quiero que hagas un dibujo.
1085. Ya sabes qué hora es en este momento. Es hora de hacer otro dibujo. Adelante, empieza.
1086. Me gustaría que dedicases un rato a hacer un dibujo de ti mismo en la escuela. Incluye en él a las personas más importantes para ti.
1087. Quiero ver lo que dibujas hoy. Adelante, empieza. Esta semana, sin embargo, me gustaría que hicieses una imagen de algunos de tus familiares. Tú decides quién forma parte del dibujo.
1088. Elige una imagen de tu cabeza y utiliza estos rotuladores de colores para dibujar y colorear, ¿de acuerdo?
1089. Hiciste algunos dibujos la semana pasada. Y, esta semana, quiero que hagas más dibujos.
1090 ¿Puedes mostrarnos a tu madre y a mí lo bien que dibujas? Adelante, dibuja y colorea lo que más te guste.
1091. Puedes ver lo que hago, ¿verdad? Estoy dibujando. ¿Te gustaría unirte a mí?
1092. Así pues, para empezar la semana, quiero que dediques un rato a trabajar en algunos dibujos. Escoge los materiales que desees utilizar, toma este papel y adelante. Cualquier cosa que quieras dibujar estará bien, y puedes utilizar todo el tiempo que estemos juntos para crear tu obra de arte.

Rueda de influencia

Abordaje en consonancia con: Terapia de familia

Propósito: Sacar a la superficie y resaltar la conexión que un individuo tiene con otros. Esto proporciona una visión de la fuerza de las alianzas con otras personas y documenta el papel y la función que tienen en la vida del cliente.

Lo que hace el terapeuta: El terapeuta pide al cliente que cree una imagen de las principales personas que influyen en su vida, situándose él mismo en el centro. Las líneas que conectan al cliente con los otros individuos pueden ser resaltadas u oscurecidas para indicar los diferentes grados de influencia.

Ejemplos

1093. Ahora que hemos hablado de su familia y amigos, quiero que dedique unos minutos a hacer un dibujo de quién tiene una influencia más importante en su vida. Dibújese en el centro y marque con más fuerza las líneas de acuerdo con la mayor o menor influencia de cada persona.
1094. Dedique unos minutos a dibujar un círculo, con usted en el medio, de las personas más importantes de su mundo. Marque con más fuerza las líneas que señalan a los que tienen una influencia más poderosa en su vida.
1095. Entre todas las personas que ha conocido, escoja a aquellas que parecen tener un mayor efecto en su vida. Sitúese en el centro, y como los rayos de una rueda, señale a las personas más destacadas.
1096. Entre este momento y la próxima semana, quiero que complete una tarea muy sencilla. Quiero que tome esta hoja de papel, escriba su nombre en el centro, y luego, formando un círculo alrededor de su nombre, escriba los nombres de las personas que han tenido una mayor influencia en su vida y en quién es usted en el momento presente.
1097. Como tarea de esta semana, quiero que dibuje un diagrama de las personas más influyentes en su vida, tanto en el presente como en el pasado. Póngase en el centro y luego escriba los nombres de las personas que desee en torno al perímetro, dibujando líneas que le conecten con ellas. Relacione las líneas entre sí utilizando trazos más oscuros o más claros para indicar el grado de influencia.

Experimentar

Abordaje en consonancia con: Terapia Gestalt

Propósito: Hacer que, en lugar de limitarse a hablar de los asuntos o problemas, el cliente haga algo. Los experimentos pueden ser prescritos como tarea o hechos justo en el momento de la sesión. Los experimentos se utilizan para ayudar al cliente a establecer conexiones entre la mente, el cuerpo y los sentimientos.

Lo que hace el terapeuta: El terapeuta pide al cliente que empiece o prosiga haciendo algo físico durante la sesión, o bien que complete una tarea en casa que implique movimiento.

Ejemplos

1098. Puedo ver que retuerce las manos de este modo (el terapeuta se lo muestra al cliente). Me gustaría que siguiera haciéndolo, pero más rápido y con más fuerza.
1099. Cuando habla de su madre, se encorvas en la silla. ¿Puede encorvarse aún más mientras seguimos hablando de ella?
1100. Esta noche, y todas las noches de esta semana, quiero que haga lo que termina de hacer ahora (le muestra al cliente una expresión facial) cuando piense en lo enfadado que le hace sentir la situación.
1101. Incluso mientras estamos aquí sentados me sorprende cómo puede hablar de una pérdida tan grande y, aun así, sonreír. Me gustaría que sonriera todavía más mientras seguimos hablando de ello.
1102. Ha dicho que, cada vez que empieza a pensar en ese tema, deja de hacer lo que sea que esté haciendo y se sienta a comer. Me gustaría que hiciera algo distinto la próxima vez. Cuando tenga esos pensamientos y sentimientos y se siente a comer, quiero que se levante y que se ponga las manos sobre la cabeza. Luego quiero que escriba cómo le hace sentir esa acción.
1103. Está sacudiendo la cabeza y arreglándose el pelo… ¿Qué significa eso? ¿Puede decírmelo?
1104. Estoy seguro de que es importante para usted que, cuando habla de su bebida, se muerda las yemas de los dedos, pero no sé lo que significa. ¿Qué trata de decirme?
1105. Se desplaza hacia la esquina cuando dice que su padre abusó de usted. ¿Qué hay en la esquina que le gustaría que yo supiera?

Psicodrama

Abordaje en consonancia con: Psicodrama

Propósito: Conseguir que el cliente en el grupo vuelva a experimentar su descripción de un evento del pasado. Esta técnica se utiliza para trabajar los asuntos pendientes. De esta manera, cliente y terapeuta recurren a los otros participantes del grupo para recrear el momento en cuestión, permitiendo al cliente la oportunidad de hacer las cosas de manera distinta, de decir otras cosas, o de responder emocionalmente de modo diferente.

Lo que hace el terapeuta: El terapeuta pide al cliente que disponga a los miembros del grupo para representar una escena del pasado. Luego cliente y terapeuta dirigen a los miembros del grupo, así como al mismo cliente, para que actúen en la escena. El terapeuta anima al cliente para que reaccione de manera diferente a la escena.

Ejemplos

1106. Bien, ahora me gustaría que eligieras a alguien para que haga el papel de tu madre, otra persona que haga de tu padre y otras personas de tu hermana y hermano. Ahora sitúalos en el lugar correcto de manera para que pueda empezar la escena. ¿Cuál es la distancia que debe haber entre ellos? ¿Quién debería mirar a quién? Diles ahora lo que tienen que hacer para que esto sea más real desde tu punto de vista.
1107. Tu mamá y tu papá se acercan, ¿qué es lo que te gustaría oírles decirse el uno al otro? ¿Qué te gustaría decirles tú?
1108. Parece que tu tía todavía está muy lejos. Antes has dicho que querías que estuviese más cerca de la familia. Adelante, invítala a pasar. Dile que quieres que se quede aquí. ¿Qué quieres que ella te diga ahora?
1109. Dijiste que, en el momento en que todos se rieron de ti y te insultaron, pasaste a la ofensiva y empezaste a pelear. Tu reacción emocional fue de enfado, ¿no es cierto? Ahora que estamos aquí de nuevo, cambia esa reacción emocional de enfado a otra cosa. ¿Qué sientes ahora?
1110. Parece que tienes una reacción emocional similar a la de antes. Veo asomar las lágrimas y el dolor en tu cara cuando ambos te apartaron de ellos. ¿Qué te gustaría que fuese diferente en esta ocasión? Adelante, diles lo que quieres que hagan o digan.

En casa

Hacer "como si"

Abordaje en consonancia con: Psicología individual

Propósito: Animar a los clientes a comportarse de manera diferente, ver el mundo de manera distinta y descubrir que pueden mostrar otros comportamientos sin que el mundo se les venga encima.

Lo que hace el terapeuta: Durante el periodo prescrito, el terapeuta pide al cliente que actúe de manera similar al tipo de persona que le gustaría ser. Se alienta al cliente a actuar como la persona que más admira.

Ejemplos

1111. Quiero que elija un momento de mañana y, durante una hora, actúe sin que le preocupe el modo en que lo ven los demás.
1112. Quiero que llegue tarde a la fiesta y se quede más tiempo de lo que normalmente estaría.
1113. Debe ir a la farmacia y encontrar algo de lo que quejarse y luego quéjese como lo haría su cuñado.
1114. Creo que debería practicar el ser menos hablador en grupo y actuar como si fuese una persona tranquila, tímida y comedida la próxima vez que se reúna su grupo de trabajo.
1115. Ha mencionado que quiere mostrarse más sexy con su marido. Sugiero que esta noche actúe como si fuera "más sexy", haciendo el tipo de cosas que ha mencionado antes.
1116. Quiero que programe un periodo, durante este fin de semana, por ejemplo, una hora, en la que actuará como si fuese el hombre que ha dicho que quiere ser, es decir, más cariñoso, sensible y comunicativo.
1117. Como tarea, te propongo que actúes como si no tuvieras que pelear cuando los otros niños se meten contigo. Puedes entrenarte a ser el tipo de persona que me has descrito antes.
1118. Bien, ahora que ha descrito a la persona ideal que le gustaría ser, quiero que, durante el resto de la sesión, se comporte como si fuese esa persona.
1119. Podría intentar actuar como si fuese ella… aunque sea durante un rato.
1120. Sería de ayuda que actuase "como si" se encontrase en la situación. Tal vez debería consultar con esa persona ideal sobre el modo de gestionar ese escenario. Ha dicho que no se enfadaría, sino que lo consideraría una oportunidad para el crecimiento. Tal vez debería tratar de actuar como si esos fuesen sus verdaderos sentimientos.

Directriz

Abordaje en consonancia con: Terapia breve

Propósito: Animar al cliente o los clientes a actuar, pensar o sentir de forma diferente en relación con un tema específico abordado durante la terapia.

Lo que hace el terapeuta: El terapeuta proporciona a la familia una directriz a seguir que la anima a comportarse de manera distinta. Las directrices pueden ser directas o indirectas. Pueden producirse por sí solas o ser proporcionadas por el terapeuta, los coterapeutas o el equipo de terapeutas. Y, por último, suelen asumir forma a través de la restricción del cambio, la paradoja, o el fomento de lo mismo.

Ejemplos

1121. El equipo cree que su familia se beneficiaría si descansase del problema. Por lo tanto, deben elegir una hora al día para descansar del problema. Después de que termine la hora, vuelvan a ser como antes.
1122. No entiendo cómo ha podido mejorar tan rápidamente. Le sugiero que vaya más despacio a la hora de hacer cambios durante las próximas semanas. De esa manera, podremos monitorear mejor su progreso.
1123. El equipo está dividido. La mitad de nosotros cree que debería irse de vacaciones con su familia. La otra mitad piensa que las cosas se han puesto tan mal que ahora mismo no es el mejor momento para unas vacaciones. Permitiremos que sea usted el que decida. Simplemente no lo sabemos.
1124. Creo que debería considerar lo que podría hacer para excitarlo sexualmente, pero no lo haga todavía. Deberíamos hablar de ello primero... y asegurarnos de que está en el camino correcto.
1125. Estamos de acuerdo con usted en que los miembros de la familia hablan mucho más claramente entre ellos. Hemos percibido el cambio. Queremos animarle a que insista en ello durante las próximas semanas.
1126. He visto a muchas personas que, tras haber mejorado tanto como usted, han recaído en un estado depresivo durante unos días. Este tipo de recaída es de esperar.
1127. El equipo ha decidido que necesitamos recopilar más datos sobre su problema. Así pues, nos gustaría que siguieran teniendo estas disputas y discusiones, como de costumbre, durante las próximas

semanas. Tan solo lleven un registro de lo que sucede, quién dice qué, cuál es el resultado y por qué ocurre. Durante la próxima sesión, revisaremos los datos y obtendremos una imagen más clara para futuras sesiones.

Técnica de la puerta en la cara

Abordaje en consonancia con: Terapia de familia

Propósito: Hacer que el cliente siga una receta o recomendación.

Lo que hace el terapeuta: El terapeuta proporciona al cliente una tarea aparentemente imposible de realizar, seguida rápidamente por la recomendación o petición que, en realidad, el terapeuta quería que el cliente hiciese. Esta segunda petición es mucho más razonable y algo que a todas luces puede ser llevado a cabo por el cliente.

Ejemplos

1128. Quiero que haga un seguimiento de cada vez que tenga un presentimiento esta semana. Debe anotarlo en este diario y luego escribir unas palabras al respecto. Luego quiero que, al final del día, tome lo que haya escrito y escriba una sinopsis a partir de ellos. Si esto le parece demasiado, quiero que escriba en su diario, tres o cuatro veces, los momentos en que se ha sentido molesto durante esta semana.
1129. Debe permitir que los chicos discutan. Si lo hacen en público, quiero que les preste toda la atención posible y grite "venid a ver la pelea". Cuando terminen de discutir, quiero que cada uno de ellos hable de cómo ha sido su experiencia. Luego escriban sus historias y haga que las revisen para comprobar su exactitud. O tal vez sería mejor que, como usted ya hace, intervenga cuando los chicos empiecen a discutir. Como ha dicho, eso funciona mejor.
1130. Cuando no puede dormir, tiene que levantarse, beber tres vasos de leche, caminar por la casa durante al menos media hora y luego leer un libro. Pensándolo bien, tal vez deberíamos ver cómo funciona el vaso de leche para empezar.
1131. Usted y su marido discuten mucho. Quiero que se tomen un descanso el uno del otro durante al menos dos semanas. Tendrán que resolver los detalles de quién se lleva a los niños, cómo gestionar el dinero, etcétera. Pensándolo bien, tal vez debería probar algunas de las cosas que ha mencionado que funcionan y ver lo que ocurre.

Técnica del pie en la puerta

Abordaje en consonancia con: Terapia de familia

Propósito: Conseguir que el cliente o clientes sigan una prescripción.

Lo que hace el terapeuta: El terapeuta proporciona al cliente una sencilla directriz a seguir y luego, una vez que el cliente está de acuerdo con la prescripción, le pide que complete un encargo o una tarea más difícil.

Ejemplos

1132. Quiero que dedique unos minutos a escribir tres cosas en las que desee centrarse durante el tiempo que pasemos juntos. Bien (una vez completada la tarea), ahora quiero que, antes de la próxima sesión, escriba una redacción de una página sobre el modo en que estas tres cosas están conectadas entre sí.
1133. Tal como hemos hablado esta semana, voy a encargarles una tarea. Quiero que elijan un momento de esta semana en el que hayan sentido que los demás no los tenían en cuenta e imaginen lo que les gustaría escuchar para que les prestasen atención. Bien (una vez todos están de acuerdo), tras completar esta tarea, quiero que encuentren otro momento similar de esta semana y que, en lugar de solo pensar en ello, encuentren a alguien en el que sientan que pueden confiar y que se lo digan.
1134. Así pues, la semana pasada les pedí que pensaran en lo que se harían el uno al otro para indicar que era seguro para su pareja comenzar el proceso mantener relaciones íntimas. Y me han dicho que lo hicieron. Ahora quiero que no solo piensen en ello, sino que realmente envíen la señal... Y si su pareja no la recibe, sigan insistiendo hasta que lo haga.
1135. El equipo ha decidido que queremos que cada uno de ustedes diga a los otros miembros de la familia lo que quieren para cenar esta noche. Es bastante sencillo, ¿verdad? De acuerdo, una vez que lo hayan hecho, trabajarán juntos en equipo para asegurarse de que cada persona tenga lo que desea para cenar.

Paradoja

Abordaje en consonancia con: Terapia de familia

Propósito: Los clientes se resisten a la influencia del terapeuta o bien sienten que no tienen en absoluto ningún control para que el problema funcione de manera diferente.

Lo que hace el terapeuta: El terapeuta pide al cliente o clientes que hagan algo que parece ser contraindicado para su mejoría. Por lo general, la paradoja asume una de dos direcciones principales: prescribe al cliente que haga lo que ya iba a hacer (esperando que se resista y cambie su comportamiento) o bien solicita a los clientes que hagan lo contrario de lo que normalmente se les pediría durante la terapia (esperando que hagan lo contrario).

Ejemplos

1136. Bien, según entiendo, tiene problemas para dormir cada noche. Necesito que recoja algunos datos para mí. Entonces quiero que utilice en nuestro beneficio el tiempo que pasa sin poder dormir. Durante las próximas dos semanas, debe registrar lo que piensa y lo poco que duerme. Intente mantener el mismo ritmo de poco sueño que ha mostrado durante los últimos meses.
1137. Al final de la semana, quiero que haga algo por mí. Ha mencionado que parece no tener forma de disminuir su depresión. Lo que quiero es obtener más información sobre su problema. Quiero que programe treinta minutos cada día para deprimirse. Debe hacerlo de forma regular y tiene que ocuparle la media hora al completo.
1138. Su familia tiene mucha fuerza y poder. Nos resulta obvio que realmente han invertido un gran esfuerzo para abordar este problema. Sin embargo, lo que sugerimos es que, en ocasiones, no es posible cambiar un problema de semejante magnitud, sino que debemos aprender a soportarlo y a vivir con él. Durante las próximas semanas, creemos que eso es lo mejor que pueden hacer.
1139. Parece evidente que a esta familia le gusta mucho discutir y polemizar. Creemos que eso es positivo y no nos gustaría que cambiase esta cualidad de lo que son como grupo.

Autovigilancia

Abordaje en consonancia con: Terapia cognitivo-conductual

Propósito: Ayudar al cliente a obtener una mayor comprensión de un comportamiento, pensamiento o sentimiento por medio de la documentación del evento.

Lo que hace el terapeuta: El terapeuta trata de que el cliente lleve un registro diario de sus eventos, acciones, conductas, pensamientos y/o reacciones. El cliente utiliza este registro para evaluar sus conductas, pensamientos y/o acciones.

Ejemplos

1140. Entre esta semana y la siguiente, quiero que lleve un registro de los pensamientos relacionados con la pérdida de su madre. Para ello, cree un diario que recoja una breve descripción de sus pensamientos a este respecto y la fecha, hora y lugar en que se le ocurren.
1141. Me gustaría que tomara este cuaderno y llevara un registro de sus momentos de enfado. En la primera columna, indicará la fecha y la hora del acontecimiento. En la otra columna, anotará cuál fue su reacción física, por ejemplo, enrojecimiento de las orejas, puños apretados, etcétera.
1142. Hemos hablado mucho, durante esta semana, sobre la toma de decisiones, así que, como tarea para casa, quiero que escriban por lo menos tres veces durante la próxima semana los momentos en que tomen una decisión. Consignen lo que piensan, cuáles son las alternativas y cómo les hacen sentir cada una de esas alternativas, así como las consecuencias de su decisión.
1143. Los dos han hablado largo y tendido sobre lo negativa que puede ser la mañana en su casa. Estoy de acuerdo en que algo tiene que cambiar. Sin embargo, antes de decidir qué debe cambiar, necesitamos recopilar algunos datos. Cada mañana, durante la próxima semana, ambos deben anotar las observaciones que hagan respecto a lo que sucede, las cosas que cada cual hace y dice, y cuál es el sentimiento general de la mañana de ese día.
1144. Una cosa que puede ayudarle en sus esfuerzos para dejar de fumar es consignar, en primer lugar, cuándo le apetece más un cigarrillo. Utilice una hoja de papel para anotar la fecha, la hora y el lugar cada vez que fume.

Ataque de vergüenza

Abordaje en consonancia con: Terapia cognitivo-conductual

Propósito: Conseguir que los clientes entiendan que pueden comportarse, pensar y sentir de manera diferente sin que el mundo se derrumbe y que hacer cosas que alguna vez temieron porque les parecían muy problemáticas no es, de hecho, tan negativo.

Lo que hace el terapeuta: El terapeuta encarga una tarea al cliente en la que le pide que haga aquello que más teme. Debe asegurarse de que el cliente no se aventure en una situación perjudicial o no terapéutica.

Ejemplos

1145. De acuerdo, de manera que dice que nunca llegaría tarde a una cena, ¿no es así? Y tengo entendido que su madre va a dar una este fin de semana. Quiero que llegue quince minutos tarde a la celebración. Hágame saber lo que sucede.
1146. Parece estar seguro de que, cuando la gente muestra algún tipo de emoción en una reunión de negocios, tienden a ser despedidos. Esta semana, en su reunión semanal, quiero que muestre algún tipo de emoción al menos hacia una persona. Usted decide a quién y cuál emoción.
1147. Cree que, si se acerca a alguien y le dice que le parece atractivo, se reirá y se burlará de usted, ¿no es cierto? Y su idea es que toda la gente haría lo mismo. Quiero que ponga a prueba esa teoría expresando ese tipo de sentimientos por lo menos a cuatro personas esta semana para ver cuáles son sus reacciones.
1148. Le he escuchado decir que su madre se desmoronaría si compartiera eso con ella. Sospecho que podría haber otros resultados. Quiero que dedique unos momentos, cuando las cosas estén tranquilas, a hacer precisamente eso.
1149. Ha dicho que siempre sabe cuándo los demás quieren que se vaya. Esta semana, en su club de lectura, quédese por lo menos veinte minutos más después del momento en que siente que la gente quiere que se marche. Experimente la diferencia que hay, si es que hay alguna, desde ese instante hasta el momento en que realmente se va.

Parar y observar

Abordaje en consonancia con: Terapia cognitivo-conductual

Propósito: Ayudar a los clientes a mantener un enfoque coherente con sus pensamientos, declaraciones y cogniciones.

Lo que hace el terapeuta: El terapeuta pide al cliente que utilice o tenga algo a la vista (un recordatorio) que le ayude a recordar que debe detenerse a escribir lo que piensa en ese momento. La información que el cliente escribe es analizada por cliente y terapeuta para identificar temas, patrones, crecimiento o regresión.

Ejemplos

1150. De acuerdo, ha decidido llevar una goma elástica en su muñeca para recordarle que debe detenerse a escribir lo que piensa.
1151. Recuerde que, cada vez que mire la televisión y vea el papel blanco pegado en ella, debe escribir sus pensamientos.
1152. Ha dicho que va a atarse un trozo de cinta alrededor de la muñeca para recordar que debe apuntar sus pensamientos. No olvide traer ese registro con usted la próxima semana.
1153. Como manera de registrar cuándo llega el momento de anotar sus pensamientos y emociones, quiero que los escriba cada vez que se dé cuenta de que mueve el anillo de su dedo meñique.
1154. El hecho de llevar algo, como una pulsera, alrededor de su tobillo, le ayudará a recordar que tiene que escribir sus pensamientos.
1155. Parece que ha decidido llevar un cordón atado a la muñeca para recordar que debe pararse a escribir lo que piensa.
1156. Entiendo que, cada vez que mira su ordenador y ve el Post-it rosa pegado en un lado, debe escribir sus pensamientos.
1157. Ha dicho que oye mucho la radio. También ha mencionado que, cuando la escucha, a veces se siente mal porque la emisora emite canciones de amor lentas. Así pues, quiero que se pare a escribir exactamente el nombre de la canción cuando sienta que se va a poner triste.

Experiencias difíciles

Abordaje en consonancia con: Terapia familiar, terapia individual

Propósito: Conseguir que el cliente o clientes abandonen el síntoma.

Lo que hace el terapeuta: El terapeuta proporciona al cliente una receta directa o paradójica. En la prescripción directa, el terapeuta le pide que haga algo desagradable –si bien positivo– para él, porque sustituye el síntoma. Por su parte, en la prueba paradójica, el terapeuta solicita al cliente que insista en el síntoma, lo que le obliga a reconocer que tiene el control sobre él, o bien se niega por completo a manifestar el síntoma porque elige resistirse al terapeuta.

Ejemplos

1158. Entiendo que tiene muchas dificultades para dormir por la noche y que eso le hace perderse su lectura. Quiero que se acueste cada noche de esta semana con la siguiente tarea en mente. Si no puede dormirse en los primeros treinta minutos tras acostarse, levántese y empiece a leer. Debe leer durante al menos cuatro horas.

1159. Me han convencido de que, en su familia, este problema asume el control y no lo suelta hasta salirse con la suya, lo cual puede resultar muy difícil. Así pues, esta semana quiero que respeten el problema, al que llamaremos "tierra baldía". Esto es lo que quiero que hagan. Cada uno de ustedes escribirá una carta de tres páginas a la tierra baldía describiendo los efectos positivos que ha tenido en su vida. Escriban también por qué el problema hace que se sientan cómodos. Cuando la familia se reúna esta semana, cada uno de ustedes debe leer toda la carta que ha escrito a la tierra baldía. Finalmente, discutan entre ustedes qué ideas tienen para limitar su efecto.

1160. Bien, hemos hablado sobre la enorme dificultad que tiene para conciliar el sueño por la noche. Aunque este no es un problema infrecuente, en su caso parece ocupar un lugar importante en su vida. Así pues, lo que quiero que haga es que acepte probar algo que quizá le parezca un tanto estúpido. Cuando esté despierto por la noche, levántese y limpie una habitación de su casa. No importa la habitación que elija. Asegúrese de no volver a dormir antes de que la habitación esté completamente limpia. Y tampoco limpie la misma habitación dos veces seguidas.

Biblioterapia

Abordaje en consonancia con: Terapia cognitivo-conductual

Propósito: Proporcionar al cliente una tarea específica que emplee libros, artículos, cintas de audio o vídeo como medio para aprender acerca de un tema específico o relacionado con su terapia.

Lo que hace el terapeuta: El terapeuta brinda una prescripción concreta de lo que debe leer o revisar el cliente para la siguiente sesión. El terapeuta puede solicitar al cliente que se concentre en un área específica, o bien en conceptos generales.

Ejemplos

1161. En cuanto el trabajo para casa de esta semana, quiero que lea el libro de Glasser, titulado *Positive Addiction*.
1162. Hemos hablado mucho, a lo largo de esta semana, sobre nuestra sensación de que le gustaría que el mundo fuese diferente. Me gustaría que leyera el libro *Ismael*, de Daniel Quinn, entre esta sesión y la siguiente.
1163. Este artículo de la revista habla sobre las consecuencias de vivir en un hogar con un padre alcohólico. Quiero que lo lea antes de nuestra próxima sesión y quiero que preste mucha atención a las creencias y mensajes que la autora se daba a sí misma cuando tenía su edad.
1164. Escuché que usted y su esposa dijeron que les gustaría tener más intimidad en su matrimonio. Lo entiendo y quisiera que ambos leyeran el libro *Presencia radical* antes de volver a la siguiente sesión.
1165. Ya hemos recorrido un largo camino en la terapia. Tengo la sensación de que está preparado para intentar algunas de las cosas de las que hemos hablado. Me gustaría que, esta semana, leyera el libro de Albert Ellis, titulado *Ser feliz y vencer las preocupaciones*. Mientras lee, concéntrese en el control que tiene actualmente sobre los mensajes que se dice a sí mismo.
1166. Bien, hemos hablado mucho esta semana sobre su deseo de tener una mejor percepción de cómo ha llegado a pensar de la manera en que lo hace. Quiero que lea el libro *The Earth Is Enough* para la próxima semana. Preste mucha atención al estilo que los tíos utilizan para adiestrar y enseñar al sobrino. También me interesará hablar con usted sobre su reacción al escenario que describe el libro.

Sociograma

Abordaje en consonancia con: Habilidad universal

Propósito: Promover la comprensión del entorno social del cliente. También es útil para utilizar mejor los recursos y los aliados y fortalecer las conexiones interpersonales.

Lo que hace el terapeuta: El terapeuta pide al cliente que desarrolle y extienda sus relaciones con otras personas. El cliente utiliza círculos para señalar a los miembros de un grupo o círculo, mientras que las líneas se refieren a las personas más cercanas entre sí. Se puede utilizar con familias, clases, entornos de trabajo y otros grupos. Esta técnica también es útil para dibujar quiénes se ven rechazados o no están integrados.

Ejemplos

1167. Así pues, ahora quiero que ponga por escrito algunas de las cosas de las que hemos hablado. Quiero que dibuje un diagrama de cómo funcionan sus empleados en conjunto. Utilice círculos o vainas para contener a los pequeños grupos y conecte a la gente utilizando líneas para mostrar a los que están más cercanos entre sí.
1168. Tiene una familia muy grande. Sería de gran ayuda si pudiésemos trazar cuál es la relación de las personas en el grupo mayor. Dibuje un círculo interior que represente el grupo central de su familia, seguido de círculos exteriores para otros subgrupos familiares. En aquellas situaciones en las que los miembros de la familia de diferentes círculos se alineen entre sí, dibuje una línea que los conecte.
1169. Entonces, mientras le escucho hablar, me está suministrando muchos detalles sobre quién está en cada grupo y a quién le gusta o no determinada gente. Dediquemos unos minutos a averiguar de qué está hablando. Utilice círculos para mostrar los subgrupos, utilice líneas para conectar a las personas que tienen una mistad y utilice flechas para señalar a las personas que no se llevan bien.
1170. Ha compartido cómo existen diferentes grupos que se alinean de manera más poderosa entre sí dentro de la organización. También ha comentado que hay varias personas que parecen ser capaces de tender un puente entre distintos grupos. Quiero que dibuje todo eso como tarea para esta semana. Utilice círculos para indicar los diferentes grupos y emplee líneas que estén conectadas entre sí para mostrar a las personas que tienden un puente por encima de las diferencias. Asimismo, utilice flechas para evidenciar dónde hay personas que suelen rechazar a ciertos miembros de los otros grupos.

Tarea para casa

Abordaje en consonancia con: Habilidad universal

Propósito: Mantener el contacto con el cliente, conseguir que se centre en el material terapéutico y hacer que complete una tarea que promueva un mayor crecimiento y desarrollo.

Lo que hace el terapeuta: El terapeuta plantea al cliente una tarea para trabajar y completar antes de volver a la terapia en la siguiente sesión. Las asignaciones de tareas varían desde prescripciones directas para el cambio –por ejemplo, practicar nuevas habilidades– hasta prescripciones paradójicas, como, por ejemplo, determinar una recaída.

Ejemplos

1171. Quiero que trabaje en algo antes de que nos volvamos a ver. Me gustaría que elaborase una lista de todas las veces que su marido haga algo dulce y considerado por usted o por alguna otra persona.
1172. Cuando vaya a casa, muéstrese más asertiva. Quiero que, de entrada, sea más asertiva con los miembros de su familia, y luego, cuando haya acopiado el valor suficiente, intente ser asertiva con alguien del trabajo.
1173. Debe llevar un diario de las veces que Johnny moja la cama entre esta sesión y la siguiente.
1174. Parece que tienes muchos problemas para llegar a tiempo a la escuela. Quiero que lleves un diario de los alimentos que comes después de las 7:00 p.m.
1175. El equipo cree que ha cambiado mucho durante esta última semana. Queremos que no haga nada con respecto a los cambios antes de la próxima sesión.
1176. La próxima vez que empiecen a discutir, deben prolongarlo por lo menos durante una hora. De esta forma, podrán ofrecer una descripción mucho más adecuada de sus diferentes estilos de enfrentamiento cuando nos reunamos la próxima semana.
1177. Entre este momento y la próxima vez que nos encontremos, quiero que practique el conocer a más gente. Debe presentarse por lo menos a una persona cada día.
1178. Su tarea para esta semana consiste en averiguar cuántos miembros de su familia creen, como usted, que tener una enfermedad mental es un factor imprescindible para no verse rechazado por el sistema familiar.

Nivel de habilidad

Además de la comprensión básica de las habilidades y técnicas utilizadas, debemos tener en cuenta la comprensión del nivel de perspicacia imprescindible para incorporar de manera efectiva y hábil cada técnica concreta. Los autores proporcionamos la siguiente tabla como punto de partida para la consideración y el debate reflexivo. El "nivel" identificado se basa en diferentes criterios, entre ellos la profundidad de los conocimientos necesarios para utilizar con éxito la técnica, el grado de seguimiento adecuado después de empezar a aplicarla y la profundidad potencial que el uso satisfactorio de dicha técnica tiene en el cliente.

Básico	Moderado	Avanzado
		Desafíos Dibujar a la familia completa
	Técnica de la silla vacía	
Romper el hielo		
	Grupo observa al grupo	
Felicitarse		
		Técnica de simulación
	Cambio de rol	
		Esculpir
	Terapia de arte en serie Rueda de influencia Experimentar	
		Psicodrama
	Hacer "como si"	
		Directriz
	Técnica de la puerta en la cara Técnica del pie en la puerta	
		Paradoja
	Autovigilancia	
		Ataque de vergüenza
	Parar y observar	
		Experiencias difíciles
	Biblioterapia Sociograma	
		Tarea para casa

Detenerse a reflexionar

El uso de reflexiones precisas y efectivas en el momento en que estamos con un cliente o un grupo de clientes requiere práctica y comprensión de las necesidades de cada persona. Detengámonos ahora unos momentos a reflexionar sobre cuál de estas técnicas nos resulta más natural y cuáles parecen entrañar más dificultades para nosotros en nuestro trabajo actual o futuro. Anotamos las respuestas en las siguientes líneas.

Creo que, en la actualidad, soy bastante efectivo en el uso de la(s) siguiente(s) técnica(s):

____

____

¿Cómo me he formado en estas áreas técnicas?

____

____

Creo que, en la actualidad, me esfuerzo en aplicar de manera efectiva la(s) siguiente(s) técnica(s):

____

____

¿Cuáles son los medios que me permitirán adquirir más pericia en estas áreas?

____

____

12 La mina abandonada

Las minas tienen un propósito importante porque, de ellas, se extraen valiosos minerales, materias primas, gemas y metales raros. En el pasado, cuando las minas perdían su valor, las empresas solían abandonarlas, dejando un pozo abierto. Del mismo modo, las habilidades que se encuentran en esta sección dejan pozos profundos en los que, una vez se entra en ellos, es difícil salir. Por ejemplo, aunque el asesoramiento que un terapeuta proporciona libremente a sus clientes "funciona" en ocasiones (incluso un cerdo ciego consigue una bellota de vez en cuando), el terapeuta puede estar causando, al suministrar dicho asesoramiento, un tremendo perjuicio tanto al cliente como a la profesión de la terapia. Si el cliente asume que la obligación de los terapeutas consiste en decirle cómo debe vivir su vida, qué es lo mejor para él y qué decisiones debe tomar, el cliente puede muy bien asumir un papel de completa dependencia, concluyendo erróneamente que los terapeutas le aliviarán de tener que tomar sus propias decisiones en la vida. Este no es el verdadero papel del terapeuta, por supuesto. La universidad no proporciona a los terapeutas todas las respuestas a los problemas que afrontarán sus clientes. Tanto nosotros como nuestros clientes tenemos que reconocer ese hecho. Por eso, se aconseja que los terapeutas eviten, en la medida de lo posible, las "habilidades" que figuran en este capítulo.

Aconsejar

Abordaje en consonancia con: Habilidad a evitar

Propósito: Proporcionar al cliente lo que el terapeuta cree que es la respuesta correcta. Si se utiliza como técnica de terapia principal, anima al cliente a confiar en el terapeuta o en otras personas para obtener respuestas. Desvirtúa la relación de ayuda como una conexión mutua y la convierte en una interacción entre una persona en una posición superior y otra persona en una posición inferior, ocupando el cliente la posición inferior.

Lo que hace el terapeuta: El terapeuta brinda al cliente un consejo que considera que este debe seguir para mejorar su vida. El consejo puede asumir la forma de comentarios directos o comentarios más sutiles y soterrados.

Ejemplos

1180. Puede que sea recomendable para usted abandonar su actual relación.
1181. Su familia no tiene derecho a presionarle de esa manera, debería ponerlos en su lugar.
1182. Si quiere conocer mi opinión, creo que nadie tiene derecho a tratarlo de esa manera.
1183. Debería aprender a gestionar mejor su ira. Le ayudará en el futuro.
1184. Es posible que quiera reconsiderar salir con ella. Parece que es tan problemática que no merece la pena intentarlo.
1185. En mi propia vida, ha sido muy importante decirle a los demás lo que siento sobre las cosas. Debería aprender a hacer lo mismo.
1186. Le escucho. Su familia no respeta de hecho todo lo que hace por ellos. Debería simplemente dejarlos durante un tiempo y entonces entenderían lo importante que es usted.
1187. Es importante que seas capaz de aguantar más. No debes dejar que te molesten cosas como lo que te dijo tu madre.
1188. Debería intentar conocer a otras personas. Le haría mucho bien.
1189. No creo que intente hacer eso.
1190. Creo que las cosas funcionarían mejor si deja de enfocarse en el lado negativo de la vida y empieza a prestar atención al lado más brillante.

Poner una venda

Abordaje en consonancia con: Habilidad a evitar

Propósito: Tratar de evitar que el cliente experimente dolor o problemas en su vida.

Lo que hace el terapeuta: El terapeuta se apresura a salvar al cliente de experimentar fuertes sentimientos emocionales, comunicándole que todo irá bien y que, a la postre, funcionará.

Ejemplos

1191. No llore, sabe que esto solo es temporal.
1192. Sé que ha dicho que ha arruinado su matrimonio después de veinticuatro años, pero todo irá bien. Conozco a mucha gente, en peores situaciones, que han sobrevivido.
1193. Hemos estado hablando sobre la pérdida de su madre y de su padre, y debo compartir que, cuando yo perdí a mis padres, fue difícil durante un tiempo, pero lo superé y seguí adelante. Usted también lo hará.
1194. Sabe, aquello que nos molesta y nos hace daño, nos hace más fuertes. Centrémonos solo en lo bueno porque al final, ya sabe, las cosas siempre salen bien.
1195. Las cosas irán bien. Hablemos de otra cosa.
1196. Oiga, no se preocupe. Puedo ayudarle a resolverlo. Todo saldrá bien. No se preocupe.
1197. Bien, lo que creo que debemos hacer es cambiar el rumbo y centrarnos en otras cuestiones. Está demasiado molesto ahora mismo. Podemos volver a ello más tarde.
1198. Parece realmente enfadado por ese motivo. Tal vez deberíamos centrarnos en otro asunto.
1199. No creo que sea el momento de discutir sus pensamientos al respecto. Ahora mismo es demasiado emotivo para usted.
1200. Siento que hayamos hablado de esto hoy. Parece que realmente le molesta. Y no creo que sea eso lo que necesita.
1201. Tal vez no deberíamos centrarnos en el problema durante un tiempo. Parece que se pone muy triste cuando lo abordamos.
1202. Las cosas estarán bien si permite que se arreglen solas.
1203. Creo que su problema desaparecerá con el tiempo, de manera que no se preocupe tanto por él. Confíe en mí. Sé que las cosas le parecen muy negativas ahora, pero con el tiempo se curará, mirará hacia atrás y se reirá.

Preguntas condenatorias

Abordaje en consonancia con: Habilidad a evitar

Propósito: Limitar la autoexpresión del cliente o su deseo de discutir abiertamente su problema, para hacer que cambie de opinión sobre el tema.

Lo que hace el terapeuta: El terapeuta formula preguntas que tienen el efecto de valorar al cliente por lo que está expresando o sintiendo y/o hacer que sienta que está siendo juzgado y que está equivocado al expresar su punto de vista.

Ejemplos

1204. ¿Está seguro de que se siente así?
1205. ¿Cree que eso es correcto?
1206. ¿Está seguro de que quiere decir eso?
1207. ¿No quiere tomarse un tiempo para volver a pensarlo?
1208. ¿Le gustaría volver a pensar esa respuesta?
1209. ¿Está seguro de lo que ha dicho?
1210. Quizá no se siente realmente así, ¿no es cierto?
1211. ¿Es ese su verdadero pensamiento sobre el asunto?
1212. ¿Es capaz de pensar en por qué lo que dijo podría estar mal?
1213. ¿No cree que eso va en contra de lo correcto?
1214. ¿No cree que está siendo demasiado duro con ella por lo que hizo?
1215. ¿Ha considerado ser más amable con él cuando actúa así?
1216. ¿En realidad cree que eso es lo correcto?
1217. ¿Ha considerado la posibilidad, y estoy pensando en voz alta ahora, de que debería ser menos crítico con los demás?
1218. ¿Cómo sería la vida si fuera más indulgente con los demás?
1219. ¿Por qué no quiere hacer nunca lo que su marido le pide?
1220. ¿Cómo es posible que nunca llame a su madre, ni siquiera en su cumpleaños?

Desidentificación

Abordaje en consonancia con: Habilidad a evitar

Propósito: Este es el signo del terapeuta que se aísla emocionalmente del cliente o se aleja de él.

Lo que hace el terapeuta: El terapeuta pierde la capacidad de entender el significado profundo de lo que le dice el cliente o de escuchar su voz y su historia.

Ejemplos

Hacia el cliente:

1221. No estoy seguro de cuál es el verdadero problema.
1222. Entonces, ¿qué es lo que le molesta de eso?
1223. Parece incómoda, pero en realidad no entiendo por qué.
1224. Tal vez deberíamos hablar de otra cosa.
1225. De hecho, me he perdido en este momento. ¿Qué es lo que ha dicho?
1226. ¿Cómo le hace sentir eso? ¿Enfadado? ¿Feliz?
1227. ¿Por qué sigue hablando de lo mismo?
1228. ¿Hay algo importante en eso?
1229. No, no me aburro. Estoy escuchando.
1230. Estoy tratando de seguirle.
1231. Entonces, ¿cuál es el problema?

Hacia uno mismo:

1232. He trabajado con gente así; esto realmente no es un problema.
1233. He superado cosas mucho más difíciles que esto; este cliente debería animarse y enfrentarse a la vida.
1234. Supérelo.
1235. ¿Cuál es el problema? Solo debe lidiar con ello.
1236. ¿En serio, esta persona cree que necesita terapia porque está molesta con su marido por su higiene?

Minimizar

Abordaje en consonancia con: Habilidad a evitar

Propósito: Hacer que el terapeuta se sienta más cómodo con la conversación al sugerir que lo que el cliente dice es menos significativo, importante, poderoso o real de lo que, de hecho, es para el cliente.

Lo que hace el terapeuta: El terapeuta proporciona una clara indicación al cliente de que lo que siente o piensa es menos importante de lo que en realidad es. El terapeuta promueve la idea de que el cliente aparenta que el problema es más grande de lo que es. El cliente se queda con la sensación de que sus pensamientos o sentimientos no son tan importantes o auténticos para vivirlos como él quiere o esperar que sean.

Ejemplos

1237. No se siente tan mal, ¿no es cierto?
1238. ¿Cómo es que eso puede producirle tanta felicidad? En realidad, no es para tanto.
1239. Parece como si hiciera que todo parezca más grande de lo que realmente es.
1240. No creo que lo que hemos hecho durante las sesiones haya sido tan positivo.
1241. He tenido varios pacientes que padecían los mismos problemas que usted. Trabajaron mucho más duro y mejoraron mucho más rápido.
1242. No está realmente molesto por eso, ¿verdad?
1243. ¿Cómo permite que algo así le haga enfadar? ¿De verdad, se siente tan molesto?
1244. Puede que esté dándole más importancia a este asunto de la que merece.
1245. Yo tendría más cuidado al mostrarme tan feliz por eso. No es tan importante.
1246. De hecho, no veo en qué puede ser útil para usted.
1247. Ha dicho que se sentía enfadado, pero en realidad solo estaba un poco molesto, ¿no es cierto?
1248. Con “cambiar de vida” se refiere a algo importante.

Añadir, sin estar justificadas, palabras como estas para reflejar un sentimiento.

1249. Algo así.
1250. En cierto modo.
1251. Un poco.
1252. Bastante.

Sobreidentificación

Abordaje en consonancia con: Habilidad a evitar

Propósito: El terapeuta se implica emocionalmente tanto con el cliente o clientes que pierde la objetividad. Es una modalidad de contratransferencia.

Lo que hace el terapeuta: El terapeuta formula declaraciones que revelan temas personales de una manera no terapéutica para el cliente y que llevan a reenfocar la sesión en el terapeuta y sus necesidades.

Ejemplos

Para el cliente:

1253. Estoy terriblemente triste por el hecho de que tenga problemas con esto.
1254. Me gustaría poder decir o hacer algo, cualquier cosa, que haga que las cosas mejoren un poco.
1255. No he podido dormir bien esta semana porque he estado pensando en usted y en su dilema.
1256. Lamento llorar, pero me pone muy triste cuando habla de ese modo.
1257. Estoy escuchando a su familia hablar y no puedo evitar volver a un lugar en mi propia vida cuando mi familia hablaba de manera similar. Siento no poder ayudarle demasiado.
1258. Johnny, está siendo muy duro con Susan en este momento. Me molesta verle hablar con ella de esa manera.
1259. En realidad, puedo sentir de lo que está hablando. Me recuerda a algunas cosas de mi pasado. Tampoco me gusta cuando la gente me trata de esa manera.
1260. Parece usted mi padre con toda su negatividad y pesimismo.
1261. Me resulta difícil seguir trabajando con usted debido a mi propia historia. Cuando lo miro y le escucho hablar de su pasado, no puedo evitar volver a una época en la que yo también tomaba drogas y alcohol. Es difícil distanciarme de usted en esos momentos.
1262. Su dolor es mi dolor.

Para uno mismo:

1263. Eso es terrible. No puedo quitarme a ese cliente de la cabeza.
1264. Tal vez si descubrimos qué está mal, me ayude en mi propia vida.
1265. Es muy difícil escucharla hablar de su madre. A mí me ocurre lo mismo.

Preguntas dobles

Abordaje en consonancia con: Habilidad a evitar

Propósito: Confundir al cliente planteando dos o más preguntas y limitando así su capacidad de respuesta.

Lo que hace el terapeuta: El terapeuta formula varias preguntas a la vez que pueden o no estar conectadas entre sí. Esto se hace de forma sucesiva, de modo que el cliente no tiene tiempo para responder a la primera pregunta antes de que se formule la segunda o la tercera.

Ejemplos

1266. ¿Cómo fueron las cosas para usted la semana pasada? ¿Tuvo ocasión de hablar con su amigo sobre esa situación?
1267. Tenía curiosidad por saber cuántas personas conocen el asunto. Y también quería preguntarle si ya se lo había dicho a su director.
1268. Sí, por cierto, ¿cómo está su hermana? ¿Todavía se está recuperando de la cirugía? ¿Lo ha hecho? ¿Ha ido todo como se esperaba?
1269. Como hemos trabajado juntos durante algún tiempo, tengo curiosidad por saber qué es lo que le ha funcionado mejor. ¿Qué ha descubierto de usted mismo que no supiese?
1270. ¿Cuántas veces a la semana ocurre esto? ¿Ha intentado alguna vez hacerlo más a menudo?
1271. Si empezaras a ir a la universidad con más frecuencia, ¿qué efecto tendría eso en tus notas? ¿Cuál sería la reacción de otras personas?
1272. ¿Qué ha ocurrido en casa esta semana? ¿Cómo han cambiado las cosas desde la última vez que nos vimos?
1273. En una escala del uno al diez, siendo diez lo mejor, ¿cómo le ha ido el día? ¿Ha tenido un buen día?
1274 ¿Por qué ella le haría eso? ¿Alguien más lo sabía?
1275. ¿Qué le llevó a pensar que no le gustaba? ¿Volverá a hablar con él?
1276. Le he escuchado decir que las cosas van mejor. ¿Qué ha cambiado para que se vuelvan mejores? ¿Le preocupa que vuelvan a ser como antes?
1277. Cuando hablaba de esa situación, me preguntaba por qué lo hizo. ¿Cómo se siente cuando ella le dice eso?

13 Transcripción completa

El objetivo de la siguiente transcripción ficticia es mostrar de qué manera el terapeuta aplica las técnicas descritas en este libro. El cliente imaginario es una mujer de cuarenta y cinco años, recién divorciada, con dos hijos (de doce y ocho años de edad). Su problema es que ella y sus hijos experimentan dificultades para adaptarse a su nueva vida. Por su parte, la terapeuta ha trabajado en la práctica privada durante quince años.

Hay que tener en cuenta varias cuestiones en la transcripción. En ella, aplicamos secuencialmente las habilidades presentadas en este libro. Hacemos esto para poner de manifiesto cómo pasar de construir una relación y escuchar la historia del cliente (habilidades descritas en el capítulo 3, "El reflejo en el estanque") a animar al cliente a que trate de hacer algo diferente (habilidades que se encuentran en el capítulo 11, "Olas en movimiento"). De hecho, por supuesto, el terapeuta no utilizará todas estas habilidades en una misma sesión. Asimismo, la transcripción de la sesión es bastante larga debido a la suma de todas las habilidades descritas.

También hay que tener en cuenta que el terapeuta invierte mucho tiempo formulando preguntas (capítulo 4, "El árbol de las preguntas"). En nuestra propia práctica, constatamos que efectuar demasiadas preguntas resulta perjudicial tanto para la relación con el cliente como para el valor terapéutico de la sesión. Además, cuando formulamos preguntas al cliente, sobre todo al principio de la relación terapéutica, este puede decidir que su papel se limita, principalmente, a responder al terapeuta.

Como en cualquier sesión, real o ficticia, existen multitud de enfoques diferentes a adoptar por parte del terapeuta. Esta sesión en concreto utiliza diversas habilidades y fundamentos teóricos a medida que cliente y terapeuta pasan de una discusión terapéutica superficial a una más profunda.

TE = Terapeuta

CL = Cliente

1278. TE: Bien, si no recuerdo mal en la conversación telefónica que mantuvimos, le preocupaba cómo gestionan sus hijos los reajustes provocados por su divorcio. Y recuerdo que dijo que usted también experimentaba ciertas dificultades. (Resumen)
CL: Sí, lo que ocurre es que no sé cómo gestionar el estrés y los problemas que conlleva ser madre soltera.
1279. TE: De acuerdo. (Mínimo estímulo)
CL: Es como si, en ocasiones, creyese que las cosas habrían ido mejor si hubiera seguido con mi matrimonio.
1280. TE: Lo que se pregunta es si hubiera sido mejor seguir casada. (Paráfrasis)
1281. TE: Se siente triste porque su matrimonio ha terminado. (Reflejo del sentimiento)
CL: Sí, siento que podríamos haber intentado más cosas.
1282. TE: Cree que debería haber sido capaz de solucionar su matrimonio. (Reflejo del significado)
CL: Sé que parece estúpido. Quiero decir que tratamos de seguir juntos durante dos años y medio más. Lo intentamos todo, pero nada parecía funcionar. De hecho, resultó agotador.
1283. TE: Parece como si estuviera cansada de todo aquel esfuerzo.
CL: Siempre pensé que nuestro matrimonio duraría para siempre.
1284. TE: ¿Qué dice de usted el hecho de que su matrimonio no durase? (Flecha descendente)
CL: Bueno, supongo que dice que he fracasado.
1285. TE: Pero ¿qué dice de usted ese fracaso?
CL: Creo que significa que soy una fracasada.
1286. TE: Entonces, si escucho lo que me está diciendo, cree que la gente cuyo matrimonio termina en divorcio son unos fracasados. (Flecha descendente)
CL: Bien, supongo que suena bastante duro, ¿no?
1287. TE: ¿Duro? (Énfasis)
CL: Bueno, creo que lo quiere decirme es que, tal vez, no sea una absoluta fracasada y que mucha gente buena tiene matrimonios que terminan en divorcio.
1288. TE: La gente buena tiene matrimonios que terminan en divorcio. (Énfasis)

CL: De acuerdo, por supuesto, quiero decir que conozco a mucha gente de mi grupo de autoayuda que son muy agradables, trabajan muy duro y cuyos matrimonios simplemente se han terminado.

1289. TE: Parece como si observase más detenidamente su creencia acerca de lo que significa fracasar en la vida. (Resumen)

CL: Me siento muy bien por poder hablar con alguien sobre esto.

1290. TE: Tengo la sensación de que llevar la carga que ha arrastrado durante tanto tiempo ha sido, de hecho, increíblemente difícil. (Empatía)

CL: Oh, sí, en ocasiones siento como si me fuese a desmoronar bajo todo ese peso.

1291. TE: Háblemе más sobre esa sensación de desmoronamiento. (Estímulo)

[Clienta y terapeuta son interrumpidas por los dos hijos de la clienta, Johnny y Susie.]

1292. TE: Veo que os gustaría estar con nosotras.

CL: Podéis jugar ahí, pero no interrumpáis.

1293. TE: (a Johnny) Te esfuerzas mucho para llenar ese camión de arena. (Contenido del juego del niño)

1294. TE: (a Susie) Estás contenta de ver que las piezas del rompecabezas encajan. (Sentimientos del niño)

1295. TE: (a Johnny) Estás frustrado porque la arena no se queda en el camión. (Sentimientos del niño)

1296. TE: (a Susie) También trabajas duro con los bloques de construcción. (Contenido del juego del niño) [Los niños vuelven a salir para jugar en la otra habitación.]

1297. TE: (dirigiéndose a la clienta) ¿Sus hijos siempre juegan tan bien juntos? (Pregunta cerrada)

CL: Sí.

1298. TE: ¿Cómo ha criado a estos niños tan bien mientras se esforzaba tanto en su matrimonio? (Pregunta abierta)

CL: Oh, bueno, ambos, mi marido y yo, decidimos que era muy importante asegurarnos de que los niños no se viesen arrastrados por nuestros problemas. Tratamos por todos los medios de mantener los problemas alejados de ellos tanto como fuera posible.

1299. TE: Bien, déjeme comprobar una cosa con usted. ¿Me está diciendo que, en medio de su peor pesadilla, es decir, un matrimonio que no funcionaba, usted y su marido dedicaron mucho tiempo y energía a asegurarse de que los niños estuvieran bien? (Comprobación)

CL: Sí, supongo que es así.

1300. TE: Bueno, recapitulemos nuestro diálogo hasta ahora. Hemos hablado de sus sentimientos de fracaso matrimonial, de sus maravillosos hijos, de lo protectora que es con ellos y del gran peso que supone para usted la pérdida de su matrimonio. ¿He omitido alguna cosa? (Pregunta cerrada)

CL: No, creo que eso es bastante correcto.

1301. TE: Bien, entonces, dígame, ¿qué cambiaría en su vida si no llevara consigo esta pesada carga? (Formular la pregunta)

CL: Oh, Dios, ni siquiera soy capaz de pensarlo. Supongo que sería más feliz; probablemente saldría más y tendría más energía para hacer cosas.

1302. TE: Entonces, si escucho bien, ¿está diciéndome que cargar con ese peso le impide hacer cosas que de otra manera le gustaría hacer? (Comprobación)

CL: Sí, pero bueno, supongo que la lógica que utilizo es que nadie quiere estar cerca de mí, ya sabe, con el divorcio y todo eso, sino que solo son amables porque quieren cuidar de una pobre madre soltera.

1303. TE: ¿Qué pruebas tiene de su teoría de que la única razón por la que a la gente le gusta estar con usted es porque quieren hacer una buena obra? (Disputa cognitiva)

CL: No lo sé, siempre pensé así de la gente que acababa de divorciarse, como si me sintiera mal por ellos o algo parecido.

1304. TE: ¿Reciben los niños el mismo tratamiento por parte de los demás, es decir, que otras personas se sientan mal por ellos? (Pregunta cerrada)

CL: En ocasiones, sí. Creo que hay profesores y padres que dicen cosas como "debe ser muy duro tener que pasar por eso". Pero creo que la gente piensa más en mí.

1305. TE: De acuerdo, quiero saber qué efecto tiene en sus hijos el hecho de que usted se dé cuenta de que alguien está haciendo algo bueno por usted tan solo porque es una "pobre madre divorciada". (Interrogatorio circular).

CL: Creo que lo noto más cuando me quedo callada y luego los niños se sientan a mirarme y hay un estado de ánimo que se apodera de la casa. Es como si me sintiese triste y sola al mismo tiempo.

1306. TE: Ese estado de ánimo que describe, voy a hacerle una pregunta muy extraña sobre ello, porque quiero tener una mejor imagen en mi cabeza de cómo lo percibe y lo siente. ¿Puede decirme de qué color es? (Externalizar el problema)

CL: Nunca pensé que tuviera un color... Pero lo percibo como morado intenso, con rayas rojas oscuras en su costado.

1307. TE: Vale, empiezo a percibirlo. Dígame qué forma tiene. (Externalizar el problema)

CL: Creo que es como una mancha que cambia de forma. Pero sobre todo es redonda, o tal vez una especie de forma ovalada.

1308. TE: Oh sí, lo veo. Ahora una pregunta un poco extraña. ¿Cambia de tamaño o simplemente permanece igual? (Externalizar el problema)

CL: A veces se hace más pequeño.

1309. TE: Bien, puedo imaginarlo como lo ha descrito. Entonces, me pregunto, si usted y los niños se acostaran esta noche y algo mágico sucediese, desconocido para usted, y la mancha morada, roja y ovalada desapareciera de repente de su vida, ¿qué sería lo primero que le haría saber que ha desaparecido por completo? (Pregunta milagrosa)

CL: No lo sé. Es una pregunta difícil de responder... Supongo que lo primero sería que nos sentiríamos más despejados y no estaría tan oscuro.

1310. TE: ¿Qué palabra o frase utilizaría para describir cómo se sentiría al verse libre de las garras de la mancha? (Sondear)

CL: ¡Diría que liberada!

1311. TE: ¿Y cómo responderían sus hijos? (Sondear)

CL: Estarían de acuerdo con lo de verse liberados, pero creo que ellos dirían que son felices.

1312. TE: Entonces, ¿en qué le gustaría que nos centrásemos, en trabajar para derrotar la mancha o en tratar de averiguar por qué su matrimonio ha terminado en divorcio? (Pregunta de elección forzada)

CL: Definitivamente, prefiero concentrarme en derrotar a la mancha.

1313. TE: Bien, hasta este punto hemos discutido varios temas importantes. Ha descrito el gran peso que supone sentirse fracasada por su divorcio, hemos hablado de cómo sus hijos fueron protegidos por usted y su exmarido tanto como les era posible y hemos obtenido una imagen más clara de la mancha que ocupa su vida en este momento. (Resumen)

CL: Sí, y siento que, si pudiese destruir esa mancha, las cosas funcionarían mucho mejor.

1314. TE: Si escucho bien, me está diciendo que tiene mucha más esperanza ahora que cuando llegó, ¿es eso cierto? (Comprobación)

CL: Sí, por supuesto.

1315. TE: Entonces tengo una pregunta terrible que hacerle. ¿Qué la haría retroceder y sentir que hay menos esperanza en su situación? (Pregunta terrible)
CL: Nada que se me ocurra. De hecho, creo que ya veo la luz al final del túnel.
1316. TE: Bien, entonces cambiemos de marcha por unos instantes. Lo que quiero ahora es que me hable un poco sobre sus hijos. ¿Puede decirme qué cree que hacen ahora mismo? Quiero decir, obviamente están afuera jugando, pero ¿qué está pasando realmente entre ellos?
CL: Creo que están jugando juntos como siempre, y ya sabe, parecen llevarse muy bien. Sospecho que están cooperando, hablando y desarrollando un estrecho vínculo.
1317. TE: ¿Y cuál de ellos sería el primero en notar lo esperanzada que está ahora mismo de que las cosas mejoren? (Interrogatorio circular)
CL: Definitivamente Johnny. Es muy consciente de mi estado de ánimo. Susie es menos propensa a prestar atención a cómo me siento.
1318. TE: Sigamos con el tema de la esperanza durante unos minutos. En una escala del uno al diez, siendo el diez la mayor esperanza posible, ¿dónde se ubican usted y sus hijos en cuanto al grado de esperanza de que las cosas mejoren? (Pregunta de escala)
CL: Yo estoy en un ocho, Johnny estaría en un seis y Susie en un nueve.
1319. TE: Vaya, parece que tienen mucha esperanza. Entonces, ¿qué es lo que Susie sabe sobre la situación que usted y Johnny no han descubierto todavía? (Interrogatorio circular)
CL: No lo sé realmente. Supongo que vive su vida prestando mucha más atención a las cosas positivas. Parece que nunca deja que las cosas la molesten durante mucho tiempo.
[Los niños entran de nuevo en la habitación.]
1320. TE: Vaya, ha ocurrido en el momento justo. Estábamos hablando de la esperanza de que todos os sintáis mejor. Mamá, ¿quiere decirles lo que me estaba contando ahora mismo?
CL: Bueno, supongo. Estábamos discutiendo cómo las cosas suelen ponerse feas en casa y que, tal vez, eso cambie en el futuro. Y he dicho que creía que ambos teníais muchas esperanzas de que las cosas cambien.
1321. TE: Johnny, ¿qué ha dicho tu madre en este momento?
Johnny: Dice que cree que las cosas mejorarán.
[Los niños agarran algunos juguetes y salen de la habitación.]
CL: Entonces, ¿qué debo hacer para que las cosas mejoren?

1322. TE: Bueno, me gustaría darle una respuesta mágica, pero creo que tendrá que descubrir qué es lo que mejor funciona en su caso. Tal como hemos hablado por teléfono, en este proceso no puedo darle consejos sobre el modo de llevar su vida. (Estructuración)
CL: Sabía que me iba a decir algo así.

1323. TE: Bueno, ciertamente hemos cubierto mucho terreno hasta este punto. Me pregunto qué experimenta ahora mismo. (Aquí y ahora)
CL: Siento que soy escuchada y que me he quitado un peso de encima.

1324. TE: En mi caso, creo que hemos llegado a conocernos, hemos desarrollado alguna relación y hablado de algunas cosas importantes para usted. Y parece que empezamos a hablar de los sentimientos que están en la superficie para luego descender a algunas de sus creencias centrales. (Aclarar el proceso)
CL: Sí, y me doy cuenta de que no suelo hablar mucho sobre la mayoría de estas cosas. Me sienta bien hacerlo.

1325. TE: Me alegra saber que esta es una buena experiencia para usted. Según mi experiencia, he descubierto que algunos clientes necesitan mucho tiempo para confiar en mí lo suficiente como para compartir abiertamente las cosas, mientras que otros se sienten seguros muy rápidamente. (Experiencia técnica)
CL: Ya lo veo. Ha habido momentos en los que he tenido miedo de lo que usted pudiese decir o pensar cuando he dicho algo. Creía que podría parecer estúpida.

1326. TE: Me hace sentir un poco triste que sienta que algunos de sus pensamientos y experiencias pueden ser estúpidos o, al menos, parecerlo. (Participar en el establecimiento de modelos)
CL: Vaya, me siento un poco nerviosa ahora mismo.

1327. TE: Bien, dediquemos unos minutos a hablar de lo que termina de ocurrir aquí. Creo que siente que, ahora mismo, está en una situación difícil. (Bloqueo)
CL: Sí, creo que es interesante pensar que a alguien le importa cómo me siento. Quiero decir, ¿está usted de verdad triste… o es solo algo que dice?

1328. TE: Bueno, primero, estoy triste por la situación. Pero suena como si hubiese una declaración directa detrás de esa pregunta. ¿Podemos tratar de averiguar qué intenta decirme con su pregunta? (Cambiar preguntas por declaraciones)
CL: De acuerdo.

1329. TE: Sospecho que lo que realmente estaba diciendo es que no está segura de si soy abierta y honesta con usted sobre mis sentimientos. (Interpretación)
CL: Bien, ya veo.
1330. TE: Así pues, quiero que haga una declaración que capte cómo se siente y qué piensa, en lugar de formularme una pregunta. (Cambiar preguntas por declaraciones)
CL: Bueno, eso va a ser difícil. Veamos.
1331. TE: Intente empezar con "siento" o "pienso". (Cambiar preguntas por declaraciones)
CL: De acuerdo. Siento que, en ocasiones, es honesta y parece una persona real, pero otras veces dice cosas como las diría un terapeuta.
1332. TE: La entiendo. Y lo que quiero que escuche desde mi perspectiva es que el propósito de nuestra reunión es ayudarle a resolver algunos problemas. En ese proceso, utilizaré diferentes técnicas y estilos. Y entiendo que, en ocasiones, puede parecer más una terapia, y otras veces que somos amigas, pero nuestro principal propósito es ayudarle a superar su divorcio. (Aclarar el propósito)
CL: Todo esto es mucho para tratar en este momento. Tengo un montón de sentimientos que están a punto de explotar. Solo quiero que las cosas vuelvan a estar bien.
1333. TE: En realidad, puedo percibir el dolor que experimenta. Quiero que piense durante unos minutos en otra cosa. Y podemos tomarnos todo el tiempo que necesite. Pero piense durante unos instantes en las dos o tres cosas que quiere que sean diferentes cuando terminemos hoy nuestra sesión. (Proteger)
CL: De acuerdo. Bien. En realidad, solo hay una cosa. Quiero saber cómo dejar de culparme por el divorcio.
1334. TE: Bien, ¿entonces el tema principal es el sentimiento de culpa que experimenta a causa del divorcio? (Definir el problema/tema)
CL: ¡Oh Dios, sí!
1335. TE: De acuerdo, entonces, si las cosas salen bien en esta sesión, y están yendo muy bien, y empieza a sentirse menos culpable, ¿qué cambiaría? (Definir metas/objetivos/resultados)
CL: No lo sé. Supongo que me sentiría como me sentía antes, más ligera de alguna manera.
1336. TE: Entonces uno de nuestros objetivos es que aprenda a darse permiso para ir, más a menudo, a ese lugar donde se siente más ligera. (Definir metas/objetivos/resultados)
CL: Sí, ¡eso estaría bien!

1337. TE: Si entiendo bien su historia, se culpabiliza en gran medida por el divorcio, lo que significa que asume la carga, o la mayor parte de la carga, tanto propia como la de su marido. Y en este momento, mientras aún lleva esta carga o responsabilidad por todo el asunto, trata de ayudar a sus hijos a superarlo. Eso es realmente mucho peso para acarrear. Debe ser muy fuerte para conseguirlo. (Recontextualizar)
CL: Caray, nunca lo había pensado de esa manera. No es de extrañar que esté tan cansada todo el tiempo.

1338. TE: Cierto. Entonces, ¿cómo puede su fuerza ser de mejor utilidad? (Explorar alternativas)
CL: No lo sé. Supongo que podría utilizarla para ser más feliz. ¿Es eso lo que quiere decir?

1339. TE: Bueno, claro, esa es una manera de verlo. Lo que le preguntaba es cómo puede reconducir esta fuerza que la hace capaz de gestionar tantas cosas mientras sigue pensando en los demás. (Identificar/construir fortalezas)
CL: Supongo que podría ser más despreocupada y soltar las cosas y no obsesionarme tanto con ellas. Eso podría ayudarme a utilizar mi fortaleza de otras maneras.

1340. TE: Ya veo, así que Susie y usted se parecen más en este sentido... ¿Tienen una actitud más despreocupada hacia la vida? (Vincular)
CL: Sí, me vendría bien un poco más de eso en mi vida.

1341. TE: Debo compartir con usted que estoy muy impresionada no solo por lo bien que sus hijos aprenden de usted, sino también por el modo en que los respeta y aprende de ellos. Su familia es muy impresionante en ese sentido. (Elogiar)
CL: Gracias. Mi esposo y yo siempre tratamos de ser buenos padres, y pensamos que nuestros hijos nos enseñaban tanto sobre la vida como nosotros a ellos.

1342. TE: Sí, eso parece correcto teniendo en cuenta lo que ha descrito. Tengo curiosidad por saber qué otras cosas que sus hijos están utilizando actualmente podría utilizar para lidiar con esto. (Explorar)
CL: Bien, veamos, me gusta no sentirme preocupada. Eso es bueno. Oh... Supongo que podría... bueno... ahora... veamos... Me gusta cómo Johnny permite que las cosas le resbalen. Parece que no se preocupa tanto como yo. Pero, no sé, yo soy su madre, es mi tarea preocuparme, ¿verdad?

1343. TE: Entonces, una de sus reglas en la vida es que las madres deben preocuparse. Me pregunto si existe alguna excepción a esa regla. (Centrarse en las excepciones)
CL: Bueno, no lo sé. Supongo que así es como soy.

1344. TE: ¿Es posible que arrastre esta pesada carga para que otras personas vean lo fuerte que es en realidad? (Interpretar)
CL: Vaya. Eso no suena demasiado bien, ¿verdad?
1345. TE: De acuerdo, veo esta imagen suya en mi cabeza. Y probablemente no es lo que le gustaría oír. Pero la veo como una locomotora tirando de un tren que sube por una colina.
CL: Sí, mi trabajo, mis hijos, mi divorcio, todo eso. Estoy tirando de todo eso colina arriba.
1346. TE: En efecto, y una vez llegue a la cima, será todo ese peso el que le proporcionará impulso suficiente para seguir el resto del camino sin tener que esforzarse de manera tan terrible en la siguiente colina. (Redefinir)
CL: Eso suena bastante bien. Me gustaría.
1347. TE: Sin embargo, quiero volver durante unos momentos a retomar algunas de las cosas que ha dicho. Por una parte, ha señalado que no le gustaba llevar el peso y la carga del divorcio. Y también ha dicho que la gente la percibe como una "pobre madre soltera". Me pregunto si no obtiene algo a cambio de ser considerada una "pobre madre soltera", lo que le dificulta que abandone el peso extra. (Confrontar y escupir en la sopa del cliente)
CL: No, no me gusta que me vean de esa manera.
1348. TE: Mientras la escuchaba decir eso, he visto cómo empezaba a retorcerse las manos y a mirarse los pies. Es la primera vez que la he visto reaccionar de esa manera. (Observar)
CL: Bueno. No me gusta la idea de ser vista como una pobre madre soltera. Eso me molesta bastante.
1349. TE: Noto que se está desplomando en la silla como si le pusiera un peso en la espalda. (Confirmar)
CL: Sí. Me siento un poco así ahora mismo.
1350. TE: Está bien. Obviamente no estamos haciendo algo que sea útil para usted en este momento. De hecho, parece que estamos haciendo que la situación empeore. Cambiemos de marcha e intentemos otra perspectiva, ¿de acuerdo? (Interrumpir)
CL: Eso sería bueno.
1351. TE: Sí, y soy consciente de que trabaja muy duro para no sentirse tan hundida en la vida. (Afirmar)
CL: Sí. Es una buena forma de decirlo, me siento hundida la mayor parte del tiempo.
1352. TE: Y mientras lo dice, la veo levantar el cuerpo ligeramente, y me da la impresión de que se siente más fuerte en este momento. (Proporcionar feedback)

CL: Sí, así es. Me siento un poco más ligera que hace unos minutos. Supongo que no me doy cuenta de lo mucho que digo con mi cuerpo. Es extraño tener a alguien observando y analizando cada movimiento que uno hace.

1353. TE: Como dice, siento que quizá me centro demasiado en el lenguaje corporal y que lo que estoy compartiendo con usted sobre lo que percibo no nos ayuda a trabajar eficazmente en el problema. (Inmediatez)

CL: Sí, estoy de acuerdo.

1354. TE: En terapia, hay momentos en los que tenemos que detenernos a reflexionar sobre lo que hacemos para cerciorarnos de que estamos utilizando adecuadamente el tiempo que pasamos juntas. Haremos esto varias veces en el curso de nuestras sesiones. (Proporcionar información)

CL: Bien, eso es para asegurarnos de que no vamos en la dirección equivocada durante mucho tiempo, ¿verdad? [De nuevo, los niños entran en la habitación.]

1355. TE: Tengo una hija. Es un poco más joven que la suya... Acaba de cumplir tres años. (Autodivulgación y proporcionar información)

CL: Es una edad divertida. Bueno, creo que todas las edades son divertidas.

1356. TE: (inclinándose para jugar con los niños) Estoy contenta de jugar con vosotros ahora mismo. (Sentimientos del terapeuta)

1357. TE: Juego con la muñeca. (Contenido del juego del terapeuta) [Después de varios minutos, los niños se marchan otra vez.]

CL: Amo a mis hijos. Son toda mi vida. ¿Sabe?, viéndola jugar con ellos, imagino que es una madre muy buena. Parece conocer de manera natural qué hacer. Y con todo lo que sabe de psicología, apuesto a que su hija se desenvolverá muy bien.

1358. TE: Gracias, pero quiero volver y reflexionar acerca de una parte de lo que ha dicho. Ha dicho que sus hijos son toda su vida. (Mantener el enfoque)

CL: Sí, eso he dicho. No puedo imaginarme no tenerlos cerca. Son tan preciosos.

[Los niños vuelven a entrar en la habitación.]

1359. TE: Hola de nuevo, Johnny. Miras a tu madre como si tuvieras algo que decirle. ¿Querías decirle algo?

Johnny: Mamá, ¿cuándo vas a terminar?

CL: Bueno, muy pronto. ¿Por qué no vuelves a salir a jugar?

Johnny: Quiero irme a casa.

CL: Vamos a terminar pronto. Puedes jugar un poco más.

Johnny: Pero llevamos mucho tiempo aquí.

[Johnny y Susie le dicen a su madre lo que piensan de que los haya traído consigo y también que ella fue la causa del divorcio. La madre empieza a mostrar verdadera angustia y dolor en su cara mientras los niños exponen su caso.]

1360. TE: Bien, démosle a mamá un minuto para recomponerse. Creo que ambos le habéis dado mucho en qué pensar en este momento. (Proteger)

1361. TE: Vaya. Me sorprende la calma con la que está manejando esa situación.

CL: Eso ocurre a veces.

1362. TE: Debe ser difícil estar a merced de sus hijos, ya que la culpan de algo de lo que ya se culpabiliza usted misma. De hecho, debe añadir aún más peso a su ya pesada carga. (Desequilibrio)

CL: No se puede imaginar lo mucho que duele a veces.

1363. TE: (a los niños) Os he oído a ambos decir cosas que me hacen creer que estáis muy enfadados por lo sucedido. Quiero que me digáis, si se os ocurre algún ejemplo, algo bueno de vuestra madre desde que se ha separado. (Cambiar el foco)

Johnny: (después de pensarlo un rato) Me gusta más cómo juega con nosotros.

Susie. Sí, y no grita tanto.

1364. TE: Parece que ambos tenéis cosas positivas que decir sobre vuestra madre. Pero entiendo que, a veces, os enfadéis con ella. Esta no ha sido una situación fácil para ninguno de vosotros. (Resumen)

1365. TE: Quiero que dedique unos momentos a imaginar que tenemos una cámara. ¿Cómo sería la fotografía de este momento? (Comprobar la cámara)

CL: Si hubiese una cámara aquí, sería una imagen de niños jugando y dos adultos hablando. Todos trabajarán duro y tendrían miradas serias en sus rostros. También habría una nube oscura colgando sobre la imagen.

1366. TE: Bien. Ahora quiero intentar que nuestra sesión se mueva en otra dirección. Quiero que cierre los ojos y se dirija a un lugar cálido y seguro. Imagine que, en ese lugar al que le gusta ir mentalmente, se encuentra en paz. (Imaginación creativa)

CL: Bien.

1367. TE: Ahora quiero que imagine lo que hemos hablado antes. Quiero que se vea a sí misma siendo más despreocupada. (Imaginación enfocada)

CL: Oh, Dios. Está bien.

1368. TE: De acuerdo. Ahora que ha visto una foto con una nube oscura y se ha imaginado más despreocupada, quisiera saber cuáles serían los aspectos positivos de llevar a cabo este cambio. (Consecuencias lógicas)
CL: Me sentiría más libre y relajada. No me sentiría siempre bajo presión y agotada. Sería mi antiguo yo.

1369. TE: Bien, entonces ¿cuáles serían las desventajas de hacer esto?
CL: Tendría que encontrar a alguien o algo más a quien culpar por el divorcio. Y tendría miedo de que la nube volviese.

1370. TE: Bien, ha dicho que se sentiría más relajada. Así pues, ahora quisiera intentar un ejercicio de relajación con usted. Sitúese en una posición relajada sin cruzar ningún miembro de su cuerpo... Descruce piernas... dedos... brazos... Concéntrese en su respiración... Preste atención al aire que entra... al aire que sale... Controle completamente su respiración... Inspire... Exhale... Ahora concéntrese en los dedos de los pies... Sienta la tensión en los dedos... Haga que los dedos de los pies estén apretados, duros y firmes... Ahora relaje los dedos, procurando que estén suaves y calientes y relajados... Haga que sus dedos estén tensos, duros y firmes... Ahora relaje los dedos, tórnelos suaves, cálidos y relajados... Ahora desplácese a los pies... Sienta la tensión en los pies... Haga que sus pies estén apretados, duros y firmes... Ahora relaje los pies y siéntalos blandos, cálidos y relajados... Ahora haga que los pies estén firmes y duros... Relaje los pies y haga que estén blandos, cálidos y relajados... Concéntrese en su respiración y sienta el aire entrar y salir y que, con cada respiración, se siente más relajada y tranquila... Ahora concéntrese en sus pantorrillas. Sienta la tensión en sus pantorrillas... Haga que sus pantorrillas estén apretadas, duras y firmes... Ahora relaje las pantorrillas y siéntalas blandas, cálidas y relajadas... Haga que sus pantorrillas estén apretadas, duras y firmes... Relaje sus pantorrillas y siéntalas blandas, cálidas y relajadas... Bien, ahora concéntrese en sus muslos... Sienta la tensión en sus muslos, haciendo que estén tensos, duros y firmes... Ahora relaje los muslos y siéntalos blandos, cálidos y relajados... Haga que sus muslos estén tensos, duros y firmes... Relaje ahora los muslos y siéntalos blandos, cálidos y relajados... Enfóquese en las caderas... Sienta la tensión en las caderas... Haga que las caderas estén apretadas, duras y firmes... Ahora relaje las caderas y siéntalas blandas, calientes y relajadas... Ahora haga que sus caderas estén apretadas, duras y firmes... Ahora relaje las caderas, sintiéndolas blandas y cálidas. (Relajación progresiva) (Nota: Este procedimiento es seguido con el resto del cuerpo).

CL: Vaya. Eso ha sido muy relajante. ¡Ha sido genial!

1371. TE: Bien. Ahora que está más relajada, quiero que dedique unos minutos a pensar en algo. Lo que quiero es que se imagine derrotando los pensamientos que la hacen sentir tensa y agobiada. Imagínese, ahora mismo, haciendo eso. (Tratamiento imaginario)

CL: De acuerdo. Vaya, me siento relajada y tranquila. En este momento, siento que todo el peso ha desaparecido.

1372. TE (volviéndose hacia los niños): Me pregunto si podéis coger el papel y esos lápices de colores de ahí para que pintemos algo. Bien, de acuerdo. Quiero que cada uno de vosotros –mamá, también está incluida–, hagáis un dibujo de vuestra familia tal y como la veis. (Dibujar la familia completa) [La madre y los hijos trabajan en los dibujos.]

1373. TE: Vale, está bien. Veamos ahora, ¿qué tienen en común en todos estos dibujos?

Johnny: Papá está en todos ellos.

CL: Vaya. Ni siquiera me había dado cuenta. ¿Qué significa eso?

Susie: Que lo extraño.

1374. TE: Veo que mamá está un poco agobiada ahora mismo. Quisiera retarla a utilizar las habilidades que practicamos antes para vencer los pensamientos negativos. (Desafío)

CL: De acuerdo, lo intentaré.

1375. TE: Susie, quiero que también intentes algo ahora mismo. Puede parecerte raro, pero creo que será bueno para todos intentarlo. Y quiero que seas tú la primera. Quiero que imagines que tu padre está sentado en esa silla vacía de ahí. Dile lo que quieres decirle. (Técnica de la silla vacía)

Susie: Papá, siento que no estés aquí. Te quiero y te echo de menos.

1376. TE: Johnny, es tu turno.

Johnny: Hola, papá. No sé. Supongo que te echo de menos. Solo desearía que no tuvieras que irte.

1377. TE: Mamá.

CL: Vale, veamos. De hecho, desearía que no tuviéramos que hacer esto. Pero aquí estamos. Yo también te extraño. Pero las cosas son como son. Eso es todo.

1378. TE: Realmente esto parece un tanto opresivo. Quiero que, durante un minuto, todos se den mensajes positivos. Coged el papel que tenéis delante y poned un trozo de cinta así. Ahora lo ponemos en nuestra espalda de este modo. De acuerdo, bien. Ahora turnaos para escribir algo feliz y positivo en el papel que hay en la espalda de cada persona. (Felicitarse)

1379. TE: De acuerdo. Ahora leemos en voz alta lo que hemos escrito cada uno.
[La familia se turna para leer los comentarios.]

1380. TE: Puedo ver lo felices y unidos que estáis ahora mismo. Quiero que probéis otro pequeño juego durante un rato. Quiero que finjáis que habéis vuelto a la situación anterior. Niños, culpad a mamá y sed malos con ella por el divorcio; mamá, finja estar realmente molesta y herida por ello. Recuerden que esto es solo un simulacro. (Técnica de simulación)
[La familia representa lo anterior.]

1381. TE: Vale, todos os lo estáis pasando bien fingiendo. Ahora quiero que cambiéis los papeles durante un minuto. Johnny, tú eres mamá. Mamá, usted es Susie. Susie, tú eres Johnny. Bien, hagámoslo de nuevo. (Role-play)
[De nuevo, la familia representa.]

1382. TE: Bien, veo que esto es muy divertido. ¿Qué notáis mientras lo hacéis? (Pregunta abierta)
CL: Me doy cuenta de lo divertido que es meterse con mamá.
Susie: Me gusta ser Johnny. Es fácil empezar una pelea.
Johnny: No me gusta ser mamá. No es divertido que se metan tanto conmigo.

1383. TE: De acuerdo, está bien. Parece que todos vemos las cosas desde la perspectiva de los demás. Ahora quiero que volváis a ser vosotros mismos, pero, esta vez, siendo lo contrario de lo que normalmente sois. Johnny, tú y Susie debéis defender a mamá, y mamá, usted no debe preocuparse sino relajarse. (Cambio de rol)
[La familia se esfuerza por hacer esta tarea; se dan cuenta de que seguir la sugerencia de la terapeuta significa que no pueden discutir.]
CL: Eh, esto es muy difícil.

1384. TE: Bien, dediquemos ahora unos momentos a intentar otra cosa difícil. Quiero (dirigiéndose a la madre) que ponga a los niños, los muebles, todo lo que quiera que haya en la habitación, para formar una escultura de cómo quiere que sea el mundo con respecto a este problema. Inclúyase a usted misma, a sus hijos, a su exmarido, a cualquier otro miembro de la familia, a sus amigos y a todos los que considere necesarios. Además, debe hacer este ejercicio sin hablar conmigo o con los niños. (Esculpir)

1385. TE: De acuerdo, ahora descríbanos lo que esta escultura representa. (Esculpir)
CL: Bueno. Aquí los niños disfrutan mucho lo que hacen. Crecen fuertes y sanos y están bien. Aquí está mi exmarido. Ha seguido adelante con su vida y como puede ver, todo está en orden. Esto representa a nuestros amigos. Ya no están divididos por culpa nuestra; también están bien. Y, por supuesto, yo soy esta pluma de aquí. La vida es buena aquí.

1386. TE: Niños, me pregunto si podríais dedicar un tiempo a hacer un dibujo de cada uno de vosotros. Utilizad estos rotuladores y este papel y dibujad todo lo que creáis que debe estar en el cuadro. (Terapia de arte en serie)

1387. TE: Mamá, mientras los niños hacen eso, quiero que dedique unos momentos a hacer un dibujo que represente de alguna manera lo que acaba de esculpir. Llevará este dibujo con usted. En este dibujo quiero que haya una rueda que tenga líneas que representen la cercanía o la lejanía que siente hacia los miembros de su familia y sus amigos. (Rueda de influencia)
CL: Bien, creo que eso es todo.

1388. TE: Veo que tiene gente muy cercana a usted en el centro. ¿Puede hablarme de la relación que mantiene con cada una de esas personas? (Rueda de influencia y Pregunta abierta)
CL: Sí. Estos son mis hijos, por supuesto, y nadie está más cerca que ellos. Aquí, después de ellos, se encuentran mi madre y mi padre, mi hermana y mi hermano. Y un poco más lejos está mi exmarido. Todos estos nombres son amigos y conocidos.

1389. TE: Así pues, todavía siente cercanía con su exmarido.
CL: Sí, pensaba en eso mientras lo hacía. Todavía, en algún nivel, tengo una fuerte conexión con él.

1390. TE: Una vez más voy a decir algo sobre sus señales no-verbales. He advertido, mientras hablaba, la conexión que aún mantiene con su marido. Lo envolvía como si le estuviera dando un abrazo. (Proporcionar feedback)

1391. TE: Quiero que se explaye sobre eso, que le dé un buen abrazo largo, que lo mantenga cerca. (Experimentar)
CL: Está bien.
[La cliente continúa abrazándose, comienza a llorar.]

1392. TE: Se está abrazando a sí misma, pero siento que hay alguien más ahí, ¿a quién más abraza? (Pregunta cerrada)
CL: A mí marido.

1393. TE: Hábleme de lo que representa este abrazo. (Estímulo)
CL: Lo abrazo por última vez, me despido de él. Pero nunca funciona. Aún no puedo decirle adiós.

1394. TE: Todavía ama y extraña mucho a su marido y la relación que tenía con él. (Empatía)
CL: Sí.

1395. TE: Muy bien, hemos recorrido un largo camino hoy. Quiero proponeros algunas tareas para hacer en casa.
Tarea de lectura: En este punto, pedimos a los posibles lectores de este libro que propongan una tarea para el cliente.

14 Intervenciones entrelazadas

Las intervenciones entrelazadas tienen lugar cuando el terapeuta conecta dos o más habilidades en una misma frase o declaración. El terapeuta puede combinar la paráfrasis con la pregunta abierta, el resumen con la pregunta cerrada, o confrontar con la inmediatez, por nombrar solo tres de las múltiples combinaciones posibles. El potencial para añadir amplitud y profundidad a la discusión a través de estas habilidades avanzadas es infinito. Este tipo de intervenciones infunden tanto velocidad como claridad a la sesión de terapia.

No es posible enumerar o estratificar cada una de las diversas combinaciones de habilidades que podrían estar presentes en todas las posibles intervenciones entrelazadas, por lo que elegimos de manera arbitraria algunas variaciones distintas para mostrar la utilidad y el poder de (1) combinar las habilidades de modo intencional, (2) construir una nueva habilidad y (3) enviar una declaración o pregunta más terapéutica al cliente. Las intervenciones entrelazadas también ayudan al terapeuta a enlazar la última parte de una declaración con el material anterior. Por ejemplo, en ocasiones es excesivo aceptar que lo que dice un determinado cliente refleja un significado más profundo. Sin embargo, anclar la pista del terapeuta sobre lo que el cliente ya ha dicho, reflejado con distintas palabras, ayuda a mostrar al cliente cómo el terapeuta ha llegado a la noción que se ha forjado. Con este enfoque, hay menos posibilidades de resistencia a lo que dice el terapeuta.

TE = Terapeuta

CL = Cliente

Paráfrasis y pregunta cerrada

1396. CL: Me resulta muy difícil expresar lo que siento al grupo.
TE: Entiendo que tiene problemas para compartir en el grupo (Paráfrasis), y me interesa este asunto. ¿Cuándo se siente más cómoda hablando de cosas personales con el grupo (Pregunta cerrada)?

Paráfrasis, reflejo de los sentimientos y reflejo del significado

1397. CL: Anoche mis padres se pelearon. Estuvieron vociferando, gritando y tirando cosas por toda la casa. Fue realmente muy malo. Tenía mucho miedo de lo que pasaba.
TE: Anoche, la pelea de tus padres fue terriblemente dura (Paráfrasis)... Estabas asustada y enfadada (Reflejo de los sentimientos)... Crees que las familias deben llevarse mejor (Reflejo del significado).

Proporcionar feedback y paráfrasis

1398. CL: Creo que, ahora mismo, las cosas van bastante bien. Mis notas están mejorando y puede que me seleccionen para el equipo de voleibol.
TE: Puedo ver la sonrisa en tu cara mientras compartes (Proporcionar feedback) lo bien que van las cosas ahora mismo (Paráfrasis).

Recontextualizar y consecuencias lógicas

1399. CL: Como puede ver, mis hijos son un poco problemáticos. Soy muy afortunada de contar con mi madre para ayudarme a cuidar de los niños. Ella es un ángel.
TE: Tanto usted como su madre trabajan muy duro para asegurarse de que los niños estén bien (Recontextualizar), y me pregunto qué están aprendiendo los niños al tener una madre como usted (Consecuencias lógicas).

Reflejo de los sentimientos y recontextualizar

1400. CL: No quiero hablar de mis padres y de su forma de beber... No les gusta y eso sería suficiente para que le odiaran a usted y quizá a mí para siempre.

TE: Lo que me dice es que se siente ansioso por que sus padres se enteren (Reflejo del sentimiento). Es una verdadera fortaleza por su parte querer proteger sus relaciones (Recontextualización).

Reflejo del significado y centrarse en las excepciones

1401. CL: Estaba pensando en ir a la universidad, pero sé que mis padres no pueden costearla, así que creo que es mejor que siga trabajando en la gasolinera. Tal vez, dentro de algunos años, asista a algunas clases. De todos modos, no creo que pudiese acceder a la universidad. Mi amiga tenía mejores notas que yo y la rechazaron.
TE: Parece como si los adultos te hubieran decepcionado mucho (Reflejo del significado). Háblame de un momento de tu vida en el que la gente no te defraudase (Reflexión sobre las excepciones).

Aclarar el proceso y pregunta de elección forzada

1402. CL: He estado bastante deprimido esta semana. Quiero decir, supongo que ha sido una buena semana, pero sigo pensando que no debería haberle dicho eso a mi hija. Es muy joven y se molesta mucho cuando la corrijo con dureza. Como la vez que fuimos de compras, tal vez hace unos seis o siete años, la corregí delante de sus amigas y se me escapó en el centro comercial. Es muy sensible a mis críticas.
TE: Me he dado cuenta en este momento que nuestro diálogo ha pasado de hablar de usted a hablar de los problemas o preocupaciones de su hija (Aclarar el proceso). ¿Le gustaría hablar más sobre el hecho que se ha sentido "bastante deprimida esta semana" o quisiera hablar de algo más relacionado con usted (Pregunta de elección forzada)?

Pregunta cerrada y paráfrasis

1403. CL: De hecho, tengo dificultades con varias cosas en este momento. Mi coche termina de volver al mecánico y estoy abrumado en el trabajo, ya sabe. Las cosas están bastante mal ahora mismo.
TE: ¿Quién, de entre todas las personas que conoce, espera que su vida deje ser difícil y dura y pase a ser más fácil?

Autodivulgación, estructuración y estímulo

1404. CL: Parece que siempre me meto en situaciones en las que los demás se enfadan conmigo. ¿Por qué cree que ocurre eso?
TE: Aprecio que quiera que le dé una respuesta (Autodivulgación), pero en nuestro trabajo juntos, las respuestas deben proceder de usted (Estructuración). Hábleme más de la gente que se enfada con usted (Estímulo).

Reflejo de los sentimientos, reflejo del significado, recontextualizar y metáfora

1405. CL: Parece que todos mis amigos se casan y tienen hijos. Yo sigo yendo a la universidad y tratando de averiguar qué es lo que deseo en la vida. Es difícil verlos tan felices y no saber qué voy a hacer.
TE: Te escucho decir que te sientes aislada (Reflejo del sentimiento) y que crees que debes tener un plan de vida claro en este momento (Reflejo del significado). En mi mente, veo a la tortuga cruzar la línea de meta por delante de la liebre (Recontextualizar la metáfora).

15 Ejercicios prácticos

Proporcionamos los siguientes ejercicios prácticos para ayudarnos a integrar habilidades nuevas y más avanzadas. Cada ejemplo incluye una breve descripción del contexto seguido de varios comentarios hechos por el/los cliente/s (CL), que requieren una respuesta terapéutica. Intentamos utilizar las habilidades contenidas en varios capítulos del libro.

Ejercicio práctico 1

El cliente es una mujer de 32 años, madre de tres hijos. Ha estado divorciada durante seis años. Acudió a la terapia solicitando ayuda para lo que describe como "problemas de gestión de la ira".

CL: Estoy muy cansada de llegar a casa cada noche y tener que limpiarlo todo antes de descansar. De hecho, ni siquiera consigo descansar.

[Respuesta 1]

CL: Desearía que alguien me ayudase en casa e hiciera algunas de las cosas que esperan que yo haga.

[Respuesta 2]

CL: Sé que parece como si todo lo que hago fuese quejarme, pero en realidad, ¿es demasiado pedirle a alguien que recoja sus platos sucios y los ponga en el fregadero?

[Respuesta 3]

CL: Lo que quiero decir es que, a veces, siento que no hay otras personas en el mundo que hagan las cosas que hago y pasen por lo mismo que yo, todo para ayudar a mis hijos a ser felices. Y ellos pueden dedicarse a lo que quieran mientras yo estoy en casa preparando la cena, limpiando y barriendo.

[Respuesta 4]

CL: Ha habido muy pocas ocasiones en mi vida en las que recuerde que mi familia ha hecho algo por mí, ya sabe, como limpiar la casa o preocuparse de hacer la cena durante una semana. La única vez que puedo recordar es cuando me rompí la pierna. Ellos me ayudaron un poco en esas circunstancias.

[Respuesta 5]

Escriba su respuesta, etiquete la habilidad o habilidades utilizadas y luego indique su propósito al decir lo que ha dicho.

Respuesta 1

____

____

Respuesta 2

Respuesta 3

Respuesta 4

Respuesta 5

Ejercicio práctico 2

La clienta es una joven de 18 años que se halla en su último año de educación secundaria. Su problema es la indecisión a la hora de elegir carrera.

CL: No tengo ni idea de lo que quiero hacer con mi vida.

[Respuesta 6]

CL: No sé qué quiero hacer para ganarme la vida. Es una pregunta difícil.

[Respuesta 7]

CL: Mis alternativas son ir a la universidad, entrar en la Fuerza Aérea o buscar trabajo.

[Respuesta 8]

CL: Pero lo que realmente quiero es relajarme y disfrutar.

[Respuesta 9]

CL: Mis padres siempre me preguntan "qué vas a hacer con tu vida", y yo les respondo que no lo sé. Y luego se enfadan, nos peleamos y yo me voy de casa.

[Respuesta 10]

CL: Eso sucede con frecuencia. No me ayudan ni me comprenden... como si nunca hubieran tenido que plantearse ese tipo de preguntas.

[Respuesta 11]

Respuesta 6

Respuesta 7

Respuesta 8

Respuesta 9

Respuesta 10

Respuesta 11

Ejercicio práctico 3

Los clientes de esta sesión son miembros de un grupo cerrado que se halla en su segunda sesión. Su edad oscila entre los 15 y los 17 años. El grupo se inició para ayudar a los estudiantes con los problemas relacionados con las malas notas.

Jim: ¿Qué estamos haciendo hoy en el grupo?

[Respuesta 12]

Paula: ¿Y a quién le importa? Por lo menos, no estamos en clase.

[Respuesta 13]

Missy: Tengo algo que decir.

[Respuesta 14]

Jim: Bien, ¿qué es?

[Respuesta 15]

Missy: He tenido problemas este fin de semana.

[Respuesta 16]

Jim: ¿Haciendo qué?

[Respuesta I7]

Paula: Déjame adivinar... Por fumar.

[Respuesta 18]

Darius: Sí, yo también. Muchos de nosotros nos metemos en problemas.

[Respuesta 19]

Respuesta 12

____

____

Respuesta 13

____

____

Respuesta 14

Respuesta 15

Respuesta 16

Respuesta 17

Respuesta 18

Respuesta 19

Ejercicio práctico 4

Los clientes de esta sesión son un matrimonio, ambos de unos 40 años de edad. Acuden a terapia debido a los problemas en su relación.

Kristen: Hemos intentado todo lo que se nos ha ocurrido para volver a encender la llama de nuestra relación. Pero parece que la luz se ha apagado. ¿Sabe?

[Respuesta 20]

Kristen (continuación): Cuando llego a casa del trabajo, estoy muy cansada. Ni siquiera puedo pensar en tener sexo en ese momento. ¿Amor? Olvidémoslo. El día no tiene bastantes horas.

[Respuesta 21]

Tom: Sí, yo me siento igual y, a veces, parece que, cuando quiero tontear, ella está demasiado cansada, tiene que hacer algo más importante, o quiere irse a la cama a dormir. No sé qué hacer.

[Respuesta 22]

Kristen: Pero en realidad... ¿en realidad quieres tener sexo después de trabajar todo el día? ¿No preferirías solo hablar? ¿O abrazarnos? Sé lo que quieres, pero estoy muy cansada la mayor parte del tiempo.

[Respuesta 23]

Respuesta 20

____

____

Respuesta 21

____

____

Respuesta 22

____

____

Respuesta 23

Ejercicio práctico 5

Los clientes de este grupo cerrado han estado juntos durante seis sesiones. El tema central del grupo es el dolor y la pérdida. La edad de los miembros oscila entre los 22 y los 41 años.

Thom: Estoy muy contento de estar en este grupo para explorar nuestros sentimientos referentes a la pérdida.

[Respuesta 24]

Don: He estado pensando mucho en mi padre… y en lo que significaba para mí.

[Respuesta 25]

Eldridge: Me enfado cuando pienso en lo injusto que fue que mi esposa e hijo muriesen por culpa de aquel conductor borracho.

[Respuesta 26]

Yolanda: Siento que voy a llorar.

[Respuesta 27]

Sedona: Es agradable compartir emociones y pensamientos tan profundos entre nosotros.

[Respuesta 28]

Kevin: ¿Pero es esto lo que se supone que debemos hacer? ¿En qué nos ayuda?

[Respuesta 29]

Respuesta 24

____

____

Respuesta 25

____

____

Respuesta 26

____

____

Respuesta 27

Respuesta 28

Respuesta 29

Ejercicio práctico 6

El cliente es un varón de 14 años que ha sido remitido por el director de su escuela. Ha estado implicado en un altercado verbal con otro estudiante. El director informa que el cliente ha estado intimidando a otros alumnos desde el inicio del curso escolar.

CL: Hombre, eso realmente me hizo enfadar hoy.

[Respuesta 30]

CL: Cuando dijo eso de mi amigo, quise arrancarle la cabeza.

[Respuesta 31]

CL: No me importa que me castiguen. Y mi padre también dirá que hice lo correcto.

[Respuesta 32]

CL: Nadie me habla así.

[Respuesta 33]

CL: Todos ustedes son iguales. Sé que me odian.

[Respuesta 34]

Respuesta 30

____

____

Respuesta 31

____

____

Respuesta 31

____

____

Respuesta 33

____

____

Respuesta 34

Ejercicio práctico 7

La clienta es una mujer de 79 años internada en una residencia de ancianos. Se le ha pedido al terapeuta que la visitase después de que el personal notara que había dejado de comer y pareciera tener muy poca energía. Su marido falleció hace aproximadamente dos años. Ingresó en la residencia hace menos de tres meses.

CL: No sé por dónde empezar.

[Respuesta 35]

CL: ¿Me está haciendo una pregunta?

[Respuesta 36]

CL: Realmente no sé qué decir.

[Respuesta 37]

CL: Las cosas están bien, supongo.

[Respuesta 38]

CL: Todos me preguntan por John (esposo fallecido). Todos piensan que estoy comportándome de forma extraña o algo así.

[Respuesta 39]

Respuesta 35

Respuesta 36

Respuesta 37

Respuesta 38

Respuesta 39

Ejercicio práctico 8

El cliente es un hombre de 50 años que informa de que ha acudido a terapia a petición de su esposa. Ha tenido problemas para concentrarse en el trabajo (encargado de la construcción). Su hijo menor se fue a la universidad hace cuatro meses.

CL: Mi esposa dice que debo asistir a terapia porque no sé cómo compartir mis sentimientos con ella.

[Respuesta 40]

CL: Ella piensa que estoy a punto de enloquecer.

[Respuesta 41]

CL: Ya sabe, como cuando llego a casa del trabajo y me siento a ver la televisión y quiere saber lo que pienso... lo que ha ocurrido durante la jornada.

[Respuesta 42]

CL: En realidad, solo quiero relajarme, beberme una cerveza y ver algo de televisión.

[Respuesta 43]

CL: No quiero repetirle todo lo que he hecho durante el día.

[Respuesta 44]

Respuesta 40

____

____

Respuesta 41

____

____

Respuesta 42

____

____

Respuesta 43

Respuesta 44

Ejercicio práctico 9

La clienta es una mujer soltera de 32 años. Ha asistido a terapia durante el último año y ha estado acudiendo a terapia y abandonándola durante los últimos doce años. Acude para recibir ayuda por su depresión.

CL: Recibí una llamada de mi hermana el otro día y me dijo que estaba pensando en abortar.

[Respuesta 45]

CL: Tuve una reacción inmediata a esa noticia.

[Respuesta 46]

CL: ¿Recuerda que le hablé de mi decisión de tener un hijo a los 16 años?

[Respuesta 47]

CL: De todas formas, mi hermana cree que eso es lo mejor para ella.

[Respuesta 48]

CL: Parece que no puedo hacerla entender que está cometiendo un gran error y que se arrepentirá durante el resto de su vida.

[Respuesta 49]

Respuesta 45

____

____

Respuesta 46

____

____

Respuesta 47

____

____

Respuesta 48

____

____

Respuesta 49

Bibliografía comentada

Hemos utilizado los siguientes libros para crear la lista de habilidades, definir dichas habilidades y aplicarlas a lo largo del texto. También hemos revisado varios libros teóricos para aumentar la descripción de cada abordaje.

Amundson, N.E., Harris-Bowlsbey, J. y Harris-Bowlsbey, S.G. (2005). *Essential elements of career counseling: Processes and techniques*. Upper Saddle River, NJ: Pearson Education. 167 páginas.

Este conciso, pero poderoso texto, ofrece al lector ejemplos concretos del uso de habilidades, tanto básicas como avanzadas, en el campo de la orientación profesional. Los autores brindan ejemplos de casos, diálogo entre el terapeuta y el cliente, así como un enfoque secuencial para proporcionar un counseling profesional eficaz y útil.

Ansbacher, H.L. y Ansbacher, R.R., eds. (1956). *The individual psychology of Alfred Adler: A systematic presentation in selections from his writings*. Nueva York: Basic Books. 503 páginas.

Amplio texto que cubre los escritos originales de Alfred Adler editados por los Ansbachers. Los editores añaden, a lo largo del texto, interpretaciones útiles e importantes, así como su conocimiento de los escritos originales. Este libro es una lectura obligada para los practicantes que utilizan las técnicas y la teoría asociadas a la psicología individual.

Baker, S.B. y Gerler Jr., E.R. (2004). *School counseling for the twenty-first century* (4ª ed.). Upper Saddle River, NJ: Pearson Education. 444 páginas.

Aunque este texto es, principalmente, un libro que se utiliza para enseñar las habilidades básicas y avanzadas del counseling educativo, incluye un excelente capítulo sobre habilidades terapéuticas. Este capítulo abarca varios tipos de terapia utilizados en el ámbito escolar (terapia de conversación, terapia de juego y terapia de grupo). Los autores también proporcionan la "transcripción" de varios momentos de una sesión de terapia.

Brammer, L.M., Abrego, P.J. y Shostrom, E.L. (1993). *Therapeutic counseling and psychotherapy* (6ª ed.). Boston: Allyn & Bacon. 402 páginas.

Este libro se ocupa de técnicas de terapia individual, de grupo y familiar, además de orientaciones teóricas. La relación terapéutica se expone con relación a su eficacia y el propósito en el trabajo clínico. Este exhaustivo texto cubre tanto las habilidades clínicas básicas como las avanzadas.

Byrne, R.H. (1995). *Becoming a master counselor: Introduction to the profession*. Pacific Grove, CA: Brooks/Cole. 320 páginas.

Muy bien escrito, este libro aborda las habilidades fundamentales de la terapia y está basado en enfoques cognitivos y cognitivo-conductuales. Varias de las técnicas específicas ofrecidas en el texto también aparecen en nuestro libro. Los autores hacen un gran esfuerzo para explicar tanto el uso de las técnicas como la teoría subyacente. Es una lectura imprescindible para los clínicos interesados en el uso de modelos cognitivo-conductuales.

Cade, B. y O'Hanlon, W.H. (1993). *A brief guide to brief therapy*. Nueva York: W.W. Norton & Company. 202 páginas.

Texto que cubre el origen y las tendencias actuales (hasta principios de los años 90) relacionadas con la terapia breve. Para ello, los autores nos brindan un texto que debe ser leído por cualquier persona que practique la terapia breve. Escrito de manera desenfadada, pero muy profesional, la guía expone los principios básicos de la terapia breve y los integra con casos y ejemplos concretos. Los ejemplos que se ofrecen en este libro hacen posible que los practicantes lo utilicen como un recurso fundamental en su biblioteca de terapia.

Capuzzi, D. y Gross, D.R. (1992). *Introduction to group counseling*. Denver, CO: Love Publishing. 366 páginas.

Se trata de un texto que introduce a los lectores en los componentes básicos y las habilidades asociadas con la terapia de grupo. Los autores prestan mucha atención a la facilitación de grupos formados por poblaciones especiales.

Capuzzi, D. y Gross, D.R. (2003). *Counseling and psychotherapy: Theories and interventions* (3ª ed.). Upper Saddle River, NJ: Pearson Education. 500 páginas.

Este libro cubre las principales teorías terapéuticas. No solo se presta especial atención a los objetivos de cada fundamento teórico, sino que los autores de cada capítulo son expertos reconocidos del planteamiento teórico que exponen. Además, cada capítulo incluye un ejemplo de caso para ayudar al lector a visualizar de qué manera la teoría podría aplicarse a la práctica.

Corey, G. (2004). *Theory and practice of group counseling* (6ª ed.). Belmont, CA: Brooks/Cole. 522 páginas.

En este libro de terapia de grupo, el lector encontrará las principales teorías terapéuticas que se aplican en dicha modalidad de terapia. El autor lleva a cabo un excelente trabajo al brindar ejemplos específicos de técnicas relacionadas con cada planteamiento teórico. Además, este texto proporciona al lector tanto los supuestos básicos de la terapia de grupo como la aplicación avanzada de modelos específicos.

Cormier, S. y Cormier, B. (1998). *Interviewing strategies for helpers: Fundamental skills and cognitive behavioral approaches* (4ª ed.). Pacific Grove, CA: Brooks/Cole. 681 páginas. [Trad. castellano: *Estrategias de entrevista para terapeutas. Habilidades básicas e intervenciones cognitivo-conductuales.* Bilbao: Desclée De Brouwer].

Contiene numerosos ejemplos e información relacionados con la terapia cognitivo-conductual. Los autores de este texto dedican muchas páginas a describir el uso y la comprensión del comportamiento no verbal. Este componente crítico de la relación terapéutica es descrito por los autores a través del lenguaje tanto del cliente como del terapeuta. En suma, un excelente trabajo que brinda al lector tanto las típicas habilidades terapéuticas básicas y avanzadas que se encuentran en la cultura occidental, como ejercicios de meditación y relajación más asociados con las culturas orientales.

Doyle, R.E. (1998). *Essential skills and strategies in the helping process.* Pacific Grove, CA: Brooks/Cole. 308 páginas.

Introducción fundamental a las habilidades de comunicación utilizadas por los profesionales de la ayuda. Cubriendo las áreas de las intervenciones afectivas, cognitivas y basadas en el desempeño, el autor proporciona ejercicios para desarrollar las habilidades individuales y centra su atención en la profundidad de la respuesta terapéutica.

Dyer, W.W. y Vriend, J. (1988). *Counseling techniques that work. Alexandria, VA: American Association for Therapy and Development.* 288 páginas.

Este libro se centra en las habilidades y técnicas utilizadas tanto por los terapeutas como por los supervisores. Uno de los principales puntos fuertes del texto es la inclusión de sesiones específicas transcritas con comentarios que anclan la teoría en la práctica. Los autores presentan las principales habilidades terapéuticas de manera lineal, llevando al lector desde el inicio de la sesión hasta su conclusión. El texto contiene numerosas técnicas terapéuticas y el modo de utilizarlas durante la sesión.

Gladding, S.T. (2004). *Counseling: A comprehensive profession* (5ª ed.). Upper Saddle River, NJ: Pearson Education. 544 páginas.

Texto introductorio que suministra al lector una visión general de muchos de los temas y premisas discutidos en el capítulo 1 de nuestro libro. Además, el lector dispone de varios capítulos que destacan las principales teorías terapéuticas, junto con casos y ejemplos de cómo funciona la terapia real.

Hackney, H.L. y Cormier, L.S. (1996). *The professional counselor: A process guide to helping* (3ª ed.). Boston: Allyn & Bacon. 390 páginas.

Este texto constituye una forma única de incluir buena parte de los aspectos reflejados en nuestro libro. Los autores integran la teoría y las competencias, clasificándolas en diferentes tipos de intervenciones (afectivas, cognitivas, conductas sistémicas). De esta manera, el concepto de construcciones teóricas individuales da paso a un enfoque más integrado y ecléctico.

Hanna, S.M. y Brown, J.H. (1999). *The practice of family therapy: Key elements across models* (2ª ed.). Belmont, CA: Wadsworth. 342 páginas.

En este texto, las principales teorías de terapia familiar se reducen a partes más rudimentarias y fáciles de seguir. Esto permite al lector organizar mejor su propio enfoque para aplicar las técnicas de la terapia familiar. Específicamente, los autores proporcionan sencillos árboles de decisión, ejemplos de casos, diagramas de flujo y transcripciones de las sesiones.

Hutchins, D.E. y Cole, C.G. (1992). *Helping relationships and strategies* (2ª ed.). Belmont, CA: Wadsworth. 308 páginas.

Los autores consiguen su principal objetivo de ayudar al lector a comprender y utilizar un enfoque ecléctico de la terapia. En general, este es un excelente texto en referencia a lo que debemos "hacer". Los autores proporcionan estudios de casos, ejemplos de respuestas, ejercicios prácticos y juegos de rol para el aprendizaje experimental. Uno de los puntos fuertes de este libro es que traslada sin problemas al lector desde las construcciones teóricas a la práctica real de una determinada técnica o enfoque.

Ivey, A.E. e Ivey, M.B. (2003). *Intentional interviewing and counseling: Facilitating client development in a multicultural society* (5ª ed.). Pacific Grove, CA: Brooks/Cole. 446 páginas.

Tal vez uno de los textos técnicos más conocidos, este libro proporciona tanto las técnicas específicas de la terapia como un enfoque teórico para la integración y la utilización de las habilidades terapéuticas básicas. Se anima al lector a desarrollar su propio estilo personal, practicando las habilidades terapéuticas específicas de una manera estructurada y concreta. A lo largo del texto, los autores ofrecen breves demostraciones de la puesta en práctica de las habilidades. Además de estos ejemplos, el lector tiene la oportunidad de practicar realmente lo que lee.

Ivey, A.E., Pederson, P.B. e Ivey, M.B. (2001). *Intentional group counseling: A microskills approach*. Belmont, CA: Wadsworth. 293 páginas.

Además de la peculiaridad del Modelo de Microhabilidades, los autores proporcionan una maravillosa transcripción de una sesión de grupo. Esta transcripción se fundamenta en la práctica de las habilidades básicas presentadas a lo largo del libro. El texto es extremadamente fácil de utilizar y está claramente escrito para permitir al lector la oportunidad de estudiar y comenzar a aplicar nuevas técnicas de terapia de grupo.

Landreth, G.L. (2002). *Play therapy: The art of the relationship* (2ª ed.). Nueva York: Brunner-Rutledge. 408 páginas.

Este texto de terapia lúdica ofrece al lector una plétora de formas de imaginar cómo crear eficazmente un espacio terapéutico para los niños. Desde actividades y materiales hasta una clara orientación teórica, el autor guía con éxito al lector a lo largo del proceso de ayuda. Una característica única de este libro es que ofrece respuestas claras a los practicantes en el caso de que se pregunten "qué hacer".

Lauver, P. y Harvey, D.R. (1997). *The practical counselor: Elements of effective helping*. Pacific Grove, CA: Brooks/Cole. 277 páginas.

Texto en el que abundan los fragmentos de transcripciones del trabajo clínico. Los autores hacen un buen trabajo a la hora de integrar la teoría general con el progreso a través de las etapas de la terapia. Este libro también contiene una serie de formularios utilizados por los terapeutas para ayudar a mejorar y aumentar sus habilidades.

Ludin, R.W. (1989). *Alfred Adler's basic concepts and implications*. Muncie, IN: Accelerated Press. 166 páginas.

En este breve texto, que se ocupa de la psicología individual, el autor pone gran énfasis en las técnicas utilizadas por los adlerianos, brindando al lector sugerencias pragmáticas y fáciles de seguir para el trabajo clínico. Tomando la vasta gama de conceptos adlerianos y desglosándolos en sus partes básicas, el autor ofrece al lector una herramienta práctica para integrar la teoría en la práctica.

Madanes, C. (1984). *Behind the one way mirror: Advances in the practice of strategic therapy*. San Francisco: Jossey-Bass. 196 páginas.

Libro de lectura obligada para los profesionales interesados en desarrollar sus conocimientos y habilidades en el trabajo con familias. El autor traslada al lector, de forma clara y sucinta, desde la comprensión de la verdadera naturaleza del problema a la intervención, utilizando diversos y variados medios con los diferentes miembros de la familia. Tal vez la mayor fortaleza de este libro, en relación con el desarrollo de habilidades, sea la amplia gama de ejemplos de lo que un terapeuta puede decir en relación con un determinado caso.

Minuchin, S. y Fishman, C. (1981). *Family therapy techniques*. Boston: President and Fellows of Harvard University. 303 páginas.

Un libro imprescindible en la biblioteca del terapeuta familiar. En él, se abordan la teoría y las aplicaciones prácticas específicas del enfoque de la estructura familiar. Escrito en un formato sencillo de seguir, el libro integra con éxito sesiones transcritas con explicaciones útiles. Cabe destacar el énfasis que los autores ponen en la terapia como algo mucho más que un simple sumatorio de técnicas.

Murdock, N.L. (2004). *Theories of counseling and psychotherapy: A case approach*. Upper Saddle River, NJ: Pearson Education. 527 páginas.

El objetivo de este texto es combinar la teoría con la práctica real de la terapia. A lo largo de cada capítulo se citan visiones o teorías específicas, así como prescripciones muy concretas sobre el modo de aplicar la teoría en la práctica. De hecho, para ser un libro teórico, el autor presta mucha más atención a la sección de cómo llevar a la práctica la terapia que al lenguaje real y a las construcciones teóricas exhaustivas. Se trata de una forma novedosa y aparentemente muy útil de exponer técnicas, habilidades, teorías y aplicaciones.

Myrick, R.D. (1997). *Developmental guidance and counseling: A practical approach* (3ª ed.). Minneapolis: Educational Media Corporation. 406 páginas.

Texto basado en la terapia escolar, que contiene varios capítulos que abordan específicamente el papel del terapeuta escolar en la provisión de terapia individual o de grupo. Aunque la información es algo general, el autor hace un excelente trabajo destilando varias construcciones teóricas hasta llegar a diferentes conclusiones muy fáciles de seguir.

Okun, B.F. (1997). *Effective helping: Interviewing and counseling techniques* (5ª ed.). Pacific Grove, CA: Brooks/ Cole. 309 páginas.

Este libro amplifica la necesidad de que los terapeutas sean muy decididos en su trabajo. Para ello, el autor reúne buenos ejemplos de casos con técnicas claras, integrando al mismo tiempo perspectivas éticas y multiculturales. El texto está repleto de ejemplos y de cualidades claramente expuestas para conseguir la efectividad de la terapia.

Sommers-Flanagan, J. y Sommers-Flanagan, R. (1993). *Foundations of therapeutic interviewing*. Boston: Allyn & Bacon. 306 páginas.

Este libro conduce al lector, a través de las etapas del proceso de ayuda, desde la llamada telefónica inicial hasta el último contacto, proporcionando cuestiones específicas a considerar y ejemplos de lo que debe decir. El lector encontrará muchos ejemplos excelentes de lo que un clínico podría señalar en relación con cada habilidad específica.

Sommers-Flanagan, J. y Sommers-Flanagan, R. (2004). *Counseling and psychotherapy theories in context and practice*. Hoboken, NJ: John Wiley & Sons. 529 páginas.

Amplio elenco de las principales teorías utilizadas en la actualidad. Los autores no solo van más allá de la mayoría de los textos teóricos, sino que suministran una rica exploración de cómo un clínico puede implementar la teoría.

Thompson, C.L. y Rudolph, L.B. (1996). *Counseling children* (4ª ed.). Pacific Grove, CA: Brooks/Cole. 633 páginas.

Este libro es uno de los más completos en cuanto a la integración de las teorías terapéuticas y el trabajo específico con niños. Los autores examinan cui-

dadosamente este tipo de trabajo a través de diferentes teorías. Una característica fundamental del texto es el énfasis que los autores ponen en los terapeutas que poseen un poderoso conjunto de habilidades para trabajar con niños con necesidades especiales.

Webb, N.B. (1999). *Play therapy with children in crisis* (2ª ed.). Nueva York: Guilford Press. 506 páginas.

Con autores de varias disciplinas, este texto describe técnicas de ayuda e incluye análisis de casos para trabajar con niños en crisis. Muchos de los capítulos tienen ejemplos bien escritos y fáciles de seguir de los casos que los profesionales pueden llegar a afrontar. Además, contiene numerosas actividades específicas que el terapeuta puede utilizar con el cliente, ofreciendo estrategias estructuradas tal y como pueden presentarse entre diferentes sesiones.

Yalom, I.D. (1995). *The theory and practice of group psychotherapy* (4ª ed.). Nueva York: Basic Books. 602 páginas.

Quizá uno de los libros para grupos más completos de los publicados en la actualidad, este texto ofrece construcciones teóricas y prácticas para conducir de manera eficaz los grupos. El autor describe con claridad las técnicas y los fundamentos filosóficos de la teoría. Una contribución significativa de este libro es la forma en que incorpora la manera de utilizar realmente las habilidades que describe, en especial durante los momentos en que el grupo no funciona tan bien como se esperaría.

Índice temático

Acciones del terapeuta 44, 163
Aclarar el propósito 36
Adler, Alfred 34, 37
Adleriana, psicología individual 35, 196
Adlerianos, terapeutas 22-23, 33
Afirmación 84, 94, 114, 117
Alinearse con el ego de la familia 128
Alternativas 21, 38, 85, 89, 124, 135, 188, 210, 235, 252
Ambigüedad 27, 51
Aquí y ahora 23, 35-36, 105-106, 109, 188
Asuntos pendientes 203
Ataque de vergüenza 36
Autenticidad 24
Autodeterminación 150
Autodivulgación 35-36
Autonomía 30-31
Autovigilancia 36, 37
Axeline, Virginia 40

Beck, Aaron 36
Biblioterapia 36
Bloqueo 36
Buscar cielos despejados 44, 121
Búsqueda de soluciones 121

Cambiar el enfoque 163, 167
Cambiar el foco 57
Cambiar preguntas por declaraciones 36
Cambio de comportamiento 43, 149, 179
Carrera 26, 63, 75, 88-89, 101, 252
Centrarse en las excepciones 247
Cerrar 36, 50
Cielos despejados 44, 47, 121
Claridad 29, 41, 55-56, 60, 126, 245
Clase 24, 30, 32, 84, 125, 148, 173, 254
Colaboración empírica 36
Compañeros de clase 24, 30, 32
Compartir información 109
Compenetración 44, 155
Competencias 271, 275
Comportamiento 22, 25-26, 35, 43, 77, 83, 112, 115, 125, 132, 134, 141-142, 144, 149, 179-180, 188, 194, 196, 209-210
Comportamiento no deseado 142
Comportamiento problemático 142
Comprensión 23, 25, 33, 38, 44, 55, 73-74, 77, 99, 100, 115, 118-119, 135-136, 145, 146, 150, 155, 158-159, 163, 170-171, 179, 184-185, 189, 193, 199, 210, 215, 217-218
Comprensión personal 150
Comprobación 35
Comprobar la cámara 36

Compromiso 32, 134
Comunicación 41, 89, 97, 105, 112, 169, 192, 199
Conclusiones erróneas 94
Confirmar 36
Confrontación 23, 36, 44, 82, 106, 109, 141, 147, 167, 245
Consecuencias lógicas 246
Construir fortalezas 135, 235
Contenido del juego del niño 156-157
Contenido del juego del terapeuta 156
Contexto 44, 96, 103, 122, 249
Contratransferencia 225
Crecimiento 37, 38, 104, 190, 204, 212, 216
Creencias 24, 31, 33, 60-61, 88, 114, 131, 214, 233
Creencias centrales 60, 233
Creencias fundamentales 61
Cuestionamiento circular 36
Cuestiones clave 23
Cumplido 36, 97
Curva normal 51

Declaraciones directas 65, 107, 156
Definir el problema 35
Definir metas 35
Definir metas/objetivos/resultados 35
Dependencia 22, 31, 126, 219
Depresión 49, 69, 84, 86, 89, 93, 129, 143, 153, 166, 209
Detenerse a reflexionar 26
Dibujar 36, 140, 157, 189, 194, 200, 201, 215
Dibujar a la familia completa 36
Dibujo como medio de curación 200
Diferencias 31, 49, 87, 189, 215
Directriz 24, 37, 205, 208
Discusión 66, 68, 81, 95, 103, 106, 111, 115, 176, 189-190, 192, 227, 245
Discusión imaginaria 190
Disputa cognitiva 36
Documentación 210

Ejercicios prácticos 26, 38, 249
El árbol de las preguntas 43, 77, 227
El contexto 44, 103
Elecciones 22, 31, 89, 163
Ellis, Albert 36-37, 214
Elogiar 37
El reflejo en el estanque 43, 55, 227
Emociones 22, 39, 70-71, 101, 106, 111, 117, 133, 140, 176, 198, 212, 258
Empatía 35, 179
En casa 58, 81, 94, 97, 130, 148, 196, 200, 202, 226, 232, 243, 250
Énfasis 27, 34-35, 109, 273-274
En la sesión 63, 70, 190
Errores 24, 29, 78, 94, 102, 131, 147
Escuchar 21-22, 26-27, 30, 43, 55, 68, 82, 89, 91, 98, 108, 144, 150, 164-165, 168, 196, 208, 223, 227
Escupir en la sopa del cliente 25, 35, 236
Espejismos 44, 46-47, 139
Establecer parámetros 103
Estímulo 34-35, 57, 71, 73, 228, 248
Estímulo mínimo 35
Estructuración 104, 248
Excepciones 37, 130, 135, 235, 247
Existencialismo 35
Experiencias difíciles 37
Experiencia técnica 34
Explorar 32, 109, 111, 115, 124, 180, 258
Explorar alternativas 124
Expresión artística 39-40
Externalizar el problema 25, 37

Familias 128, 215, 246
Feedback 24, 30, 34-35, 44, 109, 111, 140-142, 147, 151-152, 158, 160, 167, 197, 236, 242, 246
Feedback positivo 194
Flecha descendente 36
Foco 57, 169-170, 238
Formular la pregunta 35
Frankl, Viktor 35

Freud, Sigmund 25, 34
Gestión de la ira 89, 115, 169, 250
Glasser, William 36, 214

Hacer "como si" 35
Historias que suponen una excepción 130

Imágenes mentales 175
Imaginación 36, 44, 46, 84, 175, 183
Imaginación creativa 36
Incongruencias 139-140
Inconsistencias 140
Información específica 79, 88
Inmediatez 36, 50, 245
Instrucciones 182, 188
Interpretación 28, 33-36
Interpretar 34-35
Interrumpir 107
Intervenciones entrelazadas 26, 245

Juego 27, 29, 39-40, 65, 73, 156-158, 200, 229, 237, 241
Juego terapéutico 64

La línea de suministro 44, 149
Landreth, Gary 40, 272
Lenguaje corporal 29, 35, 237

Main, Frank 17, 48
Malas notas 254
May, Rollo 35
Mensajes mixtos 140
Metáfora 14, 35-37, 132, 248
Metaperspectiva 106, 115, 193
Metas 35, 83, 117, 234
Miembros del grupo 91-92, 95, 103, 105, 106, 115, 141, 165, 167, 193, 194, 199, 203
Mina abandonada 219
Minimizar 141
Mínimo estímulo 34-35
Movimiento de las olas 44, 47, 187

Objetivos 33-35, 57, 59, 61, 83, 107, 117, 129, 234
Observar 36, 49, 169, 193, 212, 217

Papel de completa dependencia 219
Papel del terapeuta 219
Paradoja 37, 205, 209
Paráfrasis 27-28, 34-35, 50, 245-247
Parar y observar 36
Patrones 43, 212
Pensamientos automáticos 94
Pensamientos negativos 183, 240
Perfeccionismo 24, 32
Perls, Fritz 35
Perls, Laura 35
Perseguir espejismos 44, 139
Perspectiva 27, 48, 58, 88, 94, 106, 134, 234, 236, 241
Pie en la puerta 37, 208, 217
Pregunta abierta 35-37, 50, 245
Pregunta central 83
Pregunta cerrada 35-36, 88, 245-246
Pregunta de elección forzada 36, 247
Pregunta de escala 37
Pregunta milagrosa 35, 37, 50
Preguntas abiertas 50, 81
Pregunta terrible 37, 90, 98, 232
Prescripciones 216
Prescripciones paradójicas 216
Procedimiento de la pecera 193
Proceso terapéutico 22, 24-25, 30-31, 34, 38-39, 41, 50, 101, 163
Profundidad 73, 89, 99, 118, 135, 145, 158, 170, 184, 217, 245
Proporcionar feedback 35
Proporcionar información 36-37, 45, 237
Psicoanálisis 34
Psicodrama 177
Psicología individual 35, 196
Psico-odontología 101
Punto de mira 111
Pura imaginación 13, 44-46, 175

Recompensa 58, 83, 144
Recontextualización positiva 128
Recontextualizar 35-7, 246, 248
Recuerdos tempranos 35, 178
Recursos 35, 88, 125, 129, 215
Redefinir 36
Reenfocar 111, 115, 225
Reflejo del estado de ánimo 48-50
Reflejo de los sentimientos 35, 246
Reflejo del significado 35, 50, 246, 248
Reflejo en el estanque 9, 43, 55, 71, 227
Regresión 212
Relaciones entre determinados individuos 91
Relajación progresiva 36
Resaltar 101, 150, 201
Resistencia 47, 63, 245
Responsabilidad 25, 30-31, 35-36, 58, 172, 235
Resultados 35, 117, 211, 234
Rogers, Carl 25, 35, 37

Sensibilidad 163
Sentimientos 35, 39-40, 41, 44-55, 59, 65, 70, 73, 75, 78, 96, 101, 105, 107, 114, 126, 140, 151, 155-157, 178, 188, 190, 198, 202, 204, 211, 221, 224, 230, 233-234, 246, 248, 258
Sentimientos del niño 65
Sentimientos del terapeuta 157
Sesiones 24, 41, 48-53, 63, 70, 79, 94, 96, 106, 114, 117, 130, 153, 166, 176, 183, 206, 224, 237, 258, 271-273, 275
Sesser, George 48
Significado profundo 122, 143, 223
Significados o aliados 129
Sondear 36
Sostener el enfoque 36

Tarea para casa 36-37, 210
Tareas 30, 32, 50, 57, 79, 81, 122, 125, 132, 148, 216, 243
Terapeutas breves centrados en soluciones (TBCS) 22
Terapia cognitivo-conductual (TCC) 31, 36
Técnica de la puerta en la cara 37
Técnica de la silla vacía 36
Técnica del pie en la puerta 37
Temas 38, 40, 63, 78, 106, 115, 124, 151, 164, 168, 178, 193, 212, 225, 231
Teoría familiar 36
Terapeutas adlerianos 22
Terapeutas breves centrados en soluciones 22-23
Terapeutas racionales emotivo-conductuales 33
Terapia artística 39
Terapia asistida por tecnología 41-42
Terapia breve 37
Terapia de grupo 91, 104, 107, 111, 112, 188, 199
Terapia de juego 39-40
Terapia de pareja 166
Terapia familiar 85-86, 115, 165, 272
Terapia Gestalt 35-36, 70, 105, 112, 190, 202
Terapia pragmática 43-44, 47
Terapias de artes expresivas 38
Transcripciones ficticias 26
Tratamiento imaginario 36

Unirse 21, 166

Vincular 37
Visión distorsionada de la realidad 139

Títulos recomendados

Colección: Biblioteca de Psicología
ISBN: 978-84-330-3170-9
Páginas: 192
Encuadernación: Rústica
Formato: 15 x 21 cm
Edición: 1ª

Claudio Fuenzalida, Javier Sempere

Terapia interfamiliar

El poder de los grupos multifamiliares en contextos sociales, sanitarios y educativos

En los últimos años asistimos a la aparición de formas de atención sociosanitarias que incorporan como recurso terapéutico las voces de las personas que sufren y las de su entorno familiar y social. Entre ellas destacan las Terapias Multifamiliares, intervenciones terapéuticas realizadas a través de grupos formados por varias familias (grupos multifamiliares) en las que los mecanismos de la terapia familiar y de la terapia grupal se potencian mutuamente.

Entre los diversos modelos de terapias multifamiliares es la Terapia Interfamiliar la que ha alcanzado una mayor difusión. Se trata de un modelo integrador y ecléctico que se inspira en la teoría del apego y las prácticas dialógicas y que representa una forma novedosa de abordar las problemáticas humanas a través de compartir y de aprender junto a los demás. La sencillez de sus enunciados teóricos y de su metodología facilita su aplicación en cualquier contexto social, educativo y sanitario por parte de profesionales de distintas formaciones.

El presente libro nos ayuda a entender los procesos terapéuticos que concurren en el grupo multifamiliar y nos da herramientas para una conducción eficaz, convirtiéndose en una guía imprescindible para los profesionales de todos los ámbitos de la atención humana interesados en incluir la terapia multifamiliar en sus instituciones.

Colección: Biblioteca de Psicología

ISBN: 978-84-330-3166-2

Páginas: 288

Encuadernación: Rústica

Formato: 15 x 21 cm

Edición: 1ª

Elliot Jurist

Mentalizando emociones

Cultivando la mentalización en la psicoterapia

Jurist aporta claridad al área turbia de la fenomenología del afecto. Explica el valor e identifica un planteamiento coherente para el enfoque terapéutico en la emoción. Este extraordinario trabajo permite tanto al terapeuta como al paciente aprovechar el poder del afecto para impulsar cambios en el pensamiento y la conducta

–Doctor Peter Fonagy, University College London

El alcance de Jurist es impresionantemente amplio, y encarna al profesor que todos desearíamos haber tenido: uno que fascina a la vez que educa

–Glen O. Gabbard, Baylor College of Medicine

La mentalización –el esfuerzo por dar sentido a nuestras acciones, comportamientos y estados internos y a los de los demás– es algo que todos hacemos. Y es una capacidad que todas las psicoterapias pretenden mejorar: cuanto mejor mentalizamos, más resilientes y flexibles tendemos a ser. Este libro conciso y atractivo ofrece una breve descripción de la mentalización en la psicoterapia, y se centra en cómo ayudar a los pacientes a comprender sus experiencias emocionales y a reflexionar sobre ellas. Elliot Jurist integra la investigación de la ciencia cognitiva y la teoría psicoanalítica para desglosar la «afectividad mentalizada» en procesos discretos que los terapeutas pueden cultivar durante la sesión. El libro entrelaza viñetas clínicas con el examen de las memorias de la cómica Sarah Silverman, la poetisa Tracy Smith, el cineasta Ingmar Bergman y el neurólogo Oliver Sacks.

Colección: Biblioteca de Psicología
ISBN: 978-84-330-3158-7
Páginas: 560
Encuadernación: Rústica
Formato: 15 x 21 cm
Edición: 1ª

Fabrizio Didonna

Terapia cognitiva basada en Mindfulness para el TOC

Un manual de tratamiento

Didonna combina la ciencia psicológica rigurosa, la sabiduría clínica, y una profunda comprensión de la MBCT para proporcionar una perspectiva nueva y creativa sobre el TOC.

Ruth A. Baer, Departamento de Psicología, University of Kentucky

Este libro revolucionario promete cambiar la forma en que entendemos y tratamos el TOC. Escrito con un raro equilibrio de claridad, detalle y profundidad, ofrece un programa multifacético para tratar lo que a menudo es un trastorno intratable. La comprensión clínica penetrante de Didonna, su dominio de la bibliografía de investigación y su experiencia personal con el mindfulness brillan en cada página.

Ronald D. Siegel, Harvard Medical School/Cambridge Health Alliance

Didonna, líder mundial en la práctica clínica basada en mindfulness, ofrece un insight compasivo del dolor del TOC y de sus efectos destructivos en los individuos y sus familias. Incluye planes de tratamiento extraordinariamente detallados y bien elaborados... Este es un libro al que volveré una y otra vez.

Paul Gilbert, FBPsS, University of Derby, Reino Unido

Este libro presenta el primer programa de tratamiento que adapta las prácticas probadas de la terapia cognitiva basada en mindfulness (MBCT) para satisfacer las necesidades únicas de las personas que luchan contra el trastorno obsesivo-compulsivo (TOC). Fabrizio Didonna, toda una autoridad líder, muestra cómo técnicas como la «exposición consciente» son especialmente adecuadas para ayudar a las personas que padecen TOC a superar los pensamientos intrusivos y los rituales compulsivos mientras desarrollan una nueva relación con su experiencia interna. Se incluyen instrucciones detalladas para implementar cada una de las 11 sesiones grupales, con transcripciones de las prácticas guiadas de mindfulness y con 79 documentos para los clientes.

BIBLIOTECA DE PSICOLOGÍA
Dirigida por Vicente Simón Pérez y Manuel Gómez Beneyto
Últimos títulos publicados

220. TÉCNICAS DE TRATAMIENTO BASADAS EN MINDFULNESS. Guía clínica de la base de evidencias y aplicaciones, por Ruth Baer (Ed.)
222. MANUAL DE TÉCNICAS Y TERAPIAS COGNITIVO CONDUCTUALES, por Marta Isabel Díaz García, Mª Ángeles Ruiz Fernández, Arabella Villalobos Crespo
223. VIDA COMPASIVA BASADA EN MINDFULNESS. Un nuevo programa de entrenamiento para profundizar en mindfulness con heartfulness, por Erik van den Brik; Frits Koster
224. NEUROFEEDBACK EN EL TRATAMIENTO DEL TRAUMA DEL DESARROLLO. Calmar el cerebro impulsado por el miedo, por Sebern F. Fisher
225. AUTORREGULACIÓN CON MINDFULNESS Y YOGA. Manual básico para profesionales de la salud mental, por Catherine P. Cook-Cottone
226. EXPERIMENTAR LA TCC DESDE DENTRO. Manual de AutoPráctica/AutoReflexión para terapeutas, por James Bennett
227. LA PRÁCTICA DE LA TERAPIA SISTÉMICA, por Alicia Moreno
228. SIETE CASOS CLÍNICOS TRATADOS CON PSICOTERAPIA INTEGRADORA HUMANISTA, por Ana Gimeno-Bayón (Editora)
229. MANUAL PRÁCTICO DE MINDFULNESS Y ACEPTACIÓN CONTRA LA DEPRESIÓN. Cómo utilizar la Terapia de Aceptación y Compromiso (ACT) para superar la depresión y crear una vida que merezca la pena vivir, por Kirk D. Strosahl, Patricia J. Robinson
230. ENTRAR EN TERAPIA. Las siete puertas de la terapia sistémica, por Stefano Cirillo, Matteo Selvini, Anna Maria Sorrentino
231. GUÍA PARA LA ENSEÑANZA DEL MINDFULNESS. Habilidades y competencias esenciales para enseñar las intervenciones basadas en el mindfulness, por Rob Brandsma
232. LA INTEGRACIÓN DEL EMDR EN LA PRÁCTICA CLÍNICA, por Liz Royle, MA, MBACP , Catherine Kerr, MSC, MBACP
233. LA AUTOCOMPASIÓN EN PSICOTERAPIA. Prácticas basadas en la conciencia plena para la curación y la transformación, por Tim Desmond, prólogo de Richard J. Davidson
234. LA DEFUSIÓN COGNITIVA EN LA PRÁCTICA. Guía clínica para valorar, observar y apoyar el cambio en tu cliente, por John T. Blackledge
235. TERAPIA DE ACEPTACIÓN Y COMPROMISO PARA PAREJAS. Guía clínica para utilizar Mindfulness, Valores y Consciencia de los Esquemas Mentales para reconstruir las relaciones , por Avigail Lev - Matthew Mckay
236. EL TRATAMIENTO DE LA DISOCIACIÓN RELACIONADA CON EL TRAUMA. Un enfoque integrador y práctico, por Kathy Steele - Suzette Boon - Onno Van Der Hart
238. TU YO RESONANTE. Meditaciones guiadas y ejercicios para desarrollar la capacidad de curación de tu cerebro, por Sarah Peyton - Prólogo de Bonnie Badenoch
239. TERAPIA NARRATIVA CENTRADA EN SOLUCIONES, por Linda Metcalf
240. EL NIÑO SUPERVIVIENTE. Curar el trauma del desarrollo y la disociación, por Joyanna L. Silberg
241. TRATAMIENTO BASADO EN LA MENTALIZACIÓN PARA NIÑOS. Un abordaje de tiempo limitado, por Nick Midgley, Karin Ensink, Karin Lindqvist, Norka Malberg y Nicole Muller
242. EL APEGO EN LA PRÁCTICA TERAPÉUTICA, por Jeremy Holmes y Arietta Slade
243. ACT EN LA PRÁCTICA CLÍNICA PARA LA DEPRESIÓN Y LA ANSIEDAD. Una guía sesión a sesión para maximizar los resultados, por Michael P. Twohig y Steven C. Hayes
244. COMUNICAR EL TRAUMA. Criterios clínicos e intervenciones con niños traumatizados, por Na'ama Yehuda
245. MINDFULNESS SENSIBLE AL TRAUMA. Prácticas para una curación segura y transformadora, por David A. Treleaven - Prólogo de Willoughby Britton

246. MANUAL CLÍNICO DE TERAPIA CENTRADA EN LA COMPASIÓN. Una guía paso a paso, para ayudar a los clientes, por Russell L. Kolts -Prólogo de Paul Gilbert - Epílogo de Steven C. Hayes
247. EL TRAUMA Y LA LUCHA POR ABRIRSE. De la evitación a la recuperación y el crecimiento, por Robert T. Muller
248. CUADERNO DE TRABAJO DE MINDFULNESS Y AUTOCOMPASIÓN. Un método seguro para aumentar la fortaleza y el desarrollo interior y para aceptarse a uno mismo, por Kristin Neff y Christopher Germer
249. TERAPIA PSICODINÁMICA PARA LA PATOLOGÍA DE LA PERSONALIDAD. Tratamiento del funcionamiento intrapsíquico e interpersonal, por Eve Caligor - Otto F. Kernberg - John F. Clarkin - Frank E. Yeoman
250. LA PRÁCTICA DE LA TERAPIA DE PAREJA FOCALIZADA EN LAS EMOCIONES. Creando conexione, por Susan M. Johnson
251. MANUAL CLÍNICO DE TERAPIA COGNITIVO CONDUCTUAL CON MINDFULNESS INTEGRADO. Guía paso a paso para terapeutas, por B. A. Cayoun, S. E. Francis y A. G. Shires
252. LA CONSTRUCCIÓN DEL CAMBIO TERAPÉUTICO. Terapia Constructivista Integradora en la Práctica Clínica, por Luis Botella García del Cid
253. DEJAR EL TRABAJO EN LA CONSULTA. Una guía de autocuidado para el psicoterapeuta, por John C.Norcross; Gary R. VandenBos
254. MANUAL DE HABILIDADES DE AUTOCOMPASIÓN. Un plan de 14 días para transformar tu relación contigo mismo, por Tim Desmond
256. MANUAL DE PSICOLOGÍA FORENSE. Especial mención a la regulación del trabajo de la perito, entrevista forense, agresores sexuales y valoración de la peligrosidad, por María Del Rocío Gómez
257. EL TRATAMIENTO DE LA ADICCIÓN. Guía para profesionales, por William R. Miller, Alyssa A. Forcehimes, Allen Zweben
258. CUADERNO DE TRABAJO PARA EL TRASTORNO LÍMITE DE LA PERSONALIDAD. Un programa integrativo para comprender y gestionar el TLP, por Daniel J. Fox, PhD
259. TERAPIA COGNITIVA BASADA EN MINDFULNESS PARA EL TOC. Un manual de tratamiento, por Fabrizio Didonna
260. MENTALIZANDO EMOCIONES. Cultivando la mentalización en la psicoterapia, por Elliot Jurist
261. TERAPIA INTERFAMILIAR. El poder de los grupos multifamiliares en contextos sociales, sanitarios y educativos, por Javier Sempere, Claudio Fuenzalida
262. ENSEÑANDO EL PROGRAMA DE MINDFULNESS Y AUTOCOMPASIÓN. Guía para profesionales, por Christopher Germer, Kristin Neff
263. LO QUE DICEN LOS TERAPEUTAS Y POR QUÉ. Técnicas y respuestas terapéuticas eficaces, por Bill MacHenry, Jim MacHenry

Serie PSICOTERAPIAS COGNITIVAS
Dirigida por Isabel Caro Gabalda

196. TERAPIA DE SOLUCIÓN DE PROBLEMAS. Manual de tratamiento, por Arthur M. Nezu, Christine Maguth Nezu y Thomas J. D'Zurilla
202. MANUAL DE INTERVENCIÓN CENTRADA EN DILEMAS PARA LA DEPRESIÓN, por Guillem Feixas Viaplana y Victoria Compañ Felipe
205. TRABAJANDO CON CLIENTES DIFÍCILES. Aplicaciones de la terapia de valoración cognitiva, por Richard Wessler, Sheenah Hankin y Jonathan Stern
209. MANUAL PRÁCTICO PARA LA ANSIEDAD Y LAS PREOCUPACIONES. La solución cognitiva conductual, por David A. Clark y Aaron T. Beck
221. CONCEPTUALIZACIÓN COLABORATIVA DEL CASO. Trabajar de forma eficaz con los clientes en la terapia cognitivo-conductual, por Willem Kuyken, Christine A. Padesky y Robert Dudley
237. TERAPIA METACOGNITIVA PARA LA ANSIEDAD Y LA DEPRESIÓN, por Adrian Wells
255. LA MENTE OBSESIVA. Tratamiento del trastorno obsesivo-compulsivo, por Francesco Mancini